我国低碳发展的激励问题研究

Study on Incentive Issues on
Low-carbon Development in China

宋蕾 著

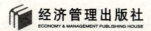
经济管理出版社
ECONOMY & MANAGEMENT PUBLISHING HOUSE

图书在版编目（CIP）数据

我国低碳发展的激励问题研究/宋蕾著. —北京：经济管理出版社，2015.12
ISBN 978-7-5096-4008-1

Ⅰ.①我… Ⅱ.①宋… Ⅲ.①绿色经济—经济发展—研究—中国 Ⅳ.①F124.5

中国版本图书馆 CIP 数据核字（2015）第 244905 号

组稿编辑：宋　娜
责任编辑：高　娅
责任印制：黄章平
责任校对：雨　千

出版发行：经济管理出版社
　　　　　（北京市海淀区北蜂窝 8 号中雅大厦 A 座 11 层　100038）
网　　址：www. E-mp. com. cn
电　　话：（010）51915602
印　　刷：三河市延风印装有限公司
经　　销：新华书店
开　　本：720mm×1000mm/16
印　　张：18.25
字　　数：299 千字
版　　次：2015 年 12 月第 1 版　　2015 年 12 月第 1 次印刷
书　　号：ISBN 978-7-5096-4008-1
定　　价：98.00 元

第四批《中国社会科学博士后文库》编委会及编辑部成员名单

(一) 编委会

本书获国家社科基金青年项目"我国低碳发展的激励问题研究"（项目编号：11CJL055）、中国博士后科学基金面上特别资助项目"基于集体行动理论的低碳发展激励机制研究"（2014T70163）项目资助。

序　言

2015 年是我国实施博士后制度 30 周年，也是我国哲学社会科学领域实施博士后制度的第 23 个年头。

30 年来，在党中央国务院的正确领导下，我国博士后事业在探索中不断开拓前进，取得了非常显著的工作成绩。博士后制度的实施，培养出了一大批精力充沛、思维活跃、问题意识敏锐、学术功底扎实的高层次人才。目前，博士后群体已成为国家创新型人才中的一支骨干力量，为经济社会发展和科学技术进步作出了独特贡献。在哲学社会科学领域实施博士后制度，已成为培养各学科领域高端后备人才的重要途径，对于加强哲学社会科学人才队伍建设、繁荣发展哲学社会科学事业发挥了重要作用。20 多年来，一批又一批博士后成为我国哲学社会科学研究和教学单位的骨干人才和领军人物。

中国社会科学院作为党中央直接领导的国家哲学社会科学研究机构，在社会科学博士后工作方面承担着特殊责任，理应走在全国前列。为充分展示我国哲学社会科学领域博士后工作成果，推动中国博士后事业进一步繁荣发展，中国社会科学院和全国博士后管理委员会在 2012 年推出了《中国社会科学博士后文库》（以下简称《文库》），迄今已出版四批共 151 部博士后优秀著作。为支持《文库》的出版，中国社会科学院已累计投入资金 820 余万元，人力资源和社会保障部与中国博士后科学基金会累计投入 160 万元。实践证明，《文库》已成为集中、系统、全面反映我国哲学社会科学博士后优秀成果的高端学术平台，为调动哲学社会科学博士后的积极性和创造力、扩大哲学社会科学博士后的学术影响力和社会影响力发挥了重要作用。中国社会科学院和全国博士后管理委员会将共同努力，继续编辑出版好《文库》，进一步提高《文库》的学术水准和社会效益，使之成为学术出版界的知名品牌。

哲学社会科学是人类知识体系中不可或缺的重要组成部分，是人们认识世界、改造世界的重要工具，是推动历史发展和社会进步的重要力量。建设中国特色社会主义的伟大事业，离不开以马克思主义为指导的哲学社会科学的繁荣发展。而哲学社会科学的繁荣发展关键在人，在人才，在一批又一批具有深厚知识基础和较强创新能力的高层次人才。广大哲学社会科学博士后要充分认识到自身所肩负的责任和使命，通过自己扎扎实实的创造性工作，努力成为国家创新型人才中名副其实的一支骨干力量。为此，必须做到：

第一，始终坚持正确的政治方向和学术导向。马克思主义是科学的世界观和方法论，是当代中国的主流意识形态，是我们立党立国的根本指导思想，也是我国哲学社会科学的灵魂所在。哲学社会科学博士后要自觉担负起巩固和发展马克思主义指导地位的神圣使命，把马克思主义的立场、观点、方法贯穿到具体的研究工作中，用发展着的马克思主义指导哲学社会科学。要认真学习马克思主义基本原理、中国特色社会主义理论体系和习近平总书记系列重要讲话精神，在思想上、政治上、行动上与党中央保持高度一致。在涉及党的基本理论、基本路线和重大原则、重要方针政策问题上，要立场坚定、观点鲜明、态度坚决，积极传播正面声音，正确引领社会思潮。

第二，始终坚持站在党和人民立场上做学问。为什么人的问题，是马克思主义唯物史观的核心问题，是哲学社会科学研究的根本性、方向性、原则性问题。解决哲学社会科学为什么人的问题，说到底就是要解决哲学社会科学工作者为什么人从事学术研究的问题。哲学社会科学博士后要牢固树立人民至上的价值观、人民是真正英雄的历史观，始终把人民的根本利益放在首位，把拿出让党和人民满意的科研成果放在首位，坚持为人民做学问，做实学问、做好学问、做真学问，为人民拿笔杆子，为人民鼓与呼，为人民谋利益，切实发挥好党和人民事业的思想库作用。这是我国哲学社会科学工作者，包括广大哲学社会科学博士后的神圣职责，也是实现哲学社会科学价值的必然途径。

第三，始终坚持以党和国家关注的重大理论和现实问题为科研主攻方向。哲学社会科学只有在对时代问题、重大理论和现实问题的深入分析和探索中才能不断向前发展。哲学社会科学博士后要根据时代和实践发展要求，运用马克思主义这个望远镜和显微镜，增强辩证思维、创新思维能力，善于发现问题、分析问题，积极推动解决问题。要深入研究党和国家面临的一系列亟待回答和解决的重大理论和现实问题，经济社会发展中的全局性、前瞻性、战略性问题，干部群众普遍关注的热点、焦点、难点问题，以高质量的科学研究成果，更好地为党和国家的决策服务，为全面建成小康社会服务，为实现"两个一百年"奋斗目标和中华民族伟大复兴中国梦服务。

第四，始终坚持弘扬理论联系实际的优良学风。实践是理论研究的不竭源泉，是检验真理和价值的唯一标准。离开了实践，理论研究就成为无源之水、无本之木。哲学社会科学研究只有同经济社会发展的要求、丰富多彩的生活和人民群众的实践紧密结合起来，才能具有强大的生命力，才能实现自身的社会价值。哲学社会科学博士后要大力弘扬理论联系实际的优良学风，立足当代、立足国情，深入基层、深入群众，坚持从人民群众的生产和生活中，从人民群众建设中国特色社会主义的伟大实践中，汲取智慧和营养，把是否符合、是否有利于人民群众根本利益作为衡量和检验哲学社会科学研究工作的第一标准。要经常用人民群众这面镜子照照自己，匡正自己的人生追求和价值选择，校验自己的责任态度，衡量自己的职业精神。

第五，始终坚持推动理论体系和话语体系创新。党的十八届五中全会明确提出不断推进理论创新、制度创新、科技创新、文化创新等各方面创新的艰巨任务。必须充分认识到，推进理论创新、文化创新，哲学社会科学责无旁贷；推进制度创新、科技创新等各方面的创新，同样需要哲学社会科学提供有效的智力支撑。哲学社会科学博士后要努力推动学科体系、学术观点、科研方法创新，为构建中国特色、中国风格、中国气派的哲学社会科学创新体系作出贡献。要积极投身到党和国家创新洪流中去，深入开展探索性创新研究，不断向未知领域进军，勇攀学术高峰。要大力推进学术话语体系创新，力求厚积薄发、深入浅出、语言朴实、文风清新，力戒言之无物、故作高深、食洋不化、食古不化，不断增强我国学术话语体系的说服力、感染力、影响力。

"长风破浪会有时，直挂云帆济沧海。"当前，世界正处于前所未有的激烈变动之中，我国即将进入全面建成小康社会的决胜阶段。这既为哲学社会科学的繁荣发展提供了广阔空间，也为哲学社会科学界提供了大有作为的重要舞台。衷心希望广大哲学社会科学博士后能够自觉把自己的研究工作与党和人民的事业紧密联系在一起，把个人的前途命运与党和国家的前途命运紧密联系在一起，与时代共奋进、与国家共荣辱、与人民共呼吸，努力成为忠诚服务于党和人民事业、值得党和人民信赖的学问家。

是为序。

张江

中国社会科学院副院长

中国社会科学院博士后管理委员会主任

2015 年 12 月 1 日

摘　要

　　我国正处于经济快速发展的工业化中期，经济结构以制造业为主，并且有三高（高能耗、高污染、高排放）的产业结构特征。长期以来，我们一直在寻求新型工业化道路，并一直在努力调整产业结构，但结果不仅不明显，反而使产业结构呈现重工业化趋势，对能源生产和消费需求一直保持增长态势。我们不得不清醒地认识到，由于受到资源禀赋、城市化和工业化发展阶段以及治理机制不尽完善等因素影响，我国的低碳转型发展很难一蹴而就。与此同时，来自国际的减排压力与日俱增。自 2007 年以来，中国的二氧化碳排放量已经超过美国，成为世界上最大的温室气体排放国。面对国内和国际的低碳发展需求，我国应积极推进低碳转型。我国在"十一五"和"十二五"发展纲要中均明确提出了节能减排和低碳转型发展的约束性指标和明确目标要求。但由于激励政策单一，且主要依靠行政手段减排而市场作用发挥不足，使得政府的行政资源和资金投入较高，并伴随着"所费多于所当费，所得少于所可得"的效率损失。因此，本书拟运用环境社会学的研究方法，通过分析城市低碳治理主体之间的利益矛盾，来探究我国低碳经济发展的激励问题和激励机制创新。

　　研究围绕几个关键问题展开，即我国的低碳发展在三个层面（政策规制域、市场规制域和公众自治域）的激励规制中主要存在哪些问题？不同的激励规制会对微观经济和参与主体带来怎样的影响？什么样的激励机制更能有效地引导市场主体（企业和公众）自主参与低碳发展，从而使政府顺利完成减排目标，并实现经济发展与碳排放之间的平衡？什么样的制度安排可以协调多元主体之间的利益关系？

　　研究的主要内容包括：

　　第一，运用主观政策分析法（S-CAD）分析了政策规制供给的"效率困境"问题。S-CAD分析是一种政策规划和评估的主观性分析法，其包括一致性分析、充要性分析和依赖性分析。研究分析了中央低碳规制目标与地方发展目标的不一致性、低碳政策目标与政策手段之间的不一致性、依靠行政手段推动减排目标分解的非经济性，以及政策制定和实施的地方依赖性。研究认为这些不一致性和非经济性导致低碳发展规制政策在执行过程中的逆向选择。此外，通过对中央和地方政府的低碳认知和低碳规制偏好进行问卷调查和比较分析，发现中央和地方政府的认知偏差是造成政策规制在实施过程中出现"扭曲"的主要原因之一。

　　第二，通过比较各国碳交易市场的交易规则和市场发展特征，对比研究我国碳交易市场的发展现状及存在问题。研究认为，尽管我国在政策层面上十分重视碳排放交易市场的建设，各地方政府也积极探索碳交易市场的交易产品、交易规则、分配机制等，为推动我国碳排放交易市场的建立奠定了良好的基础，但是我国的区域性碳排放权交易市场仍存在交易市场不活跃、市场标准不统一、市场运行规制不统一、交易规模较小、惩罚机制缺失等诸多问题。特别是碳排放统计体系建设的滞后和数据基础的缺失，各试点地区在确定碳排放分配的过程中缺乏有效的数据依据，因此配额分配的公开、公平成为碳交易市场建设的主要困难。

　　第三，选择上海10个区的居民为研究样本，通过问卷调查分析公众低碳认知和低碳行动的影响因素（其中不仅包括内在因素，如年龄、教育水平、性别、家庭收入，也包括外在因素，如基础设施、社会文化、社会技术水平等）。研究发现，低碳发展的个人行为转变具有社会"嵌入性"，即个人的低碳行为容易受到社会环境的外在作用。对低碳行动的激励需要考虑来自社会文化、社会技术、基础设施、社会心理等领域的阻力因素。研究认为：目前我国公众低碳行动尚未成为社会主流文化的一部分，低碳行动没有在集体中形成可被模仿的聚众效应。其主要影响因素来自于基础设施的高碳化、社会技术发展的"路径依赖"、制度框架下的"路径依赖"（其中包括规则、规范、习俗和文化认知）、公众行动中的"破窗心理"和"从众心理"，以及政策规制和市场规制对低碳集体行动的激励"双失灵"等。

　　本研究基本结论：低碳发展激励中政府、企业和公众互相之间的利益矛盾突出表现为两种：一是成本和收益的利益冲突；二是利益链的传导性。基于激励相容模型分析，研究提出运用生态补偿理论构建低碳发展激励机制的政策假设。并通过分析生态补偿机制的内涵，分析气候变化生态补偿在补偿的客体、补偿的主体、补偿的时空尺度上的特殊性，从而在整体上构建低碳发展的生态补偿机制框架。

　　关键词：低碳经济　规制　低碳治理　激励相容　低碳集体行动

Abstract

During the mid-term stage of the industrialization in China, the economic development with a rapid speed, especially a boosts to the manufacturing industry, result in the high energy consumption, high environmental pollution and high carbon emissions. In a long period, China keep pursuing a road to brand-new industrialization with Chinese characteristics, and keep making efforts to adjust industry structure. However, the effort has no obvious effect, and the industrial structure has gone so far as to the growing trend of heavy industry develop. The domestic energy demand is still maintain a growth momentum. Certainly we have to realize that with the limits of resources endowment and development status such as urbanization level and industrialization development stage, the shift of low-carbon development in China would not be accomplished at one stroke. Furthermore, the international pressure of emission reduction keep increasing. The carbon emissions in China have exceeded the US, as the world's largest greenhouse gas emissions since 2007. Confronting with the domestic and international demands for energy conservation and carbon emission, China should take the initiatives to fuel the low carbon development. In the Outline of the Eleventh Five-Year Plan and the Twelfth Five-Year Plan, the obligatory indexes of energy-saving and carbon emission reduction have been proposed as well as the explicit objectives and goals of low-carbon development, which bring more administrative pressures to the related governmental section and local governments. However, due to the single incentive policy, mainly rely on administrative means to reduce emissions, and the lack of market mechanisms and other informal regulation way, the governments had to pay high cost and administrative resources to fulfill the low-carbon transition tasks, even some radical measures had damage to the social welfare or brought more energy-consumption. Therefore, grounded in the interest and contradiction analysis of stakeholders, this book introduced the methods of environmental sociology to explore the incentive problems and the innovation of the low carbon development in China.

This research focused on several key issues: one related on the main incentive problems in three regulatory domains such as governmental regulatory, market regulatory and public self-regulatory domains; the second being the impacts of low-carbon regulation to economic develop and the stakeholders; the another pointing at the innovation of incentive mechanism for low-carbon actions which could trigger the autonomous participation from public and enterprise, in order to let the government complete reduction targees, and realize the balance between econmic development and carbon emissions. Furthermore, it is also important to probe in the optimal mechanisms for coordinating the interest relationships among multiple stakeholders.

The main research contents include:

Firstly, the research applied S-CAD policy analysis approach to dig the efficiency plight of policy supplies for low-carbon develop-ment. S-CAD policy analysis is a kind of approach for policy planning and evaluation including analysis for policy subjectivity, consistency, adequacy and dependency. This research pay more att-ention to the objective inconsistency between the central government and local governments, the inconsistency between the low-carbon policy goals and measures, the inadequacy of administrative intervention and the legitimizational and implementational dependency. This research find out that the value of low-carbon development proposed by central government is inconsistent with local development goals, and the goals of carbon emission reduction decomposed to the locals are not matched with the local economic demands. Both the inconsistency would push the local governments to implement adverse incentive policies. Furthermore, this research also carried out survey investigation to compare the central and local governments' lowcar-bon perception and regulatory preference. The outcomes of research show that the perception gaps of low-carbon development between the central government and local governments are one of the main reasons resulted in the policy supply distortions.

Secondly, this research compared the different rules and development characterizes of carbon market in various countries so as to analyze the developmental status and problems of the carbon trade market in China. This research argues that even though the carbon market has been practiced with more policy supports, and the locals have more enthusiasm to foster new carbon productions, trading rules and allocation mechanism which have built a foundation for establi-shing carbon trade market, the regional carbon trade market still could not operate smoothly due to more disadvantages such as inactive market trading, the uniform trade standards and regulation system, small trade size and missing penalty mechanism. Particularly, owing to the lag of building carbon emission statistic system and the lack of carbon emission data base, the pilot areas are short of effective data basis in the process of determining the distribution of discharge, and the openness and fairness of quotas alloc-ation have become the main obstacles of carbon trade market develo-pment.

Thirdly, this research carried out questionnaire survey, which random chose samples from 10 districts in Shanghai, in order to analyze public low-carbon recognition and the impact factors for collective low-carbon actions. This research separate the impact factors into internal factors such as age, education levels, gender, family income, and external factors such as infrastructure, social culture, the technical level of the society and social psychology. The research believes that individual low-carbon action has social embedding, which means that individual low-carbon actions could be weakened by high-carbon social environments. So the incentives for low-carbon actions should consider some hindering factors such as the disadvantages from social culture, social techniques, infrastructure and social psychology. The research finds out the public low-carbon actions are not embedded in the social dominant culture in China, so the low carbon actions could not bring a magnetic effect and collective imitation. The main disadvantage factors derive from high-carbon infrastructure, path dependence of social technology development, path dependence of institutions including social rules (norms, customs and cultural awareness), the public psychology such as "broken window effect" or conformable psychology, and the double failure of policy and market regulation to low-carbon collective actions.

The conclusions of this research argued that there are interest contradiction among governments, enterprises and the public in low carbon development incentives, which especially focus on two contradictions: one related to the conflict of cost and benefit; the other being the interests of the chain. Based on the analysis of incentive compatibility model, this research considered to solve this interest conflict by building incentive mechanism based on the theory of ecological compensation. Through defining the connotation of ecological compensation for climate change mitigation and analyzing the specific characteristics of compensation object and subject, the low carbon development framework of the ecological compensation mechanism would be proposed.

Key Words: Low-carbon Economy; Regulations; Low-carbon Governance; Incentive Compatibility; Low-carbon Collective Actions

目　录

Contents

第一章 导论

第一节 研究背景和意义

气候变化成为全球热点问题。IPCC 第四次评估报告（2007）显示，1906~2005 年全球地表平均温度上升了 0.74℃，预计到 2020 年全球地表平均温度相较于 20 世纪后 20 年大约升高 0.4℃。全球变暖造成高温、热浪、台风、强降雨等极端气候事件的频发，并对农业、水资源、生态系统、海岸线安全、人类健康等社会经济生活诸多方面产生严重威胁。引起气候变化的原因，既有自然的，也有人为的。[①] IPCC 第四次评估报告（2007）认为，人类在生产、生活过程中，直接或者间接向大气排放温室气体，造成二氧化碳浓度剧增是引起全球气候变暖的主要原因。IPCC 第四次评估报告（2007）的研究数据显示，二氧化碳产生的温室效应占温室气体总增温效应的 63%，而其排放量占人为温室气体总排放量的 80% 左右。因此，二氧化碳是人类活动导致气候变化的最主要的温室气体。

自 2007 年以来，中国的二氧化碳排放量已经超过美国，成为世界上最大的温室气体排放国。根据世界银行的统计，2000~2007 年，我国人均二氧化碳排放量增速为 7.5%，新增二氧化碳排放总量占全球增量的 57% 以上。根据 International Energy Agency（IEA）公布的数据，2007 年我国能源消费部门二氧化碳排放量为 60.28 亿吨标准煤，人均二氧化碳排放量为

[①] Intergovernmental Panel on Climate Change, "Climate Change 2007: Impacts, Adaptation and Vulnerability", Working Group II Contribution to the Fourth Assessment Report, Cambridge University Press, Vol. 4, 2007.

4.58 吨标准煤，尽管中国人均二氧化碳排放量较低，但是由于人口基数大，中国二氧化碳排放总量已经居全球首位。作为全球能源生产大国、能源消费大国和碳排放大国，除了需要面对来自国际的减排压力，我国经济的可持续发展也具有内生的低碳转型需求。与此同时，不得不清醒地认识到，由于受到资源禀赋、城镇化和工业化发展阶段以及治理机制的不尽完善等因素影响，我国的低碳转型发展很难一蹴而就。

一、资源禀赋约束下的低碳转型需求

我国正处于经济快速发展的工业化中期，经济结构以制造业为主，并且有三高（高能耗、高污染、高排放）的产业结构特征。长期以来，我们一直在寻求新型工业化道路，并一直在努力调整结构，但结果不仅不明显，反而使产业结构呈现重工业化趋势，对能源生产和消费的需求一直保持增长态势。如图 1-1 所示，自 2007 年以来，我国的能源需求年增长速度保持在 5.2% 左右，截至 2011 年，我国能源消费总量已经达到 34.80 亿吨标准煤，提前突破了《能源中长期发展规划（2004~2020 年）》提出的 2020 年 30 亿吨标准煤的目标。2008~2015 年，中国能源消费新增量将占世界新增总量的 50%。[1] 由于受到资源禀赋制约，煤炭在我国一次能源消费总量中依然占最大比重，尽管自 1978 年以来，煤炭消费比重有所下降，但是其比重依然占 70% 左右。中国大力开发可再生能源，风能、水能、核能等可再生能源占能源消费总量的比例明显提高，但仍然仅占总消耗量的 10% 左右。煤炭在能源消费总量中比重较大，带来了比较严重的环境污染问题，也给节能降耗带来巨大压力。世界银行可持续发展报告（2011）估计，我国的经济发展成本高于世界平均水平 25%，其中环境污染占 7%，环境生态退化占 10%，高消耗、高排放、高污染的经济增长模式成为我国经济社会全面可持续发展的主要障碍。[2]

另外，尽管我国能源总量较为丰富，2011 年全国能源生产总量达到 31.80 亿吨标准煤。但由于人口规模庞大，人均能源可采储量远低于世界

---

① 薛进军、赵忠秀：《中国低碳经济发展报告》，社会科学文献出版社 2012 年版，第 48 页。

② The World Bank, "Sustainable Development Report: Equity and Sustainable Growth", General Information, 2011.

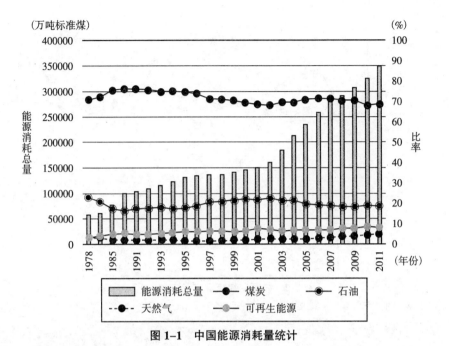

图1-1 中国能源消耗量统计

资料来源:《中国统计年鉴》(2012)①。

平均水平,2000年人均石油开采储量只有2.6吨标准煤,人均天然气可采储量只有1074立方米,人均煤炭可采储量90吨标准煤,分别为世界平均值的11.1%、4.3%和55.4%。②能源生产和供给的压力较大。从2002年至今,由于我国经济的增长主要表现为投资拉动实现的外延式粗放型增长,投资高速增长导致钢铁、水泥、电解铝等高耗能产业迅速扩张,从而造成能源消耗快速增长,能源的消耗弹性系数大于1(见图1-2)。由图1-2可以看出在2000~2005年,我国经济增长对能源的依赖程度不断增加,2003~2005年资源消耗速度甚至高于经济增长速度,进一步加剧了能源的消耗量和我国资源短缺的压力。

---

① 中华人民共和国国家统计局:《中国统计年鉴》(2013),中国统计出版社2013年版,第167–182页。
② 宋蕾:《矿产资源开发的生态补偿研究》,中国经济出版社2012年版,第3页。

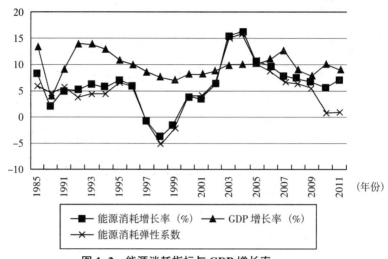

图 1-2　能源消耗指标与 GDP 增长率

资料来源：《中国统计年鉴》(2012)[①]。

二、城镇化进程中的低碳转型需求

　　当前我国正处于城镇化加快发展的阶段，未来 20 年将有 4 亿~6 亿农村人口向城镇转移。到 2050 年中国将有大约 10 亿人居住在城市，将出现 219 座百万人口的大城市、24 座 500 万人口的巨大城市。由于人口、建筑、交通、工业、物流主要集中在城市，因此城市是高能耗、高碳排放的集中地。城镇将成为未来我国碳排放和能源资源需求增长的主要领域。我国城镇化呈现粗放型发展，不合理的城市规划、产业布局和不完善的配套设施，导致高碳排放特征比较明显。2006 年，我国 287 个地市级以上城市辖区 GDP 占全国的 62.5%，能源消耗占全国的 55.5%；我国百强城市辖区 GDP 占全国的 50.9%，能源消耗占全国的 42.8%。与发达国家不同的是，我国经济总量和城镇化水平还处于快速增长的进程中，尽管能源消耗强度总体呈现下降趋势，城市单位 GDP 能耗仍有继续下降的空间，但人均能耗随着人均 GDP 的增长也在稳步增长，城镇化水平的提高将进一步提高

[①] 中华人民共和国国家统计局：《中国统计年鉴》(2012)，中国统计出版社 2012 年版，第 174 页。

城市能耗占全国能耗总量的比例。[1] 1952~2012 年的 61 年间，中国城镇化水平从 12.46% 提高到 50%，增加 30 多个百分点。同期，一次能源消费总量从 0.49 亿吨标准煤上升到 36.2 亿吨标准煤，增加了约 35 亿吨标准煤，年均增长约 0.96 亿吨标准煤。平均而言，城镇化水平每提高 1 个百分点，一次能源消费总量增加 1.02 亿吨标准煤。

随着我国城镇化进程的不断加速，生产方式和生活方式的转变使得产业碳排放有不同的变化趋势。其中，随着城镇化的不断推进，我国农业人口比例不断下降，第一产业能耗及其相应的二氧化碳排放量呈现下降趋势，但工业增加使得第二产业的碳排放量不断增加，相应的随着城镇化进程中人们生活方式的转变，第三产业的碳排放量呈增加的趋势。特别是随着城镇化的不断扩张，基础设施投入的增长和生产规模的不断扩大，中国未来城镇化发展对能源的需求十分巨大。不断增长的城市居民也会日益增加对生活用能的需求。若不采取有效措施加以控制，温室气体排放的增长速度将进一步提高，这将对环境产生严重的影响，给减缓全球气候变暖的行动造成极大的压力，中国在国际社会上也将继续面临着更大的减排压力。因此，城市生活和生产的低碳化也是实现我国低碳发展的关键途径之一。

三、低碳经济发展的激励困境

面对国内和国际低碳发展需求，我国积极推进低碳转型。2009 年，我国在哥本哈根会议上向国际社会做出减排承诺，到 2020 年单位 GDP 二氧化碳排放比 2005 年下降 40%~45%；非化石能源占一次能源消费的比重达 15% 左右；森林面积比 2005 年增加 4000 万公顷，森林蓄积量比 2005 年增加 13 亿立方米。"十一五"（2006~2010 年）发展纲要中明确提出"单位 GDP 能耗强度下降 20%"的约束性节能指标。围绕该目标，各级政府都积极出台相关低碳发展的激励政策和措施（如表 1-1 所示），取得了有效的成绩。"十一五"期间，我国单位 GDP 的一次能源消耗比 2005 年下降 19.8%，主要污染物单位 GDP 排放量下降 10%。其中，农林牧渔等第一产业的能耗强度下降 17.4%，工业的能耗强度下降 16.9%，建筑能耗强度下降 15.4%。

---

[1] 国务院发展研究课题组：《中国城镇化：前景、战略与政府》，中国发展出版社 2010 年版，第 49 页。

表 1-1　我国促进节能减排的相关政策（2005~2010 年）

序号	颁布时间	政策与措施
1	2005 年 3 月	能源效率标识管理办法
2	2006 年 1 月	可再生能源法
3	2006 年 4 月	千家企业节能行动 [a]
4	2006 年 5 月	可再生能源转向资金管理暂行办法
5	2006 年 7 月	节能目标责任书签订 [b]
6	2006 年 9 月	国务院关于"十一五"期间各地方单位能耗降低指标计划
7	2007 年 8 月	节能技术改造财政奖励资金管理暂行办法
8	2007 年 11 月	节能统计与监测实施方案和办法 [c]
9	2007 年 11 月	单位 GDP 能耗考核体系实施方案 [d]
10	2008 年 4 月	节约能源法（修订）
11	2008 年 8 月	民用建筑节能条例
12	2008 年 8 月	公共机构节能条例
13	2009 年 1 月	国家重点节能技术推广目录
14	2009 年 5 月	高效节能产品推广财政补助资金管理暂行办法
15	2009 年 9 月	固定资产投资项目节能评估和审查暂行办法
16	2010 年 6 月	合同能源管理项目财政奖励资金管理暂行办法
17	2010 年 4 月	关于加快推进能源合同管理促进节能服务产业发展意见的通知
18	2010 年 9 月	中国清洁发展机制基金管理办法
19	2010 年 11 月	电力需求侧管理办法

注：a. 从 2006 年开始，在钢铁、有色、煤炭、电力、石油石化、化工、建材、纺织、造纸等九个重点耗能行业组织开展千家企业节能行动，近 1008 家企业参与其中。

b. 2006 年 7 月，国家发改委与 30 个省级政府和 14 个中央企业签订了节能目标责任书。

c. 2007 年 11 月，《国务院批转节能减排统计监测及考核实施方案和办法的通知》颁布，节能目标责任制在省、市、县三级地方政府开始实施。

d. 2007 年 11 月，相继出台《单位 GDP 能耗考核体系实施方案》、《单位 GDP 能耗监测体系实施方案》。

　　"十一五"节能目标的实现，主要依靠政府行政措施的干预。我国《节能法》第六条确定了国家实行节能目标责任制和节能考核评价制度，将 20% 的节能目标作为各地方政绩考核的约束性指标，明确了政府在低碳治理中的主导责任。[①] 为完成该行政减排指标，一方面，政府通过行政干预

①华强森、尤茂庭、张海濛：《节能减排的坚实第一步——浅析中国"十一五"节能减排目标》，《麦肯锡季刊》，中文网，http://china.mckinseyquarterly.com/A_good_start，2009 年 11 月。

开展结构性节能管理，主要是电力、交通运输、建筑等高耗能行业的技术进步和产品结构升级；[1]另一方面，政府直接投入节能减排专项资金和中央预算内基金用于节能环保工程建设，特别用于能源消耗效率提高和可再生能源开发的技术应用和改进。[2]政府的一系列财政、税收和电价政策，大力推动了结构性节能和技术性节能的贡献率，促进了落后产能和落后技术的改进和替代。但这一治理过程中，由于过分依赖政府的行政手段而使市场作用发挥不足，使得政府的行政资源和资金投入较高，并伴随着"所费多于所当费，所得少于所可得"的效率损失。[3]此外，由于减排指标分解与不同地区的社会经济发展阶段相背离，且地方政府缺乏节能降耗的经验措施，不少地方在"十一五"末期面临不能完成节能目标的普遍压力，从而导致政策供给的"扭曲"现象。如，2010年底，地方政府为完成"节能指标"，采取"一刀切"式的行政管理模式，其滋生出的"拉闸限电"、"柴油荒"等政策副产品，不仅给企业生产秩序和国民经济、社会安定等带来了诸多恶性的负面影响，而且增加了政府检查纠错的工作量和行政成本支出。

另外，从"十一五"期间的节能相关贡献度看，我国二氧化碳减排总量超过14亿吨标准煤，累计节能量为6.38亿吨标准煤，其中结构调整（通过发展低能耗产业替代高能耗产业）所形成的节能贡献率为28.8%，其余均来自技术进步。[4]结构节能中，三次产业结构调整所带来的节能贡献率仅有7.9%。结构节能的主要贡献来自于各级政府在工业高耗能行业实施的重大节能工程，特别是"淘汰落后产能"，其节能量达到0.8亿吨标准煤；在技术节能中，绝大部分来自于冶金、建材、电力、造纸等高耗能行业的单位产品能耗下降。例如，铜冶炼和烧碱生产综合能耗下降了35%，水泥和原油生产综合能耗下降超过28%，火力发电、炼钢、电解铝、乙烯等产品的单位生产综合能耗下降幅度超过了10%。根据测算，六

---

[1] 如"十一五"期间，淘汰小火电机组7683万千瓦，淘汰年产20万吨以下的小转炉等。相关高耗能产业的落后产能淘汰是我国结构性节能的主要贡献因子。

[2] 如通过财政补贴、财政奖励等经济政策鼓励超临界高效火电发动机组的应用，以及开展节能改造等"十大节能工程"、"千家大型国有工业企业节能计划"、"民用建筑节能标准"、"家电能耗标识"等。

[3] 齐晔、李惠民：《"十一五"中国经济的低碳转型》，《中国人口·资源与环境》2011年第4期。

[4] 国家发改委能源研究所课题组：《"十一五"节能潜力分析与"十二五"展望》，内部报告，2011年，第69页。

大高耗能行业中高耗能产品的单位产品能耗改进带来的节能量为 2.98 亿吨标准煤，占技术节能量的 65.5%。可见，"十一五"期间，我国的节能降耗主要归功于工业部门的技术进步，而产业结构对碳排放强度的降低贡献较低，仅为 10.28%，即产业结构政策尽管促进了第三产业和高科技产业的发展，但产业结构的优化和升级仍然存在难度。[1]

从分部门结构贡献率看，"十一五"期间，工业部门的节能总量达到 3.72 亿吨标准煤，贡献率达到累计节能总量的 58.3%；三次产业结构调整、商用/民用部门、农业与建筑部门的节能贡献率分别为 18.5%、18.9% 和 5.2%。而交通的节能贡献率为 -0.8%。这反映出，我国快速发展的城镇化水平，伴随着居民收入水平的提高和城市人口的激增，造成人均交通和生活用能的单位能耗有上升趋势。自 2001 年以来，我国居民生活领域的能耗一直保持快速增长，2005 年后甚至超过工业能耗的增速，成为我国增长最快的能源消耗领域。尽管生活领域的能耗占总能耗的比重变化不大，维持在 13%，但其绝对增长率保持在较高水平。[2] 可见，政府的节能政策和新能源发展措施推动了电力、建筑和制造业的技术进步，有效地降低了相关领域的能源增长，但规制政策供给对于改善社会公众的低碳消费理念，强化节能减排责任，仍然缺乏成效。[3] 低碳规制政策在激励企业和公众的低碳行动中也遭遇治理困境。

综上所述，在资源紧缺和我国工业与城镇化发展的压力下，我国不得不转变发展方式，从"高污染高排放"的发展之路转向"低污染低排放"的低碳发展道路上来。但我国低碳发展的制度体制尚未健全，低碳发展的道路又受到资源禀赋、工业发展阶段、消费习惯和基础设施的高碳锁定效应等多种因素的制约，我国的低碳转型正面临诸多挑战。本书拟运用环境社会学的研究方法，通过城市低碳治理的主体之间的利益矛盾分析，探究我国低碳经济发展的激励问题和激励机制创新。

① 冯周卓、袁宝龙：《城市生活方式低碳化的困境与政策引导》，《上海城市管理》2010 年第 3 期。
② 2010 年度的《中国统计年鉴》、《中国能源统计年鉴》、《中国环境统计年鉴》和《各省、自治区、直辖市单位 GDP 能耗等指标公报》。
③ Granberg Mikael and Elander Ingemar, "Local Governance and Climate Change: Reflections on the Swedish Experience", Local Environment, Vol. 12, No.5, 2007, pp. 537–548.

第二节　研究目的、主要内容与研究创新

一、研究目的和关键问题

课题研究的主要目的有两个：一是基于利益相关者分析，剖析目前我国低碳发展的激励问题；二是基于激励相容理论开展激励机制创新和治理模式创新。低碳发展的主要利益相关者包括政府、企业和公众。在低碳发展的治理结构中，每一类利益相关者都既是低碳发展的主要参与者，又是激励机制的主体，但三个主体在低碳发展的利益诉求上存在博弈冲突。有效的低碳发展激励机制应该能够妥善处理好多元主体之间的利益冲突，从而促进主体低碳行动的内生动力，并实现低碳发展的集体行动。基于这样两个主要研究目的，研究将围绕以下三个方面的关键问题逐层展开：

第一，根据规制理论，目前的激励规制主要分为政策规制、市场激励和公众自我规制三个层面。我国的低碳发展在三个层面的激励规制中主要存在哪些问题？不同的激励规制会对微观经济和参与主体带来怎样的影响？这是本书开展激励机制创新的基础，也是研究的重点。研究将分别从三个层面分析我国低碳发展激励的现状与问题。

第二，什么样的激励机制能更有效地引导市场主体（企业和公众）自主参与低碳发展，从而使政府顺利完成减排目标，并实现经济发展与碳减排之间的平衡？研究将通过激励相容性分析，即中央减排目标与地方政府行为动机、地方政府治理目标与市场主体（企业或公众）的低碳行为动机之间的激励相容性分析，来构建创新的低碳激励机制框架。

第三，什么样的制度安排可以协调多元主体之间的利益关系？研究将基于生态补偿理论和制度构建多方利益相关者参与的低碳发展激励机制。其中，低碳治理的生态补偿机制体系的补偿原则、补偿方法和补偿途径是研究的关键问题和重点问题。

二、研究主要内容

本书主体由七个部分构成，各部分主要研究内容如下：

第一部分是导论。主要介绍本书研究的背景和意义，概述研究的目的、关键问题、主要内容与研究创新，设计总体研究思路和框架，确定研究所拟采用的主要研究方法和手段。

第二部分是文献综述。对国内外关于低碳经济和低碳治理的相关研究进行梳理、总结和分析。近年来，气候经济与低碳发展备受学术界和政策制定者的关注，相关研究较多。本书将前人研究成果分为三大类：低碳发展的内涵和实现路径、低碳发展的治理模式，以及低碳发展的激励机制研究。在分析前人研究成果的基础上，本书提出低碳发展的激励关键是对多元主体的利益冲突进行协调，因此，有效的低碳发展激励机制应该是一种激励相容的协调机制和补偿机制，是多种激励手段组合作用的结果。但目前针对低碳发展的生态补偿机制研究相对较少，尚未形成系统的低碳发展生态补偿理论学说。

第三部分是政策规制域的低碳发展激励问题研究。研究运用 S-CAD 政策分析方法分析了政策规制供给的"效率困境"问题。该研究方法是一种主观性分析手段，其认为有效和合理的政策规制手段应该满足三个条件：（政策目标和手段之间的）一致性、（政策手段和结果之间的）经济性以及（政策实施的）可行性。依据该理论，研究分别分析了中央低碳规制目标与地方发展目标的不一致性和依靠行政手段推动减排目标分解的非经济性，以及低碳政策目标与政策手段之间的不一致性，这些不一致性和非经济性导致低碳发展规制政策在执行过程中的逆向选择。此外，通过对中央和地方政府的低碳认知和低碳规制偏好进行问卷调查和比较分析，发现中央和地方的认知偏差是造成政策规制在实施过程中出现"扭曲"的主要原因之一。

第四部分是市场规制域的低碳发展激励问题研究。市场规制是目前各国进行低碳激励的主要手段，特别是碳市场交易型激励机制。我国目前的碳市场交易正处于起步阶段，因此，本部分主要分析了不同国家探索碳市场交易机制的实践经验，并探析我国碳交易市场的发展现状及存在的问题。

　　第五部分是公众自治域的低碳集体行动激励问题研究。实现低碳集体行动，特别是公众自愿的低碳集体行动，不仅可以减少规制的内部交易成本，也可以降低政策规制的实施成本。本部分首先分析了目前政策规制和市场规制对企业和公众的激励效用以及在政策规制下企业、公众与政府的行为博弈。研究认为目前的政策规制和市场规制对低碳集体行动的激励存在"双失灵"，特别是对公众低碳行动的激励存在严重供给不足。研究选择上海居民为研究样本，通过问卷调查分析公众低碳认知和低碳行动的影响因素（其中不仅包括内在因素，如年龄、教育水平、性别、家庭收入，也包括外在因素，如基础设施、社会文化、社会技术水平等）。研究发现低碳发展的个人行为转变具有社会"嵌入性"，而目前的政策规制主要是针对个人低碳行动的激励，而非集体行动的激励。对低碳集体行动的激励需要考虑来自社会文化、社会技术、基础设施、社会心理等领域的阻力因素。

　　第六部分是低碳治理的选择性激励机制。研究以企业为对象，通过激励相容模型分析了激励政策的相关变量。研究表明，低碳发展激励中政府、企业和公众之间突出表现为两种矛盾：成本和收益的利益冲突；利益链的传导性。基于该理论模型的分析，本书提出运用生态补偿理论构建低碳发展激励机制的政策假设。通过分析生态补偿机制的内涵，研究认为气候变化生态补偿在补偿的客体、补偿的主体、补偿时空尺度上具有一定的特殊性。此外，本部分内容将对低碳生态补偿机制进行设计，其中包括：补偿原则、补偿类型、补偿方式和补偿途径，从而在整体上构建低碳发展的生态补偿机制框架。

　　通过对低碳发展和生态环境治理的实践案例进行归纳梳理，可将低碳城市治理分为四种模式：科层型治理、导向型治理、市场型治理和社会自治，如图1-3所示。科层型治理模式，是各层级政府通过政策法规、生态标准等进行的直接管控。该模式的驱动机制是生态补偿的规制性政策，如法律法规、生态标准等。导向型治理模式，是地方政府通过绿色采购、低碳示范（如公共建筑节能项目）、生态补偿的教育宣传等措施对企业低碳行为产生信息导向作用，其属于生态补偿的参与性政策。市场型治理模式，是充分运用市场机制鼓励个人和企业参与低碳城市建设，可运用的生态补偿方式有：财政支付补偿机制（税费、补贴及其他金融融资的资金补偿）、限额交易计划（碳配额）等。社会自治模式，是企业和个人自发的节能减排和环境保护行为。为了鼓励环境友好行为的可持续效用，政府也相应给予一定的补偿，如私人直接补偿、生态标志等。

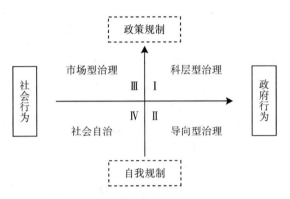

图1-3 政府、企业和公民的互动治理模式

生态补偿机制体系与政府低碳治理能力建设。低碳城市治理的四种模式之间不是相互独立的，而是存在嵌套关系。科层型治理、导向型治理、市场型治理和社会自治存在层层的依次"嵌入"，即下一层的治理受制于上一层的规则。此外，生态补偿机制体系由环境行为约束机制、技术创新激励机制、监督教育机制、环境信息公开机制等一系列制度创新组成。

第七部分是全书的总结，简要归纳本书的主要研究结论，总结本书的创新点，并指出本书研究存在的局限性与不足，提出研究将在低碳发展的生态补偿政策模拟检验和效用评估、低碳发展与气候适应的协同效用辨析等纵向和横向领域做出进一步的深入探讨。

三、研究创新

在理论方面，研究根据规制理论，分别从政策规制域、市场规制域和公众自治域三个方面分析我国低碳发展的激励困境及其产生的根源。这是本书的重点，也是本书进行激励机制创新的基础。此外，本书通过构建激励相容模型，分析不同利益相关者在低碳发展中的利益冲突，提出低碳生态补偿机制的政策假设，并运用生态补偿理论进行激励机制创新与框架设计。

目前很多低碳发展的激励机制研究多将重点放在低碳技术创新激励、产业结构转型激励和低碳消费激励等问题上，但本书认为低碳发展激励的关键在于多方利益主体的激励相容上，从而实现集体低碳行动激励，而非个人（单个经济体）低碳行动激励。这也是本书的主要理论创新。

在研究方法上，本书多采用问卷调查和案例分析相结合的方式，通过对中央政府官员、地方政府官员和社区居民进行问卷调查，分别分析利益相关者的低碳认知、低碳行动偏好和政策偏好等。

第三节 研究思路与研究方法

一、研究思路

本研究遵循"理论方法→界定研究对象→机制设计→政策效用评价→实证分析→政策系统构建"展开，研究思路具体见图1-4。

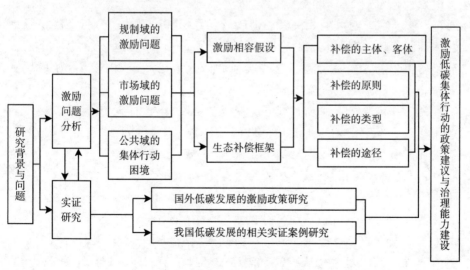

图1-4 研究思路

二、研究方法

本研究运用经济、公共管理和社会学相结合，定量与定性相结合，理论与案例相结合的方法。具体如下：

第一，文献分析。对前人所作的相关研究文献进行梳理总结是从事该课题研究的理论基础。国内外经济学、社会学、法学、环境学、生态学、城市管理学等学科的相关学者在区域可持续发展、低碳经济等相关领域开展了一系列理论研究与实证分析，取得了丰硕的研究成果。本书先后查阅收集了大量中英文研究图书和文献，分析不同低碳研究视角下的研究进展、研究方法以及研究结论，并在此基础上确定本书的研究创新点和理论创新基础。

第二，实地调研和案例分析。研究团队先后前往上海浦东新区临港新城、上海环境产权交易所、上海青浦区岑卜村、上海新江湾城、上海同济大学、上海徐家汇社区、上海浦东花木社区、上海宜家家居商场、上海建筑设计研究院（莘庄）、香港 WWF 低碳制造计划（LCMP）和低碳办公室计划（LOOP）示范基地、河南武钢集团等地方调研，分别就企业、社区居民以及政府、NGO 的低碳行动和实践进行实地调查和相关人员访谈。通过调查研究，对利益相关者的低碳行动意愿和行动困境、低碳经济发展的基础和存在的问题有了一个较为全面的认识，并在此基础上编辑形成多篇调研报告和一本案例集，这些实地调研成果已经于 2011 年开始应用在中国浦东干部学院的教学中。

第三，问卷调查和政府官员访谈。从 2011 年 1 月至 10 月，课题组对中国浦东干部学院的培训学员开展问卷调查。采取自填式问卷采集方式，共发放问卷 377 份，收回 376 份，其中有效问卷 316 份，有效回收率为83.8%。调研对象由中央部委官员（占 27%）和地方政府官员（占 73%）构成。其中，地方政府官员来自东部、中部和西部。东部调研对象选择上海、浙江和江苏，占总调研人数的 37%；中部调研对象选择河南和湖南，占总调研人数的 29%；西部调研对象选择四川、西藏、贵州，占总调研人数的 34%。调研对象所从事的工作涉及环境保护、水利、国土资源管理、交通运输、能源管理、城市规划及建筑管理等低碳治理领域。该问卷调查和官员访谈，分别对中央政府、地方政府的低碳认知、低碳治理工具偏好和行动意愿进行调查研究，并比较中央和地方低碳认知和行动的差异及其造成的政策逆向选择原因。此外，从 2012 年 5 月至 9 月，本书采用问卷调查的方式对上海徐汇区、浦东区、闵行区、松江区、宝山区、嘉定区、奉贤区、青浦区、金山区和崇明县 10 个管辖区开展非概率随机抽样调查和网上问卷调查。现场问卷随机发放 346 份，网上问卷信息反馈 97 份，共计 443 份，其中有效问卷为 366 份。该问卷调查采用回归分析等方法分析社区居民的低碳认识意愿、行动意愿及其相关影响因子。

第四，定性和定量模型分析。在定性模型分析中，运用 S-CAD 分析方法，研究政策规制域的激励政策"非一致性"问题。此外，运用激励相容理论和博弈理论，构建多元主体的目标函数模型，分析互动治理模式中环境行为博弈关系。在定量模型分析中，采取"DPSIR"模型和计量因子分析相结合的方法，以长三角 20 个城市作为研究样本，分析低碳发展能力与政府低碳规制目标的不一致性问题。此外，还运用成本—效益分析模型分析了 2006~2012 年的低碳政策规制的执行效率。

第二章 文献回顾与简要评述

本章对低碳发展与激励机制相关的文献进行回顾与评述。先对低碳发展、低碳经济、低碳城市和低碳社会的内涵和实现路径进行回顾，然后对低碳发展的激励机制研究、政策工具以及政策工具效用分析进行回顾，并在此基础上进行简要评述。本章的文献综述将为项目研究提供理论和经验的证据。

第一节 关于低碳发展的内涵和实现路径的相关研究

低碳发展和低碳经济的概念不能完全等同，两者是有机统一的互补关系。低碳经济是一种经济形态，而向低碳经济转型的过程就是低碳发展的过程，目标是低碳高增长，强调的是具备向高碳生产力转变的发展模式。[①] 关于低碳发展的研究包括三个层次：低碳经济[②③]、低碳社会[④⑤] 和低碳城市建设[⑥⑦⑧⑨]。

---

① 潘家华、庄贵阳：《低碳经济的概念辨识及评价指标体系》，内部报告，2009 年，第 5 页。
② Granberg Mikael and Elander Ingemar, "Local Governance and Climate Change: Reflections on the Swedish Experience", Local Environment, Vol. 12, No.5, 2007, pp. 537-548.
③ 冯之浚、金涌等：《关于推行低碳经济促进科学发展的若干思考》，《新华文摘》2009 年第 8 期。
④ Skea Jim and Nishioka Shuzo, "Policies and Practices for a Low-carbon Society", Climate Policy, Vol. 8, No.1, 2008, pp. 5-16.
⑤⑦ 陈志恒：《日本构建低碳社会行动及其主要进展》，《现代日本经济》2009 年第 6 期。
⑥ Siong Ho Chin and Kean Fong Wee, "Planning for Low Carbon Cities—The Case of Iskandar Development Region, Malaysia", Toward Establishing Sustainable Planning and Governance II, Seoul, Korea: Sustainable Urban Development Institute, 2007, p.32.
⑧ 顾朝林、谭纵波等：《气候变化、碳排放与低碳城市规划研究进展》，《城市规划学刊》2009 年第 3 期。
⑨ 戴星翼：《论低碳城市的推进架构》，《探索与争鸣》2009 年第 12 期。

一、低碳经济的内涵

不少学者探讨了低碳经济的内涵和运行机理，涉及低碳经济的碳排放特征、实现路径和评价体系等。卡亚（Kaya）等（1997）并未论述低碳经济的概念，但却较早地分析了碳排放的影响因素，其认为主要包括人口、人均收入、能源强度和碳强度。加莱奥蒂（Galeotti）等（1999）证实了人均收入和碳排放量呈倒"U"型曲线。

岛田浩司（Koji Shimada）等（2007）认为土地利用方式（低碳城市）、新能源效率和低碳生活方式是低碳经济发展的关键性影响因素。房一平和宗勇（Fang Y. & Zong Y.）等（2007）认为能源结构、产业发展不平衡和能源政策不健全是中国低碳发展的主要阻碍。刘朝、赵涛（2011）对此持有不同观点，认为中国低碳经济发展的表层原因体现为能源结构和能源效率问题，但深层影响因素集中反映在粗放式经济发展方式、人口基数庞大且居民低碳意识淡薄、缺乏低碳领域专业人才三个方面。魏一鸣等（2008）则利用 LMDI 方法分析影响碳排放量变化的结构性因素，并指出人口、经济、技术对不同发展层次国家的二氧化碳排放量的影响是不同的。他们还认为基于我国的发展阶段，人口增长和人均 GDP 增长是我国二氧化碳排放量增加的最主要决定性因素，而能源强度下降在一定程度上能减缓其增长速度。崔大鹏（2008）认为中国正处于工业化中期，环境库兹涅茨曲线处于上升阶段，环境污染、资源消耗和碳排放总量和增量都是惊人的，在未来的 20~30 年内，我国的环境压力将会进一步增大，发展低碳经济刻不容缓。李胜、陈晓春（2009）从碳排放的四个影响因素看，发展低碳经济，要实现"五化"，即（物质资料和人口）生产低碳化、技术低碳化、产业低碳化、能源结构低碳化和消费低碳化。基于碳排放特征，潘家华（2009）认为，低碳经济是指碳生产力和人文发展均达到一定水平的一种经济形态，旨在实现控制温室气体排放的全球共同愿景。其中，决定低碳经济发展程度的关键性因素包括发展阶段、资源禀赋、低碳技术和消费模式。可见，对低碳发展的影响因素研究的相关文献中，对于四个因素包括人口因素（消费模式、低碳意识等）、经济因素（工业结构、经济发展水平等）、技术因素和能源结构已经形成共识。本书侧重低碳发展的激励政策体系和治理机制研究。其中政策实施的环境是影响政策实施效果的关键因素。以上这些因素同样也会成为影响低碳治理政策成效的关键性因素。

　　此外，我国不少学者从实现路径的视角对低碳经济的概念给予界定。第一类观点认为低碳经济发展的关键在于技术创新。如庄贵阳（2005）认为低碳经济是依靠能源技术创新和制度创新，建立一种较少排放温室气体的经济发展模式，其实质是能源效率和清洁能源结构问题。冯之浚、金涌等（2009）指出低碳经济是低碳发展、低碳产业、低碳技术和低碳生活等经济形态的总称，其实质在于提高能效技术、节能技术、可再生能源技术和温室气体减排技术。何建坤（2009）认为发展低碳经济关键在于低碳技术创新，尽快形成产业化体系。付允等（2008）认为低碳经济是一种以低碳发展为目标，以节能减排为发展方式，以碳中和技术为发展方法的绿色经济发展模式。周元春、邹骥（2009）分析我国低碳发展的影响因素，认为当前我国低碳发展的重点应在能效提高和能源技术创新。肖国兴（2010）认为低碳经济的核心是在市场机制的基础上，通过各种制度的制定和创新来推动各种技术的开发与应用。低碳经济是一种典型的制度经济。第二类观点认为低碳经济发展的主要途径是提高碳效率，重点在于提高能源效率、开发可再生能源、产业结构转型与引导消费行为。如鲍健强等（2008）提出多层次低碳实现途径：一是调整产业结构，发展具有低碳特征的产业，限制高碳产业的市场准入；二是降低对化石能源的依赖，走有机、生态、高效农业的新路子；三是发展低碳工业，优化能源结构，提高能源效率，减少二氧化碳排放；四是建设低碳城市，开发低碳居住空间，提供低碳化的城市公共交通系统；五是通过植树造林、生物固碳，扩大碳汇。任力（2009）总结低碳经济发展的若干措施包括调整产业结构与能源消费结构和制度的创新。潘岳（2009）提出要发展低碳能源技术，建立低碳发展模式和消费模式。周宏春（2009）认为发展低碳经济的关键是优化产业结构和建设低碳城市。第三类观点强调低碳经济发展的制度引导和行为引导。和前两类观点不同，第三类观点从能源需求侧管理的角度，强调对能源消费的正确引导。如任卫峰（2008）认为发展低碳经济必须在制度层面上构建相应的激励性机制，推动环境金融理念的建立和发展。陈晓春、张喜辉（2009）认为，低碳经济的发展所带来消费领域的变化并非是自然形成的，因此低碳经济需要引导家庭合理消费、个人文明消费、企业低碳生产与消费。

二、低碳社会与低碳城市

城市作为生产和消费的中心，具有集中的能源需求和经济产出，是经济发展的中心，也是低碳经济发展的重心。因此，在城市层次发展低碳经济引起了学者的广泛关注。国内学者对低碳城市的内涵进行了广泛的研究界定。根据 WWF 的定义，低碳城市是以低碳经济为发展模式和方向，市民以低碳生活为理念和行为特征，政府公务管理层以低碳社会为建设蓝图的城市。[①] 袁晓玲、仲云云（2010）提出低碳城市的体系框架包括五个方面：低碳理念体系、低碳技术体系、低碳金融体系、低碳生产体系和低碳消费体系。方伟坚（Wee Kean）等（2008）则从能源消耗与城市规划的关系进行研究，认为一方面城市规划的布局很大程度地影响城市的能源消费，如高度紧凑的城市规划可减轻"热岛现象"；另一方面，城市中森林、沼泽及湿地等生态系统的规模会影响城市碳排放的吸收储存。雷红鹏等（2011）提出低碳城市的主要实现途径是推广可再生能源应用、提高能效和控制能源需求。牛桂敏（2010）提出低碳城市的发展路径就是要实现能源低碳化、经济低碳化、社会低碳化和排放低碳化。方伟坚等（2007）分析城市碳排放的三个主要部分：产业、居民生活和交通，研究结论认为发展低碳城市的主要途径是：能效型"绿色建筑"、可持续的土地利用和交通政策、碳汇发展（城市绿地）政策。陈飞、诸大建（2009）通过模型指标及评价标准的建立，分析城市碳排放主要构成中，建筑、交通及生产三大领域内的低碳发展模式。可见，低碳城市与低碳经济的研究相比，更侧重消费侧管理，即低碳城市的重点不在于能源的低碳化，而在于节能，在消费中减少碳排放，在消费中通过需求选择对供给施加影响，从而引导低碳能源的选择。

不同区域的低碳城市实践差异性较大。朱守先（2009）[②] 和王爱兰（2010）[③] 分别通过发展测度指标体系来分析低碳城市的发展潜力，其测度

---

① 雷红鹏、庄贵阳、张楚：《把脉中国低碳城市发展策略与方法》，中国环境科学出版社 2011 年版，第 128 页。
② 朱守先：《城市低碳发展水平及潜力比较分析》，《开放导报》2009 年第 4 期。
③ 王爱兰：《我国低碳城市建设水平及潜能比较》，《城市环境与城市生态》2010 年第 5 期。

的关联因素包括经济、技术、社会人文和制度等因素。基于这些不同的关联因素，不同的区域低碳城市发展的潜力和实现路径也相去甚远。西方国家的低碳城市多为发展程度较高的城市或是以生活区为主的居住性城市，低碳城市建设主要以城市的消费减碳为主。[1] 丹麦的低碳城市建设注重以社区为单元，通过节能技术和可再生能源在社区基础设施中的利用，降低能耗和节约资源。低碳社区一般遵循 10 项原则：零碳、零废弃物、可持续性交通、可持续性资源利用、适度食品消费、水低耗、生物多样性保护、文化遗产保护、贸易公平以及低碳生活方式。此外，政府通过碳核算，在能源供给、绿色交通、节能建筑、公众低碳意识、城市规划和气候适应六个重点领域给予制度建设和资金支持。[2] 英国的低碳城市建设注重在建筑和交通两个领域推广可再生能源应用、提高能效和控制能源需求。伦敦的低碳城市建设将重点放在四个领域：①实施"绿色家居计划"，通过补贴、咨询等方式提高居民建筑的能源效率；②通过鼓励垃圾发电、建设大型可再生能源发电站和鼓励碳储存，推动能源供应向分散式、可再生低碳能源转变；③通过加大公共交通、步行和自行车系统的投资、征收交通碳排放税等方式鼓励发展低碳交通；④通过执行绿色政府采购政策，改善政府用能习惯和办公能源使用效率，形成示范效应。瑞典的低碳发展计划强调循环经济和生态承载能力建设。[3] 瑞典低碳社区建设多采取生态循环系统，如利用生活垃圾产生的生物气为住房供暖或作为车辆燃料、制定生物多样性计划、增加城市绿化面积、大力发展人行道和自行车道、开通水上免费交通线等（见表 2-1）。美国的低碳城市建设，以西雅图为例，是由大企业带动，通过家庭能源审计、公共交通系统优化等项目，促进政府各部门和公众的积极参与。

表 2-1　国际典型低碳城市实践模式

国家	行动计划	特色
丹麦	社区节能实践	公共住宅设计和可再生能源利用
英国	低碳城市规划和城市内的"碳预算"	颁布《市场应对气候变化的行动计划》，致力于使社区、商业、运输的能源使用效率提高。构建"零能耗"社区

① 戴亦欣：《低碳城市发展的概念沿革与测度初探》，《现代城市研究》2009 年第 11 期。
② 陈柳钦：《低碳城市发展的国外实践》，《环境经济》2011 年第 1 期。
③ 钟静婧：《国际典型低碳城市实践模式及其对中国的启示》，《城市发展研究》2010 年第 9 期。

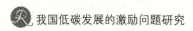

续表

国家	行动计划	特色
瑞典	可持续发展规划	规划设计经济、社会和环境三个维度，城市建设以宜居、生态为目标
美国	低碳经济法案	以新能源为主要内容，用低碳经济带动城市可持续发展
日本	低碳社会行动计划	积极实践低碳社会的 A 模式（技术驱动型社会发展）

资料来源：钟静婧：《国际典型低碳城市实践模式及其对中国的启示》，《城市发展研究》2010 年第 9 期。

日本倡导"低碳社会"建设，其社会规划考虑两种发展模式：A 模式为技术驱动型，城市生产和居住高度集中，经济增长较快（人均 GDP 的年增速高于 2%），社会居民追求物质生活的舒适和便利。B 模式强调"被动式"发展，即人口居住分散，生产和消费的生态足迹较低，经济发展缓慢，社会发展更加注重文化内涵。两种发展模式均能达到同等的节能减排效果，两种模式的差异在于 A 模式的能源发展主要依赖核能和化石能源，减排途径强调节能低碳技术和智能化能源管理手段的应用。B 模式的能源输出主要依赖生物质能，减排途径强调土地的集约化利用、倡导低碳生活方式和再生能源的广泛应用。[①]但在低碳发展进程中，往往是两种模式的混合体。日本的低碳社会建设强调各部门的共同参与，并将交通、住房、工业、消费行为、林业和农业、土地与城市形态等列为重点规划领域。日本引导的低碳社会建设是低碳城市建设和低碳经济发展的有机结合。Nakata（2010）认为低碳社会是基于社会、经济和环境的多维视角，通过改变社会经济运行模式来控制温室气体排放量的增长。其内容不仅包括能源结构改善和能源效率提高，还强调社会消费和社会行为模式的低碳化转变。J.Skea & Nishioka 对日本和英国的"2050 低碳社会情境"项目开展研究，对低碳社会做出四个层面的界定：①低碳社会的发展原则要符合可持续发展的原则，并确保社会发展需求的充分满足；②对全球碳减排做出贡献；③城市发展之路努力实践能源效率的提高、低碳能源和低碳产品的开发和应用；④低碳化的生活方式和消费行为。低碳社会的规制强调广泛的利益相关者参与，其中包括：企业、中央政府、地方政府、社区公民和国际 NGOs。低碳社会的共建需要建立在"利益共享"的基础上，即环境保

---

① ［美］莱斯特·R.布朗：《B 模式 4.0：起来，拯救文明》，林自新等译，上海科技教育出版社 2010 年版。

护收益和经济增长效益在利益相关者间共享。其中，政府仍起着核心作用，推动低碳社会发展。

比较而言，国外的低碳城市规划内容相对集中在交通和社区生活消费领域（垃圾分类、水节约、能耗节约等），而我国各地积极开展的低碳城市建设呈现出多样化的发展路径。上海的低碳城市建设选择崇明、虹桥商务区和临港新城作为低碳试点。崇明低碳发展以碳汇能力和生态建设为主导；虹桥商务区的低碳理念主要表现在城市空间布局、交通体系的需求管理优化、新能源利用和建筑节能四个方面；临港新城侧重产业结构调整和低碳物流的发展。①

陕西省主要在新建筑和公共机构建筑、交通、农业三大领域实施工程性节能措施，即通过实施重点节能技改项目，促进城市基础设施的节能改造；另外，陕西省积极开展产业结构调整，并在工业内部淘汰落后产能和调整产品生产性结构。② 河北保定作为中国电谷，形成了光电、风电、节电、储电、输变电以及电力自动化六大产业体系，并将光伏、风力和垃圾发电应用于建筑供电、集中供热、住宅节能、交通节能等工程中。杭州积极探索经济以低碳产业为主导、市民以低碳生活为行为特征、城市以低碳城市为建设蓝图，着力推进低碳经济、低碳建筑、低碳交通、低碳生活、低碳环境、低碳社会"六位一体"的低碳城市建设。其中杭州最具特色的低碳实践是在国内率先启动了公共自行车交通系统，提倡低碳出行，通过让公众参与其中，将低碳融入城市文化之中。③

总体而言，低碳城市是城市可持续发展的必然选择，也是各地区发展低碳经济的重要载体。低碳城市是低碳经济和低碳社会的融合，即低碳城市的发展包括三方面内容：低碳经济、低碳社会和环境的可持续发展。低碳经济强调技术和生产方式的转变；低碳社会强调生活和消费方式的低碳化。换言之，低碳经济是低碳产品和低碳技术的输出，而低碳社会是低碳产业的实践路径，只有生产环节、消费环节和居民生活理念的转变才是低碳城市规划的最终愿景。

---

① 世界自然基金会"上海低碳发展路线图"课题组：《2050上海低碳发展路线图》，科学出版社2011年版。
② 陈蔚镇：《陕西省的低碳经济发展》，社会科学文献出版社2011年版。
③ 连玉明：《低碳城市的战略选择与模式探索》，《城市观察》2010年第2期。

第二节 关于低碳发展治理模式的相关研究

低碳发展的治理过程也是多方利益相关者之间冲突的解决过程，其主要的利益相关者包括政府（包括中央和地方）、企业、公民和NGOs。不同利益相关者主导的低碳经济发展过程，其内在的行为机制都存在各自的治理困境。一是"公地悲剧"和"市场失灵"困境。企业主导的低碳发展，虽然可以引导资源的有效配置，但是在低碳经济模式下，由于生态产品具有流动性和正外部性的特点，低碳经济面临"公地悲剧"和"搭便车"的风险。[1] 而且尽管实现低碳经济具有正外部性，但是在短期内参与低碳经济发展会增加企业的自身成本，存在负外部性。特别是低碳能源技术的研发成本高、风险大且收益不确定，因此，企业参与低碳经济呈现"惰态"，低碳经济发展的市场主导模式失灵。二是"政府失灵"困境。政府作为公众和企业的"代理人"，其第一目标是社会效益最大化，但是政府具有"理性经济人"的特性，即存在追求自身利益最大化的行为动机，也就是追求政绩效用。因此，当政府主导低碳发展时，会将自身的政绩要求"输入"政策制定，而非考虑市场交易成本的最小化和其他利益相关者的发展需求，从而导致政府主导的低碳发展治理成本高，面临"政府失灵"困境。三是"集体行为"困境。尽管在低碳理念实践和宣传教育的影响下，公众的低碳意识逐渐增强，且针对个体低碳行为转变的相关激励政策在短时期内卓有成效，但是公众的节能行为转变面临"集体行动的困境"、"社会习俗的困境"和"社会—技术的系统刚性"。[2]"集体行动的困境"是指尽管个人或少数群体认识到能源节约的重要性并采取措施，但多数人想"搭便车"，抱有"我不做总有人去做"、"有我没我影响不大"的心理。如此一来，少数群体的节能贡献在非低碳的集体行动中被稀释。可见节能行动的公民赋权由于缺乏集体影响的反馈过程而被逐渐弱化。而"社会习俗

---

① 吴金平、肖建明：《推进福建低碳经济发展的机制激励研究》，《经济视角》2011年第4期。
② Heiskanen E., et al., "Low-carbon Communities as a Context for Individual Behavioural Change", Energy Policy, Vol. 38, 2010, pp. 7586-7595.

的困境"和"社会—技术的系统刚性"是个人行为具有社会"嵌入性"，当个人低碳行为被锁定在高碳的社会发展环境中时，公众节能行为的转变也只能是"昙花一现"，缺乏可持续效用。[①] 低碳生活模式的转变是一个集体行为转变的过程，而非个人单打独斗。只有集体的努力才能合理创造出必要的规则、规范和文化认知，支撑新的发展模式，并摆脱现有制度框架下的"路径依赖"。[②] 因此，公众的自治模式也需要法律法规的约束和强化，从而使公众的行为转变达成集体的共识。低碳经济发展模式的实现及运行效率受到企业经营、公众消费习惯和政策规制偏好及发展理念的影响。在中国当前的发展形势下，低碳发展需要置于多维视角中进行分析，[③] 并构建一个政府引导、企业推动和社会参与的治理网络，[④] 使得政府、企业和公众之间建立相互制衡与激励的关系。[⑤]

伴随着中国经济改革的历程，中国的社会制度和社会组织结构也发生了相应的变化，并逐渐向公民社会过渡。社会变革和进步的推动力量由自上而下的模式，逐步过渡到自上而下与自下而上的相互运作。在环境与发展关系的处理上，企业和公众成为重要的行为者和影响者，其生产模式和消费模式以及与之相关的价值取向，从根本上影响着环境与发展的方向。[⑥] 因此，实现城市的低碳化发展需要形成多元主体参与的治理结构，从而可以动员更多的资源，争取更多的支持。我国学者戴亦欣（2009）认为，政府、企业、专家三个层面领导者的合力作用构成低碳治理的领导力，且领导力的作用结构由于国际治理环境、中央决策和地方发展三方面的情景变化而存在动态的互动变迁。叶祖达（2010）认为社会中不同主体因为低碳发展而各自需要承担的成本和可能产生的效益不同，低碳城市建设需要政府进行社会成本分析，并将其作为政策制定的重要指标。J.Skea & Nishioka（2008）提出，目前发展低碳社会和低碳经济主要依赖政府的财

① Abrahamse W., Rothengatter T., et al., "A Review of Intervention Studies Aimed at Household Energy Conservation", Journal of Environmental Psychology, Vol. 25, 2005, pp. 273-291.
② ［芬兰］蒂莫·J.海迈莱伊宁、里斯托·海斯卡拉：《社会创新、制度变迁与经济绩效：产业、区域和社会的结构调整过程探索》，清华大学启迪创新研究院译，知识产权出版社 2011 年版，第104 页。
③ 蒋长流：《多维视角下中国低碳经济发展的激励机制与治理模式研究》，《经济学家》2012 年第 12 期。
④ 陈晓春、张存达：《低碳发展的失灵现象与对策研究》，《西南民族大学学报》（人文社会科学版）2011 年第 4 期。
⑤ 张世秋：《中国低碳化转型的政策选择》，《绿叶》2009 年第 5 期。
⑥ 陈柳钦：《低碳城市发展的国外实践》，《环境经济》2011 年第 1 期。

政投资，特别是发展中国家。但 IEA（2010）估计，到 2030 年，16% 的碳减排目标或者 6.3 亿吨标准煤的减排量不需要投资的引导就能够完成。目前大部分低碳建设资金主要投向能源和电力供应部门，但减排效果不佳。应该通过金融工具和制度创新，引导能源需求方投资和提高能源效率的技术研发投资。因此，碳市场、碳税等机制应该成为低碳制度发展的重点，而补贴和贸易壁垒等政策要逐渐退出规制体系。但整体而言，我国的低碳治理模式是基于精英理论的基础上的。在政策制定过程中，公众对低碳发展的诉求不会对公共政策产生影响，中央和地方政府在决策中处于主动地位。[①]

一些学者从政府治理理论的角度，分析了政府在低碳治理中的主导地位。安东尼·吉登斯（2009）在《气候变化的政治》中提出"保障型国家"（Ensuring State）概念，对低碳经济时期政府的战略角色进行了新的定位。他认为与工业文明时代的"参与式国家"中政府的辅助者角色不同的是，低碳经济条件下，政府的领导、指导与引导者的角色更为突出，政府的战略地位更加显著。[②] 发达国家的低碳经济发展经验也显示，政府在低碳经济中的重要规划权力通过立法得到强化。如英国 2007 年通过了《气候变化法案》，并在 2009 年实施碳预算等主要制度和政策；日本 2008 年通过了《低碳社会行动计划》，将低碳社会作为未来发展方向；德国是欧洲国家中推行低碳管理法律框架最完善的国家之一，2003 年出台了《节约能源法案》；美国在 2009 年通过了《清洁能源安全法案》。[③]

巴尔克利和肯（2006）认为环境治理应该将政府与非政府的管理结合形成多元化的综合网络。根据政府的不同主导作用，他们将低碳治理模式归纳为四类：第一，自治模式。政府作为主要的城市建设者和消费者，通过绿色能源采购和公共建筑能效提高，来促进城市的节能减排。自治模式主要依靠财政支出，并被地方政策广为采纳，但是城市政府使用能源所排放的温室气体，仅占城市排放量的 1%~5%。因此，该模式的实施效果有限。第二，赋能模式。地方政府与私人企业和第三方合作，并通过举办公

---

① 操小娟、李和中：《我国城市低碳发展激励政策的决策模型及案例分析》，《科技进步与对策》2010 年第 11 期。
② 转引自陈飞、诸大建：《低碳城市研究的内涵、模型与目标策略确定》，《城市规划学刊》2009 年第 4 期。
③ Siong Ho Chin and Kean Fong Wee, "Planning for Low Carbon Cities—The Case of Iskandar Development Region, Malaysia", Toward Establishing Sustainable Planning and Governance Ⅱ, Seoul, Korea: Sustainable Urban Development Institute, 2007, p.41.

共教育、公众环境意识的促进活动等，激励社会对气候应对的广泛参与。虽然目前有关减缓气候变化的宣传活动相当普遍，但由于公众对气候变化的认知有限，公众或私人机构对气候治理的参与具有局限性。第三，供应模式。政府作为地方公共服务的直接提供者，可以直接影响地方的电力供给，推动提升能源效率和增加可再生能源的开发利用，达到提升城市基础设施的能源效率的目的，但该模式在电力自由化和市场化的地区不能有效发挥作用。第四，权威模式。即政府通过强制性政策规制来推进低碳城市的建设，但该模式的社会成本较高，且气候政策实施与否，依然取决于地方政府的自发意愿。[①]郭万达、刘艺娉（2009）通过分析不同国家低碳发展的模式，认为政府是低碳发展中的主要推动者和政策供给者，并主要扮演监督者、供给者和促进者的角色。

低碳经济的发展既有赖于政府、企业与消费者之间的通力合作，也得益于城市、区域与国家三者之间的有机协调。[②] Kern & Alber（2008）根据地方政府和中央政府之间的治理关系，把低碳治理分为水平协作模式和垂直治理模式两大类。其中，水平协作模式可被视为多层次体系的自治模式，即中央政府不直接参与地方的低碳发展，而是让城市与城市之间通过协作和相互学习开展低碳治理。垂直治理模式中，中央政府与地方政府的行动能力形成三种关系：一是赋权治理模式。即中央政府向地方政府赋权促进并刺激地方行动，但不实施强制管制。如德国联邦政府为市政府的低碳治理提供相关辅助建议，地方政府具有自主决策权。二是供应模式。中央政府通过财政补贴支持地方的低碳教育活动以及行动方案的执行。瑞典、荷兰等地方政府能力较强的国家偏好该种治理模式。三是权威治理模式。国家通过立法、顶层设计等方式强制要求地方政府推进低碳治理。如中央政府扮演"监督者"的角色。美国、加拿大、中国等国家均采取该种治理模式。齐晔等（2013）通过研究中国在节能和可再生能源领域的政策执行，归纳了三种模式，即自上而下的政府主导型模式、政府引导下的市场型模式和自下而上的企业—产业拉动型模式。自上而下模式以中央政府的节能目标体系为典型应用领域。其中，中央政府通过目标责任制驱动地

---

① Harriet Bulkeley and Kristine Kern, "Local Government and the Governing of Climate Change in Germany and the UK", Urban Studies, Vol.43, No.12, 2006, pp: 2237-2259.
② 蒋长流：《多维视角下中国低碳经济发展的激励机制与治理模式研究》，《经济学家》2012年第12期。

方政府，地方政府监管重点能耗企业，自上而下共同推动节能政策的实施。该种模式的特征在于地方政府是政策执行体系的核心。市场型模式在风力发电领域应用广泛。该模式是在中央政府制定的激励政策下，企业和金融投资机构有自主参与的意愿，地方政府借势推动低碳经济发展。自下而上的企业—产业拉动型模式和市场型模式非常类似，即在政府非强制性措施下的市场行为引发低碳经济的发展。但两者也有不同，市场型模式强调先由政府制定激励政策，后诱发市场主体行为，而自下而上的模式是市场自主行动在先，政府介入和市场行为规范在后。自下而上的企业—产业拉动型模式主要应用在太阳能光伏产业领域。

相对于以上政府主导的"自上而下"的治理模式，另一种低碳发展模式也越来越引起学术界和政策制定者的关注，即社区参与主导的低碳治理模式。社区参与的低碳治理模式基础是"社会资本"。通过制定和实施合理的社区小组，使社区尺度的碳减排措施比国家尺度的"顶层"设计措施更有效。[①]

低碳发展的治理模式研究探讨了低碳治理的政策主体、政策客体以及两者之间的互动关系。基于前人文献研究的视角，在低碳发展的治理模式中，政府是政策制定和实施的主导者，而企业和公众既是政策规范和制约的直接对象，也是低碳发展的执行终端。企业和公众的低碳意识和低碳行动转变才是低碳发展的关键。本书将基于低碳发展的网络治理模式，研究政府政策供给对公众和企业行为转变的激励效用。

第三节　关于低碳发展激励机制的相关研究

一、激励政策工具的分类

根据 IPCC（2007）的定义，减缓气候变化的政策工具包括：规制与标

---

① CSE, "Mobilising Individual Behavioural Change Through Community Initiatives for Climate Change", London, 2007.

准、税收与收费、可交易配额、自愿协议、补贴、金融激励、研发项目与信息工具等。其他可以影响贸易、外商直接投资、消费和社会发展目标的政策，也会影响温室气体排放。推进低碳经济发展的政策工具，根据管理手段分为四大类：环境命令控制、经济刺激政策、教育与宣传和自愿协议。这些管理方式分别作用于能源需求管理和能源供给管理，从而推进能源效率提高、新能源的开发和利用、低碳技术的研发与推广、消费模式的转变等（见表2-2）。

表2-2 低碳经济的政策工具综述

类别		规制手段	经济刺激政策	教育与宣传	自愿协议
具体措施		法律、法规、规定、规章、条例等	碳税、温室气体排放费、排污费、生态补偿费等税费	节能咨询	行业间倡议
		环境处罚	补贴	技术培训与示范	政府—企业协议
		排放标准	押金返还制度	公众环境听证会	节能标识
		排放总量控制	碳排放权交易		清洁生产
		污染物排放浓度控制	碳基金		
		排污权许可证制度			
		认证制度			
政策目标		提高能源效率，新能源的开发与利用	能源效率提高，消费模式转变，低碳技术的开发，能源结构调整	消费模式转变，提升公众意识	能效提高，企业社会责任

命令与控制的规制手段又称直接管制，是传统的环境污染控制手段，本质上是一种通过政府的强制命令及法律法规对当事人的环境行为施加影响，从而减少污染的管理方法。这种政策的动力来源主要是政府的行政权力。其主要表现形式为认证制度、行政处罚、禁令等各种环境标准，最常见的形式是污染物排放限制标准和环境技术标准两种形式。自20世纪70年代起，欧美国家以命令控制型政策工具为主，加强节约能源的管理与规划，从而遏制迅速上升的能源消耗。美国、德国等国家分别通过了《节能法》。欧盟还制定了强制性能效标准，只有符合最低能效标准的产品才被允许生产和销售。目前欧盟能效标准不再局限于产品的生产和销售，还包括工业生产环节的低碳技术标准、产品生产碳排放标准、车辆排放标准、房屋建筑标准等。认证制度是环境标准的有力补充，主要用于新能源的开

发和利用，如意大利制定"绿色证书"制度。

　　经济刺激型环境政策，又被称为市场型规制手段，是通过市场力量以经济刺激的方式来影响当事人环境行为的政策，其动力源泉是与当事人环境行为密切相关的经济利益。这种政策能改变当事人环境行为的相关费用及效益，使环境成本内部化，其主要表现形式包括排放税（费）、碳排放权交易、排放权贸易、补贴、押金返还制度等。由于命令控制型手段的运行成本过高，缺乏灵活性等缺陷，自20世纪80年代开始，欧美等发达国家对环境管制手段从命令控制型政策转向经济刺激型政策。虽然市场型政策可以充分发挥企业的横向作用，且具有成本低、效率高的特点，但作为政策规制手段之一的经济刺激工具在市场信息不完全状态也存在"失灵"现象。因此，经济刺激政策往往是财政政策和市场机制的组合措施，通过鼓励促进社会福利最大化的环境友好行为，或惩罚环境损害行为，从而在环境保护和社会经济福利之间找到最理想的平衡点。低碳经济发展的财政激励政策可以分为三大类：一是降低节能投资成本的正向刺激政策，主要包括：补助/津贴、能源审计补助、合同能源管理、绿色基金、技术税收减免。二是增加能源使用成本的反向刺激政策，主要包括：能源税或碳税、公众效益收费、生态补偿费、抵押金返还制度等。三是市场型政策，其发挥市场机制在资源配置中的作用，引导企业节能和提高能效，如碳基金、排放权交易等（见表2-3）。[①]前两类的相关研究都是基于价格机制的财政政策研究，而第三类的碳基金和碳排放权交易则是基于产权理论和生态服务付费理论的市场政策研究。

表2-3　经济刺激政策工具分类

反向刺激政策	正向刺激政策	市场型政策
能源税/碳税/环境税	补助/信贷	碳基金
	受补贴的能源审计	排放权交易
	能源合同管理，政策性基金	认证制度
	技术税收减免	公众效益收费（PBC）

---

① 转引自宋蕾、华斌：《各国发展低碳经济的财政政策体系比较分析》，《云南财经大学学报》2011年第1期。

教育与宣传主要通过对消费者开展低碳理念教育，为生产管理者提供节能技术培训和咨询，或通过环境友好型技术的标签化（Labeling）等途径改变消费观念和消费行为，促进消费者对低碳产品和低碳技术的购买，直接或间接地降低能源消耗的环境影响。教育与宣传对消费模式的转变有明显的促进效用。该类政策的主要理论依据为环境学习曲线理论。①

　　欧美国家中，政府、企业和社区的环境管理影响力保持平衡状态，在利益相关者作用下，政府的纵向管理减少，对企业社会责任激励的环境政策制定增加，而企业也逐步进入环境自治管理轨道。② 自愿协议正是在这种背景下产生的一种新的环境治理工具，其包括政府—企业协议、企业自主协议、节能和企业在减排项目中的自愿参与等方式。西方发达国家的自愿协议政策往往作为能源税、排放权交易、补贴等经济刺激型政策的辅助工具。如荷兰能源管理税（Regulating Energy Tax，RET）的征税范围包括原油、柴油、天然气和电力，其纳税对象为家庭和小型能源消费者。而大型能源消费者很少缴纳能源管理税，主要通过自愿减排协议计划降低二氧化碳排放。英国气候变化税（CCL）规定，耗能大户如炼钢、酿造、印刷等行业，如能与环境、食品和农村事务部签订自愿协议，减排达标且同时提高生产效率者，给予税率优惠，仅按 20% 计征。丹麦将补贴福利 80% 授给能源密集型企业和签订自愿减排协议的企业。丹麦、荷兰、加拿大和瑞典更是将补贴审计作为给予参与自愿协议的企业的一种优惠福利。③

　　虽然应对气候变化的这四类政策都能实现政府的污染控制和碳减排目标，但不同环境政策在纠正外部经济效应的效果、达到政策目标的成本及政策实施的有效性等方面有明显的区别。总体而言，命令控制型政策能够充分发挥政府的行政执行力，因此在解决环境污染问题、改善环境质量方面能起到显著的效果。而且命令控制手段是各国在环境治理过程中运用最广泛也是实行时间最长的手段，至今仍然在各国的环境保护中发挥着重要

---

① Romco Hoogma, et al., "Experimenting for Sustainable Transport: The Approach of Strategic Niche Management", London: Spon Press, 2002, p.169.

② Dilek Cetindamar and Kristoffer Husoy, "Corporate Social Responsibility Practices and Environmentally Responsible Behavior: The Case of the United Nations Global Compact", Journal of Business Ethics, Vol. 76, 2007, pp. 163–176.

③ Green Alliance, "Unlocking a Low-carbon Europe Perspectives on EU Budget Reform" Seacourt, 2010.

的作用。然而，随着环境管理手段和政策实践的发展，人们发现传统的命令控制型手段的政策成本太高，其达标成本大大超过预期，无法实现污染控制成本的节省，且缺乏适度的灵活性，效率低下，甚至一些命令控制手段限制了经济的良性发展。因此，命令控制型政策的局限性被越来越多的管理实践者所认知，而经济刺激型环境政策受到日益增加的关注。

在众多的经济刺激型环境政策中，有两个政策工具被广泛地应用以促进低碳发展和应对全球气候变化：一是基于价格控制的碳税；二是基于总量控制的碳排放权交易体系。因此，在以下的文献回顾中，本书将着重梳理碳税和碳排放权交易制度的国内外相关研究。

二、碳税的激励研究

财政政策的激励效用一直被视为政策供给的主要依据，其中对碳税的研究最为常见。所谓碳税，是指以价格为导向，按照消耗化石燃料（如煤炭、天然气等）的碳含量或者碳排放量来计征的一种调节税。由于碳税是通过确定碳排放的价格来对减排形成激励，而非确定的减排数量，因此碳税也被称为"价格型激励手段"。碳税的主要经济理论依据是"庇古税"。庇古认为解决环境外部性问题不可能通过"修改双方的契约关系来改变"，或者说，不可能通过市场机制使外部性问题内部化，即存在所谓的"市场失灵"问题。只能通过补贴、税收、管制、禁令、特许等外部力量对市场及其结果进行政府干预，其中最为主要的政策手段是"额外奖励或限制"，也可以表述为"补贴或税收"。

根据目前碳税的税基看，包括三种：一是碳税，是根据每种燃料的含碳量确定税率；二是二氧化碳税，是根据每吨二氧化碳排放量征收的；三是能源税，是根据消费的能源量来征收的。但这三种碳税的征收都是通过提高价格，刺激相关部门采取节能措施，加大对能源效率的改进，或是通过碳税收入的再分配，加大投资力度和消费模式的转变。[1] 开征碳税可以显著地改变生产方式和能源消费模式，使得其向低碳能源转变，[2] 并可以

---

① 刘婧：《我国节能与低碳的交易市场机制研究》，复旦大学出版社 2010 年版，第 79 页。
② Wissema W. and Dellink R., "Analysis of the Impact of a Carbon Energy Tax on the Irish Economy", Ecological Economics, Vol. 61, No.4, 2007, pp. 671–683.

运用市场价格机制提升能源价格，迫使生产部门选择低碳能源，倾向于清洁生产，促进消费者选择低碳产品和低碳消费，最终降低整个社会的能源消费以及碳排放。[1][2] 如斯里兰卡等（2007）发现低碳税通过电力价格的提高可使能源费大幅降低，并带来较高的减排量。西方国家绿色税收的绩效评估显示，税费政策对降低能耗并没有突出的贡献，但对促进天然气和可再生能源的使用，调整能源结构有着积极的促进作用。[3] 姜克隽（2009）利用 IPAC-CEG 研究碳税与经济运行的关系，其认为碳税可以较好地实现二氧化碳减排效果，对抑制能源价格有正面作用，同时对经济的影响有限，且会促进新的行业发展。[4] 魏巍贤（2009）基于数量模型分析结果，认为征收化石能源从价资源税是节能减排的一个有效途径。张兆国等（2013）以高能耗行业上市公司为分析样本，研究结果表明，税收政策、财政补贴、信贷政策和社会舆论对低碳经济有显著正向影响，相比而言，规制手段（如法律制度）和市场化程度对低碳经济有正向影响但不显著。苏明（2008）提出碳税等财税政策手段与能源技术生命周期之间的正向对应规律，但同时，征收碳税也会影响能源的价格、能源供求关系，从而对经济增长造成消极影响。[5][6] 如斯克林杰等（2005）认为碳税可以实现"双重红利"，但碳税也可能使不发达地区或贫困人口赋税加重。魏一鸣等（2006）和王灿等（2005）也通过 CGE 模型等对碳税的效果进行了分析，研究结果证实开征碳税会对中国经济增长和就业带来"双重"负面影响。林伯强、蒋竺均（2009）等利用 CGE 模型研究发现，中国煤炭价格上涨对宏观经济有负面影响。一种观点甚至认为，碳税的实施毫无必要，它导致燃料和电力价格上涨，将影响国民经济质量，完全可以另辟蹊径如增加森林

① Nakata Toshihiko, "Analysis of the Impact of Carbon Taxation on Italian Households", Energy Policy, Vol. 29, 2001, pp. 159-166.

② Tetsuo Tezuka and Takamitsu Sawa, "Carbon Tax for Subsidizing Photovoltaic Power Generation Systems Audits Effect on Carbon Dioxide Emission", Applied Energy, Vol.27, 2002, pp. 677-688.

③ Lynn Price G., et al., "Tax and Fiscal Policies for Promotion of Industrial Energy Efficiency: A Survey of International Experience", http://escholarship.org/uc/item/4rh396ct, 2005.

④ 国家发展和改革委员会能源研究所课题组：《中国 2050 年低碳发展之路能源需求暨碳排放情景分析》，科学出版社 2009 年版。

⑤ 刘洁、李文：《征收碳税对中国经济增长的实证》，《中国人口·资源与环境》2011 年第 9 期。

⑥ Lee C. F., et al., "Analysis of the Impacts of Combining Carbon Taxation and Emission Trading on Different Industry Sectors", Energy Policy, Vol. 36, 2008, pp. 722-729.

面积等来控制大气中的二氧化碳含量。[①]

尽管对碳税实施影响的分析结果尚未达成一致，但是研究者们至少在一个认知上已经达成共识，即低碳经济的激励政策不能仅仅依靠碳税、补贴等单一政策，而应该是多种正向激励和负向激励组合而成的政策矩阵。琳恩和加利茨基等（2005）比较了不同国家实施碳税、公众效益收费、补贴、补贴的能源审计（Subsidized Energy Audit）、能源合同管理及自愿协议等经济激励政策的组合作用。Lee（2008）认为如果将碳税和排污权交易共同搭配实施，不仅可以避免相关政策对经济增长的负向作用，甚至可以促进经济增长。宋德勇、卢忠宝（2009）根据不同经济学原理，将低碳政策工具划分为五类，但对这些政策执行时的协同性及其政策效率并无论证。郭琪（2009）对中国节能政策进行实证分析，指出由于法律政策不完善、财税政策的普及范围小等因素影响，中国法律政策和财政补贴的效果微弱；信息宣传和教育示范政策具有一定的政策效应，但距离期望效果差距还很大；经济政策中产业结构调整和能源价格政策对节能目标的实现影响最大。Skea & Nishioka（2008）认为对能源供应部门的财政补贴是发展中国家的主要低碳激励措施，但碳市场、碳税等机制更应成为低碳制度的重点。赵晓丽、洪东悦（2010）研究了中国 1979~2008 年节能政策的变化，指出在计划经济时期中国节能政策主要采取补贴消费者的"低价格"政策和电力消费配额制度等，该阶段政策具有指令性、强制性的特征。转轨时期，中国节能政策从单纯控制能源消费转向促进能源合理消费，政策工具以能效制度认定、财税激励以及产业结构调整等举措为主，市场化政策特征显现。田文宠（2010）分析了我国现行财税制度与低碳经济发展的相悖之处，提出消费税引导性不足、绿色生态税急需建立等政策建议。张仲礼、周冯琦（2010）认为，我国目前的激励机制存在"重产业政策、轻消费政策"的结构性问题，应通过市场和财政激励政策的组合实施，激励企业、公众等多元主体参与。

三、碳排放权交易的市场激励研究

所谓碳排放权交易市场，是指以总量和数量为导向，以清晰界定碳排

---

① 胡剑峰、颜扬：《碳税政策效应理论研究评述》，《经济理论与经济管理》2011 年第 2 期。

放权为基础，基于市场机制的一种制度安排。碳排放权交易市场是数量控制的市场激励政策工具。政府或环境监督者通过核定某个国家、地区或企业的碳减排总量，并赋予碳排放权许可证，碳排放主体通过碳交易履行碳减排义务，即根据自身的边际减排成本决定碳排放权的买卖，因此碳排放权交易中的碳价格和碳税中的碳价格不同，其价格事先并不确定，而是随着供求关系的变化而变化。碳排放权交易的主要理论是以科斯定理为核心的产权经济学。科斯认为所有权、财产权失灵是市场失灵的一个根源，资源配置的外部性是资源主体的权利和义务不对称所导致的，市场失灵是产权界定不明确所致。只要明确界定所有权，市场主体之间的经济活动就可以有效解决外部不经济问题，即通过明确界定产权可以将外部成本内部化。因此，碳交易制度的核心是使碳排放造成的外部性成本内部化，它通过制度设计把一种外部性的不需要支出任何成本的资源变成一种"稀缺资源"。[1]

　　碳排放权交易首先要确定总量控制目标，即根据各种约束指标来确定一定空间一定期限内温室气体的排放上限；然后由政府将这个排放总量进行分割，再通过无偿发放或有偿拍卖的机制将排放配额分配给辖区内的企业。在一定期限内，这些获得排放配额的企业，必须将污染物或温室气体的排放限制在限额之内，否则将受到经济惩罚，就超标排放部分缴纳罚金。因此这种制度可以解决排污费或碳税不能有效控制排放总量的问题。其中，排放权分配的方式决定排放权的实施效果。目前提出的分配原则主要有三种：免费分配、固定价格出售和公开拍卖，其中免费分配和公开拍卖较为常见。[2] 张颖和王勇（2005）认为，虽然免费分配的模式对于制度的推广起到了一定的促进作用，但公开拍卖的分配方式是排放权初始分配发展的必然趋势。

　　我国学者在分析国际碳市场的发展基础上，对我国碳排放权交易市场的市场结构进行了探究。如庄贵阳（2006）分析了欧盟温室气体贸易机制的运行框架，并对我国碳交易的发展提出建议。凤振华和魏一鸣（2011）研究了欧盟碳排放交易体系的碳市场配额分配机制、碳排放权的价格波动规律与碳市场的风险。邱立成、韦颜秋（2009）基于对欧盟白色认证制度

---

① 于杨曜、潘高翔：《中国开展碳交易亟须解决的基本问题》，《东方法学》2009 年第 6 期。
② 李寿德、黄桐城：《初始排污权分配的一个多目标决策模型》，《中国管理科学》2003 年第 6 期。

机制的研究，提出中国目前尚未建立普遍的排污权交易和绿色证书交易制度。Adam 和 Liverman（2007）探讨了国际碳补偿的治理，分析了治理的政治经济学意义，从碳减排、区域发展、积累脱碳能力三个方面对比研究了清洁发展机制和自愿补偿机制的治理结果的差异。史亚东、钟茂初（2010）从经济最优与公平性的角度分析了我国参与国际碳排放交易的问题。

此外，目前我国的碳交易市场存在以下几方面的问题：一是以区域为单位形成多个相互割裂的碳交易市场。目前我国由于减排标准、认证标准的不统一造成各区域形成不同的碳交易市场。分割的碳交易市场运行的交易规则也千差万别，在很大程度上阻碍了碳交易市场规模的扩大。二是政策信息导向性不明确。我国尚未出台强制性碳交易政策，而目前关于碳交易促进的政策和措施虽然明确了政府在碳交易中的主导作用，但是如何运用政策激励碳交易，如何明确交易的模式和实施路径等关键问题尚未明晰。[1] 因此，很多学者对我国碳排放交易制度设计进行了探讨。杨志、陈波（2010）提出我国应先建立区域碳市场，再形成各区域企业间的"碳交易"网络。借鉴国际碳市场的建设和发展经验，区域碳交易可以先开展自愿市场交易，引导部分企业在自愿的基础上购买碳信用以抵消碳排放。此外，政府可以运用"政策杠杆"推动约束性碳交易市场的形成，通过制定相应的碳交易政策，逐步形成需求市场和交易环境。[2] 王灿等（2006）提出了碳指标按行政区域和行业分解的"双轨制"，有利于实现跨省区的碳交易。

在控制温室气体排放方面，碳排放权交易和碳税都是国际通行的碳减排政策工具，特别是，碳排放权交易被采用得更为普遍。如欧盟已经建立了全球最大的碳排放交易体系（EU ETS），美国芝加哥气候交易所（CCX）2003 年正式挂牌运营，日本东京总量限制交易体系、澳大利亚新南威尔士温室气体排放体系（NSWGGAS）、美国西部地区气候倡议（WCI）、美国东北部地区区域温室气体倡议（RGGI）等碳交易市场也先后发展起来。相比之下，碳税政策只被北欧几个国家采用，包括荷兰、挪威、丹麦、瑞典等。但关于碳税和碳交易之间的优劣比较，一直是学术界的一个重要理论问题。

---

[1] 崔金星：《中国碳交易法律促导机制研究》，《中国人口·资源与环境》2012 年第 8 期。
[2] 张瑞等：《建立区域碳交易市场的路径与对策设计：基于重庆市"碳票"交易模式》，《中国科技论坛》2012 年第 5 期。

从理论上讲，两种政策工具实质上是等效的，在均衡状态都将导致相等的碳减排成本，都能实现碳减排目标，都属于应对气候变化的市场激励型政策工具，两者都有别于法律、法规和规章等行政干预手段或者要求企业采用减排技术，通过检查、监控和罚款等标准化程序间接减排的命令控制型政策工具，但它们在减排激励、运行成本、政治阻力、减排效果、国际合作和负面影响等方面又有所不同，[①] 如表2-4所示。

表2-4　碳税与碳市场交易政策工具的效用比较

	减排机理	运行成本	政治阻力	减排效果	国际合作	负面影响
碳税	价格控制	规制成本和实施成本低，信息成本高	大	不确定	不易达成国际一致	弱化企业的产品竞争力和贸易竞争力
碳交易	数量控制	规制成本和实施成本高，信息成本低	小	直接且明确	易达成国际一致	国家之间发展的不公平性、市场先入者和后入者之间发展的不公平性

资料来源：王爱国、王一川：《碳减排政策的国际比较及其对中国的启示》，《江西财经大学学报》2012年第5期。

杜创（2011）比较了碳税与碳市场交易两种激励手段，并认为碳交易与征收碳税相比，具有三个方面的优势：一是碳税税率一旦确定，短期内难以变更，但是碳交易价格可以根据市场形势随时做出调整，从而可以使经济活动不受排放配额的限制，企业可灵活自主地选择履行义务的手段和所需技术。二是碳交易价格是更有效的激励工具。虽然碳税影响到企业的排放成本，也可以激发市场对减排技术的需求，促进技术创新，但是由于税率相对固定，其激励效果是固定的。而通过碳交易市场，价格变动可更加清楚地指示技术创新的程度、方向和价值。三是当一个国家政府对国际社会承诺了碳排放总量之后，将此总量层层分解的碳交易模式将更有利于兑现承诺；而征收碳税的情况下政府将面临更大的不确定性。此外，一旦税率制定不准确，全国排放总量将会过多或过少。刘婧（2010）认为碳排放权交易和碳税相比，其优点是能够实现最优的环境质量水平。另外，公

① 王爱国、王一川：《碳减排政策国际比较及其对中国的启示》，《江西财经大学学报》2012年第5期。

众参与可以最大限度地鼓励企业的自愿碳减排行动，是促进碳减排的重要政策措施，但需要在市场发达的前提和平台下推进。

我国在选择减排政策工具时，应考虑：一是减排效果和竞争力问题。碳税减排存在一定的不确定性，可能引起的价格上涨导致需求的价格弹性及化石燃料的供给信息不完全，会造成能源价格上涨和消费负担增加，同时造成物价上涨和国际竞争力下降等后果。[①] 二是减排实现的时间问题。由于目前中国的资源税尚未确定，其他相关环境税也未完全启动，碳税的立法和执行需要的时间较长。而且碳税税率的调整需要一个渐进的过程。如果税率太低，则不能有效调控经济和实现环境目标；如果税率太高，则会对企业的核心竞争力产生负面作用。相比之下，碳排放权交易政策更容易进入具体实施阶段。[②] 三是政治阻力的问题。与很多西方发达国家在能源税的基础上开展碳排放权交易不同，中国的碳税和碳排放权交易几乎是同步开始考虑引进新型政策工具。因此，虽然碳税在管理上更容易操作，但与国际接轨的碳排放市场政策不仅更容易取得国际的合法性，而且受到企业方面的抵制强度更小。因此，虽然碳交易市场在碳排放权初始分配阶段存在有失公允的缺陷，特别是免费发放配额，可能造成发达国家和发展中国家、市场先入者和后入者之间的不公平性问题，但考虑到目前我国经济和社会发展的现状，碳排放权交易政策工具更容易实现我国迫切的减排目标。

四、国内外低碳治理的激励措施

各种财政政策都有自身的优势和劣势。如碳税的征收可以有效抑制能源消费，但对经济具有负面影响，且缺乏对企业节能减排内动力的激励；受补贴的能源审计能有效地驱动企业提高能耗效率的内在动力，但该措施不易监管，容易产生经济寻租和"搭便车"行为；补贴制度可以提高节能产品和低碳技术的推广，但当政府监管不足时，容易产生过度补贴和企业谎报现象；自愿协议是各种低碳发展刺激政策的有力补充，并能提高能源消费企业对节能减排要求的主观意愿，但如果单独使用，则缺乏约束力。

政策工具的合理选择是使碳排放的外部成本在利益相关者中得到内部

① 刘婧：《我国节能与低碳的交易市场机制研究》，复旦大学出版社 2010 年版。
② 王光伟、郑国光：《应对气候变化报告 2012》，社会科学文献出版社 2012 年版。

化的关键，其取决于制度、技术等多方面的制约因素[①]。不同国家的资源禀赋、生产力发展阶段、经济结构、低碳技术和消费模式等条件，决定了它们不同的低碳经济发展途径和战略。发达国家和发展中国家目前所处的生产力发展阶段不同，意味着其实现可持续的生活方式的路径和措施不尽相同。发达国家基本完成工业化进程，城镇化水平较高，人均生活水平比较富足，二氧化碳的排放和主要能源消耗产生于建筑、交通和消费环节。目前减排主要强调低碳技术进步、制造业的大规模转移和生活方式的变化，节能减排的主要途径是技术替代和新能源的开发利用。而发展中国家正处在工业化进程中，城镇化水平显著偏低，人均居民生活水平有待提高。能源消耗和二氧化碳排放主要产生于工业化的生产环节。目前技术进步的节能贡献率尚低于产业结构调整的节能贡献率。

2004 年，世界能源委员会对 31 个 OECD 国家和 24 个发展中国家进行的能源政策研究显示（如表 2-5 所示）：OECD 国家的财政政策工具形式多样，大多数国家都采用了补贴、能源审计、合同能源管理以及碳排放交易，11 个 OECD 国家对碳排放进行征税。而发展中国家则主要采用政府补贴的能源审计、合同能源管理、税收优惠等财政政策。从表 2-5 可以看出，反向刺激型财政政策几乎不被发展中国家所采用，即使是发达国家的

表 2-5　各国节能减排的财政政策工具

	OECD 国家	非 OECD 国家	中国
能源税/碳税/环境税	11	0	无（针对碳排放）
公众效益收费	4	0	无
补助/津贴	23	5	有
受补助的能源审计	23	17	有
绿色信贷	12	9	有
合同能源管理	22	14	有
技术税收减免	15	8	有
碳交易市场	23	0	有

资料来源：World Energy Council, "Energy Efficiency: A Worldwide Review—Indicators, Policies, Evaluation", London：WEC, 2004.

[①] 宋英杰：《基于成本收益分析的环境规制工具选择》，《广东工业大学学报》（社会科学版）2006 年第 3 期。

实践者也为数不多。这主要是因为各个国家或地区的政策制定者担心增加能源成本的财政政策会对经济发展、产业竞争力等带来负面影响。但OECD 国家能将惩罚和激励型的财政政策互补使用，并结合自愿协议，积极培育能源服务产业发展，促进企业节能减排成本的资本化，从而建立自下而上的节能减排政策体系。发展中国家的节能减排政策发展较晚，能源法规、能耗标准等命令控制型政策逐渐建立和完善，但节能市场机制和财政政策工具零散，政策随机性强，企业和政府的博弈成本较高。

（一）与节能减排相关的税收

碳税是温室气体减排的一个主要政策手段，也是分析减排成本的一种途径。北欧多数国家自 20 世纪 90 年代以来实施了一系列能源或者碳排放相关的税收政策。目前加拿大、丹麦、芬兰、德国、意大利、挪威、英国、日本、新西兰等也纷纷征收能源相关税费。目前欧美等发达国家用于节能减排目的的环境税主要有三种：排放税、产品税、使用者税。排放税主要以二氧化碳税、温室气体税、气候变化税的形式征收。产品税主要是指汽车尾气税、燃油税，或者对能耗需求较大的工业和商用设备征收的税收。使用者税的征收方式是对交通运输和能源服务的消费者征收的税收，如能源税。20 世纪 90 年代，北欧国家最早开始征收碳税，到目前为止已经有10 多个国家引入碳税。丹麦碳税税率为 14.3 美元/公吨二氧化碳当量。碳税对供暖用能源按 100%征税，对轻能耗的能源使用按 90%征收，对重能耗的能源使用按 25%征收。[1] 英国气候变化税（CCL）主要是对电力、天然气、液化石油气和固体燃料（如煤）的供应者一次性征收销售税，税率为从量计征，其中：电力每千瓦 0.43 便士，天然气每千瓦 0.15 便士，液化气每公斤 0.96 便士，其他燃料每公斤 1.17 便士。挪威从 1991 年开始对汽油、矿物油、天然气等征收二氧化碳税，涵盖了 65%的碳排放。[2]

发达国家的能源税和碳税主要对中小型能源消耗征收，并注重通过税收优惠、减免等措施降低碳税对 GDP、就业和消费的负面影响。德国的能源税收入投入到养老基金，其对就业和提高员工薪金福利起到了积极作

---

[1] Lynn Price G., et al., "Tax and Fiscal Policies for Promotion of Industrial Energy Efficiency: A Survey of International Experience", http: //escholarship.org/uc/item/4rh396ct, 2005.

[2] Pearce D., "The United Kingdom Climate Change Levy: A Study in Political Economy", OECD Papers, Vol.5, 2005, http: //web.ebscohost.com/ehost/pdfviewer.

用。[①] 英国对家用和非营利性慈善事业供应的能源免征气候变化税。此外，凡每月供应电力量在 1000 千瓦及以下者；管道天然气每月在 4397 千瓦及以下者；家用煤在 1 吨以下者或罐装煤 2 吨以下者均免征气候变化税。挪威出于对行业竞争力的保护，对航空、电力、海上运输等大型能源消耗行业给予税收豁免；造纸业的税收率为规定税率的 50%。丹麦对国内能源密集型贸易部门免征碳税且对其他非免税部门进行税收返还。但丹麦要求各免税部门参与自愿协议，即承诺采取定量的节能减排技术措施。[②] 英国推出了气候变化协议制度，能源密集型产业如果和政府签订气候变化协议，并达到规定的能源效率（温室气体减排）目标，政府可以减少征收其应支付气候变化税的 80%。如果企业不能实现约定的目标，英国政府亦允许这些企业参与英国排放贸易机制。此外，英国政府将气候变化税的收入主要通过三个途径返还给企业：一是调低所有被征收气候变化税的企业为雇员缴纳的国民保险金；二是通过"强化投资补贴"项目鼓励企业投资节能和环保的技术或设备；三是成立碳基金。[③]

我国尚未建立有效的能源税体制，目前的排污税也主要是针对水污染以及烟尘排放、工业粉尘排放等，没有针对碳排放的税收，且现有的排污税费率较低，起不到充分的减排激励作用。我国二氧化硫排放量的 90% 来自燃煤，我国征收的二氧化硫排放费与美国等国家征收的二氧化硫税类似，起到了一定的环境补偿作用，但征收标准远远低于其他国家。我国二氧化硫排放费征收标准为 0.63 元/千克；美国对二氧化硫排放浓度分为一级标准和二级标准，征收标准分别为 15 美分/磅（相当于 2.31 元/千克）和 10 美分/磅（相当于 1.54 元/千克），是我国二氧化硫标准的 2~4 倍。煤炭在我国能源结构中的比重占 69.4%，远高于世界煤炭占能源比重的 34%。因此，我国应该进一步提高二氧化硫排放费，从而改变我国的能源结构。此外，现有资源税、矿产资源补偿费、探矿权采矿权价款都是以矿产资源所有权为征收对象。资源税和矿产资源补偿费的主要征收目的是保护自然资源合理开发与利用，调节资源级差收入，而非对能源消耗和环境损害补偿（见表 2-6）。我国对煤炭、天然气、民用煤制品、热能征收的增

---

① 郭印、王敏洁：《国际低碳经济发展现状及趋势》，《生态经济》2009 年第 11 期。
② 魏一鸣、刘兰翠、范英等：《中国能源发展报告》，科学出版社 2008 年版，第 83 页。
③ 靳志勇：《英国实行低碳经济能源政策》，《全球科技经济瞭望》2003 年第 10 期。

值税也按低税率13%征收，燃油税仅对汽油、柴油等小范围征收，对汽油征收税率为 0.2 元/升，柴油为 0.1 元/升。欧盟等国家对动力用油和工业、商业用油的征税标准有较大区别。工业、商业用途的汽油、柴油最低征税标准与我国的标准相当，但动力用途的汽油、柴油等最低征税税率要远高于我国消费税标准。我国对能源征收的消费税税率整体偏低，对节能、调节能源结构无法起到应有的作用。[①]

表 2-6 我国与能源及温室气体排放相关的税费

税种	课税对象	征收方法	税收分配
资源税	原油、天然气、煤炭、原矿、金属矿、其他非金属矿、盐、地下水等	按矿产品销售量征收，原则为"普遍征收，级差调节"；一矿一税	收入归地方
矿产资源补偿费	已发现和探明储量的153种矿产	从量征收；至少70%要用于矿产勘查	中央与省、直辖市 5：5 分成；中央与自治区 4：6 分成
探矿权、采矿权价款	煤炭	按占用储蓄量计征	中央和地方 2：8 分成
二氧化硫排放费	二氧化硫排放量	从量征收，0.63 元/千克	中央税
燃油税	汽油、柴油等	汽油为 1 元/升；柴油为 0.8 元/升；航空煤油为 0.1 元/升；石脑油、溶剂油、润滑油为 0.2 元/升；燃料油为 0.1 元/升	中央税
增值税	在国内销售货物或提供服务的单位和个人	煤炭、天然气、民用煤制品、热能为 13%，小水电为 6%	75%归中央，25%归地方

(二) 公众效益收费

公众效益收费是比较典型的补偿机制政策，是电力消费者按照规定必须支付的费用。该费用主要用于四个方面：促进能源能效的提高、可再生能源的开发和利用、补贴或帮扶低收入家庭、资助能源供应技术和能源终端应用技术的研发和利用。澳大利亚、荷兰、瑞典和美国等国家纷纷建立公众效益收费体系。英国在能源效率和可再生能源方面采用了公共效益收费（PBC）；美国的公众效益收费为州政府项目，其中，14 个州在可再生

[①] 崔晓静：《欧盟能源税指令及其对我国的借鉴》，《武大国际法评论》2007 年第 2 期。

能源方面采用了公众效益收费，18个州在能源效率方面采用了公众效益收费，19个州在支持低收入阶层方面采用了系统效益收费，另有3个州在研究与开发方面采用了系统效益收费。目前美国每年的公众效益收费达到9亿美元。美国州公众效益费用取得了良好的成效。州公众效益费用计划使美国全年电力需求量减少了0.1%~0.8%，约1000兆瓦。该计划在降低能源需求的同时，也减少了电力部门的温室气体排放量。[1]我国尚未建立环境补偿性的公众效益收费体系。

（三）补贴

补贴是指监管者给予生产者或消费者某种形式上的财务支持或财政转移，并将环境成本内部化。补贴通常的形式是拨款、低利率贷款和税收减免与优惠。自20世纪70年代以来，补贴作为直接投资于企业的能源效率项目的财政政策，已经成为应用最为广泛的激励手段之一。特别是在欧洲国家，补贴是能效项目的常见政策措施，其主要根据投资比例或者节约总量的比例给予一个固定额度。补贴常被视为一种破坏市场竞争秩序的政策手段，但其对研发推广期间的新技术和新产品具有积极的扶持作用，有利于市场引进环境友好型的发电技术、改进工业发动机能效系统、提高建筑和交通行业的能效。

澳大利亚的温室气体消除计划就是一个典型的减排补贴制度，其主要针对大型减排项目，特别是减排量大于25万吨二氧化碳的项目。美国纽约、得克萨斯州通过"节能执行"项目（"Pay-for-performance" Programs）将80%的公众效益收费用于企业补贴。荷兰的BEST项目应用于中小型规模的企业，为小企业的热冷却等减排技术的研发和应用提供25%的成本补贴。日本开展"环境评级贴息贷款"业务，规定在接受环境评级的企业中，承诺在5年内削减单位产量二氧化碳排放量5%以上的企业，在申请二氧化碳治理资金贷款时，可获得进一步的利率优惠（贷款利率优惠1%）。德国政府利用资本市场和商业银行以十分优惠的利息和贷款期为终端客户提供支持节能和温室气体减排的绿色金融产品和服务。

在20世纪80年代至90年代初，中国节能政策主要采用电力配额制等命令控制手段进行能源消费引导。20世纪90年代至今，命令控制型政策仍占主导地位，但经济激励型政策工具正在逐渐增多，且财政政策以补

---

① 宋蕾、华斌：《各国发展低碳经济的财政政策体系比较分析》，《云南财经大学学报》2011年第1期。

贴为主要形式。[①] 2006 年《可再生能源转向资金管理暂行办法》规定，对可再生能源开发利用项目给予无偿资助和贷款贴息；2007 年《节能技术改造财政奖励资金管理暂行办法》规定，对属于节能技术改造项目，且节能量在 1 万吨标准煤以上的，东部地区按节能量给予 200 元/吨的奖励，中西部给予 250 元/吨的奖励；2009 年《高效节能产品推广财政补助资金管理暂行办法》对符合我国能源效率标识管理的高节能产品给予资金补助；2010 年，我国通过《合同能源管理项目财政奖励资金管理暂行办法》积极推动能源服务产业的发展，对合同能源管理项目给予一次性奖励资金，该资金由中央财政和省级财政共同负担，其中，中央财政奖励标准为 240 元/吨标准煤，省级财政奖励标准不低于 60 元/吨标准煤。

各地方政府也积极运用奖励政策推进各类节能减排项目。天津滨海新区设立节能专项资金，对工业节能项目最高补助 300 万元，建筑节能项目补助 50 万元，农村节能项目最高补助 100 万元。上海对 2008~2012 年内实施分步式供能系统和燃气空调的用户给予 100~1000 元/千瓦的奖励。[②]

尽管补贴、奖励等财政政策的逐渐完善有利于节能减排效率的提高，但补贴并非是一种可持续的长效机制，我国的节能减排财政政策必须注重市场机制的培育和发展。此外，尽管我国的命令控制政策正在逐渐完善，但节能法律的约束力较弱。对能效低的企业缺乏有力的惩罚措施，而对节能行为的激励措施缺乏与企业环保效益的结合，财政激励并没有带动大多数企业的节能积极性。

（四）受补贴的能源审计

20 世纪 70 年代以来，美国、英国、日本等发达国家，以及联合国开发计划署（UNDP）、亚洲开发银行（ADB）、欧盟（EU）和经济合作组织（OECD）等国际机构都逐步开展了能源审计。能源审计最初主要用于安排节能项目，对取得节能贷款的企业必须进行能源审计，以确定节能项目的节能效益，提高节能资金的使用效率。之后，英国比较大规模地通过能源审计调查了行业和企业能源利用状况。与此同时，许多国际大公司为了节能或树立公司形象，对能源审计持积极态度。而在当前世界能源紧缺和全球环境危机的情况下，能源审计可以有效地了解能源消耗程度、投入产出

---

① 周英男、王晓杰、刘环环：《中国工业企业节能政策工具研究》，《企业经济》2010 年第 4 期。
② 陈振千：《加大节能政策扶持的力度，推进上海市节能减排工作》，《上海电力》2010 年第 2 期。

比例、设备的能源需求和消费结构等参数，对企业发展具有重要的指导意义，从而受到普遍重视。美国杜邦公司就有一批专业从事能源审计的专家常年在全球的子公司工作，确保投资项目的节能效益，提高节能资金使用率。

受补贴的能源审计（Subsidized Energy Audits）是指由政府或公共事业部门完全或部分地投资成立能源审计机构，并由该机构对耗能企业进行能源效率的评估，提供可以提高能源效率的技术和投融资支持。和政府直接经济补贴不同的是，受补贴的能源审计向企业提供的是非货币形式的技术信息、贷款服务等。受补贴的能源审计机构主要关心的是企业成本的降低，即帮助企业降低能源消费和减少化石能源使用，降低获得能效技术的交易成本。[1] 目前大多数发达国家都有补贴型的能源审计政策。

审计机构首先根据企业的规模、能源消耗总量、雇员数和特定消费群体等影响因子对需求企业客户（一般为大公司）进行能耗评估，然后再对其做出具体的能源调查，为企业列出优先节能和提高能效的领域，并最终对企业的节能减排提出建议措施。企业需要向审计单位缴纳一定的碳管理服务费用。该政策能够产生节能减排的成功关键在于审计者要完全了解产品和生产流程。澳大利亚、挪威、美国等国家都设置了专门的能源审计和咨询机构，如澳大利亚的 EEAP（Energy Audit Programme），挪威的 IEEN等。根据澳大利亚 EEAP 的统计发现，澳大利亚能源审计机构建议的措施中有 80% 被采纳，该比例在美国为 50%，芬兰为 66%，法国为 75%，新西兰为 80%。能源审计机构建议的节能减排措施往往给企业带来优厚的成本回报。但补贴审计也有不成功的案例，如埃及的补贴审计提供的减排举措仅 10% 会被采纳。秘鲁、中国台湾、泰国、部分东欧国家的补贴审计只在大型的能源消费企业中发挥了节能减排和降低企业成本的作用。[2]

和国外受补贴的能源审计不同，我国的能源审计主要采取企业强制或自愿采取能源审计，提交审计报告，并获得政府直接经济补贴的形式。我国的能源审计开始于 20 世纪 80 年代，曾在全国 14 个省市 11 个部门 40

① World Energy Council, "Energy Efficiency Policies and Indicators", World Energy Council, London: United Kingdom, 2001.

② World Energy Council, "Energy Efficiency: A Worldwide Review –indicator, Evaluation", World Energy Council, London: United Kingdom, 2004.

多个企业做过试点工作，但到目前为止我国的能源审计仍无法全面开展。其原因主要有两个方面：一方面，由于国家经济体制等原因，能源审计中政府主导的作用相对淡化，使得能源审计不具备强制性，目前我国能源价格相对低廉，不反映资源稀缺和环境成本，对一些企业的成本影响不大，或者企业本身节能观念不强，能源审计就是一种负担，且还要收费，使企业对能源审计更缺乏动力，因此，非强制性的能源审计很难开展；另一方面，尽管《中华人民共和国节约能源法》中对能源审计也做出了明确规定，我国也相继出台了《企业能源审计技术通则》和《节能监测技术通则》等技术标准，但有关审计认证、审计标准等规章制度的描述模糊，导致能源审计缺乏权威性和强制性，标准的执行缺少配套有效的监管机制等问题。

近年来，各级地方政府积极推进能源审计在节能减排中的作用，并通过财政奖励和财政转移支付的方式推进企业开展能源审计。如 2011 年度天津开发区清洁生产审核和能源审计工作正式启动，共有 108 家企业被纳入清洁生产审核和能源审计重点推动企业范围。2012 年北京印发《北京市用能单位能源审计推广实施方案（2012~2014 年）》，将企业能源审计分为强制性审计和鼓励性审计两种类型。对未完成年度节能考核目标、能源利用状况报告审核不合格的年综合能耗 5000 吨标准煤以上的重点用能单位，责令实施强制能源审计。对须开展强制能源审计以外的年综合能耗 5000 吨标准煤以上（含）的重点用能单位和年综合能耗 2000 吨标准煤以上（含）的公共机构（以下统称能源审计实施单位），开展鼓励性能源审计，并给予相应财政奖励资金支持。

但由于目前的能源审计没有与市场机制相挂钩，能源审计不能给企业产生直接经济效益，企业内部缺乏实施动力。受补贴的能源审计政策在我国尚未使用，但由于该政策为企业提供技术和融资支持，可有效驱动企业参与能源审计的积极性，应该成为我国能源审计制度发展的方向之一。

（五）合同能源管理

合同能源管理（Energy Performance Contracting，EPC）是指节能服务公司（ESCO）与客户签订节能服务合同，向客户提供能源审计、节能项目设计、设备采购、施工、运营管理等一条龙服务，并通过分享能耗节约成本来获取收益。合同能源管理主要有两种类型：节能收益分享（Shared Savings）和节能效益担保（Guaranteed Savings）。在节能收益分享型的合同能源管理中，节能公司负责筹集节能项目的前期运作资金，并承担相应融资风险。有减排意愿的企业客户不需要参与融资，也不需要向节能公司支付服务费用。项目结束后，减排企业与节能公司共同分享节能收益（一般将 50%以上收益支付给节能公司）。节能效益担保型的合同能源管理，则由有减排意愿的企业客户负责筹集项目资金。节能公司需要向其客户提供担保，并在能源合同上承诺最低节能收益。如果最终节能收益未能达到该承诺值，节能公司需要向客户补偿差值；反之，如果超过承诺的节能收益，则由客户获得溢出部分的节能收益，并向节能公司支付节能服务费用。

合同能源管理获取融资的渠道包括：①有节能减排意愿的企业客户支付；②ESCO 自有资产投资；③金融机构融资；④银行贷款；⑤政府通过财政转移支付、贷款等投资方式提供全部或部分资金支持。①

美国是最早采用能源管理的国家之一，自 1992 年开展能源合同管理促进能效提高以来，其始终注重法律和政策在合同能源管理中的规范作用。目前美国 46 个州都对合同能源管理进行了立法，为节能服务产业的发展提供了良好的政策环境，并提高了公众对节能服务的认识。②美国的合同能源管理涉及多个领域，包括建筑节能、工业节能和家电产品领域，但 70%的节能项目集中在建筑节能。欧盟自 20 世纪 80 年代开始，各成员国纷纷引入能源合同管理，但由于缺乏公众意识和政策机制的保障，节能服务产业的市场化发展远远滞后于美国。

据统计，2008 年，我国节能服务公司有 386 家，完成总产值 417 亿元；2009 年，节能服务公司增长为 502 家，完成总产值 580 多亿元，其中 60%来自于工业节能，30%来自于建筑节能。2010 年 4 月，国家发改委等部门颁布《关于加快推进合同能源管理促进节能服务产业发展意见》，明确给予节能公司较大的营业税及所得税等税收减免。2011 年 7 月，节能服务公司达到 1719 家，节能产值逾 1000 亿元。随着国家对节能服务产业扶持力度的不断加大，尤其是合同能源管理被列为国家"十二五"节能减排五大重点工程后，节能服务公司数量更是呈现新一轮增长。截至 2013

① Armin Mayer, "Energy Performance Contracting in the European Union: Introduction, Barriers and Prospects, Institute for Building Efficiency", Washington D.C., 2010.
② 张辉：《合同能源管理：模式创新与法律应对》，《生态经济》2010 年第 9 期。

年，我国节能服务公司已经增长至3210家。[①]但目前我国节能服务产业的规模仍然偏小，产生的节能效益与我国1.5万亿元的节能市场潜力相比，仍有很大的发展空间。此外，我国合同能源管理主要采用效益分享模式，节能公司需要承担节能项目的前期融资。但由于节能公司规模小，融资能力差，很难从银行获得贷款担保。尽管我国政府正在积极投入财政预算支持，但更应该出台经济激励措施推动合同能源管理的融资模式，引导能耗企业、私人投资资金、公共基金等持股或投资节能公司。此外，节能公司的收益来自于节能环境效益的分享，但目前我国的节能审计标准尚不完善，节能公司的收益难以获得保障，且获得收益的周期较长，应尽快引导相关产权交易市场的建立，为合同能源管理及节能服务产业的发展创造良好的市场环境。

第四节　相关文献研究的简要评述

关于低碳发展的内涵和实现路径，前人的研究成果主要以"低碳经济"、"低碳社会"和"低碳城市"为研究对象，探究三者的内涵和相互之间的关系，并对低碳发展的维度进行了分析。但这类研究并未触及或深入探究低碳实践者的行为偏好、内在互动关系以及低碳发展的潜在行动困境；关于低碳发展的治理模式研究强调国家规划与企业、公众实践互动的"低碳善治"模式，分析了低碳治理的政策主体、政策客体以及两者之间的互动关系。但不足之处是，对不同的治理主体之间的环境利益博弈及由此形成的治理矛盾缺乏深入的研究；关于低碳发展的激励机制的相关文献主要集中在研究激励手段的分类、碳税激励和市场交易型激励机制三类问题。相关文献分别剖析了不同激励手段的激励效用和成本效益，并对不同激励手段进行了横向比较。但一种有效的激励机制并不能完全通过成本效益的分析来衡量其利弊，特别是，低碳发展的激励关键是对多元主体的利益冲突进行协调，因此，有效的低碳发展激励机制应该是一种激励相容的协调机制，是多种激励手段组合作用的结果。生态补偿机制是一种对相关

---

①《备案节能服务公司突破3000家》，中国节能服务网，http://news.emca.cn/n/.html，2013年5月16日。

利益者之间的环境权益关系进行调整的协调机制、驱动机制和激励机制。但目前关于气候变化和低碳发展的生态补偿激励机制研究缺乏系统的理论学说，关于"碳补偿"的补偿对象、补偿依据和补偿方式的研究较少见，此外，碳补偿对城市发展的生态效率和经济效率的耦合效用缺乏深入的论证。

第三章 政策规制域的低碳发展激励问题

中国自计划经济时期已经建立了高度的中央集权，层级型政策规制通常也是环境治理的主要选择。主要原因在于：一是"自上而下"金字塔式的指令传递和逐级监督，大大降低了单位实施成本。制度经济学认为中央政府主导的科层型规制由于能够影响决定交易费用的几个因素，如有限理性、机会主义以及不确定性等，从而可以极大降低政府间的摩擦阻力，即交易成本或组织成本。[①] 二是中央政府主导的层级型规制具有学习和激励效应。在中国层级规制中，中央向省级及以下各级政府不断释放事权，赋予了地方官员自主决策和治理的行动空间，也为其优化资源配置、推进目标实施提供了保障。本书认为我国低碳转型的初期阶段，节能降耗的路径也高度依赖行政措施，是"中国模式"的制度内生性[②]结果。目前我国低碳发展已经形成"中央目标—地方分解—部门（企业）执行"的规制路径。"十一五"期间，国务院颁布了一系列政策文件，确立了节能目标责任制。2007年国务院颁布的《节能减排综合性工作方案》明确了国务院的各个部门、各地方政府在节能减排工作中的职责任务，标志着节能目标责任制作为一项基本制度，进入实质性的执行阶段。同年，《节约能源法》规定将节能目标完成情况作为对地方政府及其负责人考核评价的内容，将对地方的节能考核和地方党政干部绩效考核有机地联系起来，"一票否决"等考核机制有效地调动了地方政府的积极性。但从低碳治理结构[③]的视角

[①] 王志峰：《城市治理的经济学分析》，北京大学出版社2010年版，第64页。

[②] 即中国转型的"内生性制度安排"。它被理解为：在向市场经济过渡的过程中，市场经济制度主要不是依靠从外部（西方）"引进的"政策和规则，而是根据自己国家的国情和改革进程中形成的政策、规则、路径和方式，逐步实现国家的新制度安排。

[③] 低碳治理结构强调"政府主导、市场主体、民间协同、公众参与"的治理格局，包括立法规制、行业监管、市场激励和公民自治四种模式，而在不同的治理结构中政府可能扮演"立法者"、"监督者"、"激励者"和"促进者"等不同角色。

看，我国的低碳发展在政策规制域的激励存在"效率困境"问题。所谓政策规制域的激励效率问题，是指由于过分依赖政府的行政手段，使得政府的行政资源和资金投入较高，出现"所费多于所当费，所得少于所可得"的效率损失，并伴随政策供给的"扭曲"现象。如 2010 年底，地方政府为完成"节能指标"指标，采取"一刀切"式的行政管理模式，其滋生出的"拉闸限电"、"柴油荒"等政策副产品，不仅给企业生产秩序和国民经济、社会安定等带来了诸多恶性负面影响，而且增加了政府检查纠错的工作量和行政成本支出。

本书拟采取政策评估框架 S–CAD 分析方法探究政策规制的效用与效率问题，即政策供给的主观性分析，其中包括三个部分：一致性（逻辑性）、充要性（经济性）和依赖性（合法性和可行性）分析。① 该方法认为政策供给普遍包括价值、目标、手段、结果四个要素。S–CAD 分析方法首先决定"主导观点"，即从哪个利益相关者的角度去分析问题。往往同一个价值观下，不同的利益相关者会根据自身的发展诉求提出不同的发展目标；而同一个目标下，不同的利益相关者也会选择不同的手段来实现该目标，因此主导观点确定是 S–CAD 分析不可或缺的前提假设。在确定了主导观点后，按该观点去分析政策四个要素之间的一致性、充要性和依赖性。一致性分析是指四个要素之间应该在逻辑上和因果上连贯起来，分析的目的是确保政策的效应。一致性分析的实质是在检验政策规制的效果。价值、目标、手段和结果之间的一致性，会驱使规制结果与规制目标之间更接近，其越接近，说明政策规制的效果越好；反之，规制结果与目标之间的偏离度越大，说明规制的效果越差。在实践中，一致性分析往往在于辨认或排除"不一致"。政策的充要性分析是经济分析，检验政策规制的效率问题，分析的目的是确保有效率地使用（资金、人力等）资源。其中，充要性分析包括两个部分：必要性和充分性。所谓必要性，是分析实现要素之间的匹配所用的资源是否是必要的；充分性则是评估政策要素是否存在供给的不足而造成效益的损失。依赖性分析是分析政策的利益相关者在政策制定和执行过程中的博弈、接受程度以及实施的可行性。运用 S–CAD 分析方法，主要回答以下几个方面的问题：①参与者在政策中追求什么？②追求是否有效？③人力、组织和物质的成本是多少？④政策是

---

① 梁鹤年：《政策规划与评估方法》，中国人民大学出版社 2009 年版，第 23–56 页。

否被接受并成功实施？本书选择中央政府的角度来评估低碳发展的激励政策工具选择的效用与效率。

第一节　政策规制的一致性分析：低碳规制
目标与手段的不一致性

中央政府高度重视发展绿色经济与应对气候变化。2007 年 10 月，中共十七大提出"加强能源资源节约和生态环境保护，增强可持续发展能力"，并要求"必须把建设资源节约型、环境友好型社会放在工业化、现代化发展战略的突出位置"。2012 年 11 月，中共十八大将生态文明建设提高到了新的高度。报告指出，面对资源约束趋紧、环境污染严重、生态系统退化的严峻形势，必须树立"尊重自然、顺应自然、保护自然的生态文明理念"，把生态文明建设放在突出地位，努力建设"美丽中国"，实现"中华民族永续发展"。根据 S-CAD 理论，中央政府提出将生态文明放在"五位一体"的突出位置，为低碳发展提供了价值理念的驱动。明确了低碳目标后，中央政府先后制定了新型战略产业发展规划、各行业节能降耗方案等全国性规划，并在"十一五"、"十二五"发展规划纲要中将低碳发展目标量化，对环境保护和节能降耗设置了约束性的考核指标，对控制温室气体排放提出了明确要求。在"十一五"、"十二五"两个节能减碳规划中，中央政府分别提出了"20%"、"16%"的节能减碳目标，这两个指标是全国人大通过的具有法律约束力的指标，是整个五年规划中为数不多的几项明确的数量指标之一。此外，"十一五"、"十二五"期间的化学需氧量（COD）和二氧化硫（SO_2）排放量作为主要污染物减排指标，要求累计同比下降 10%。显而易见，量化的国家低碳发展目标与生态文明的价值取向高度一致。以上海低碳发展规划为例，如表 3-1 所示。

　　但当量化的节能减碳目标通过"责任发包"[①] 和"职责同构"被分解

[①] "责任发包"是指中央政府（国家发改委）将量化的节能目标，通过逐级发包的方式，沿着"中央政府—省政府—市政府—县乡政府"、"中央政府—行业或部门"、"政府—企业"的多种路径传递。各省、市、县、乡镇、重点用能企业的主要负责人与上级政府一一签署责任书。最终，低碳指标通过多种"委托—代理"关系具体分解到每个层面。

并逐级下达时[①]，由于信息的不对称等原因，低碳发展目标与低碳规制手段、低碳规制结果存在不一致性（见图 3-1）。

表 3-1　低碳发展激励政策的价值取向与目标：以上海为例

价值	十八大将生态文明提高到了新的高度，提出打造"五位一体"的"美丽中国"					
目标	1. 节能减排 1.5 亿吨，单位 GDP 能源消耗下降 20%			2. 化学需氧量（COD）和二氧化硫（SO_2）排放量累计同比下降 10%		
分解目标	量化的节能减碳目标被分解并逐级下达到地方					
子目标（以上海为例）	a. 能源结构优化	b. 工业能源利用效率提高	c. 交通系统优化	d. 建筑能耗控制	e. 优化城市空间布局和城市碳汇建设	f. 低碳生活和消费模式
	a_1 发电燃煤机组改造	b_1 淘汰落后产能	c_1 推广电动、混合动力汽车	d_1 建筑能耗统计与能耗审计	e_1 改善道路状况	f_1 政府在公共生活领域的垂范
	a_2 发展风电、核电	b_2 淘汰低附加值产品的重复产能	c_2 发展多样化公共交通	d_2 提高建筑节能标准	e_2 优化交通网络	f_2 个体能源消耗行为的转变
	a_3 加大天然气供应比例	b_3 锅炉节能改造	c_3 建设智能交通管理系统	d_3 在新建筑中推广低碳技术	e_3 新城规划建设尽量实现居住与就业的匹配	f_3 个体对高能效产品的消费意识提高
	a_4 推广分布式供能系统	b_4 重点用能单位的能耗统计和能耗审计	c_4 建立物流信息管理平台	d_4 对高耗能建筑开展节能改造	e_4 保护自然湿地，提高碳汇容量	f_4 引导居民理解碳足迹
	a_5 推广清洁煤发电技术			d_5 开展节能建筑示范工程	e_5 推广增加减排的农业技术措施	
					e_6 增加森林碳汇	

资料来源：根据《2050 上海低碳发展路线图》（2011）整理。

[①] 薛进军、赵忠秀：《中国低碳经济发展报告》，社会科学文献出版社 2012 年版，第 48 页。

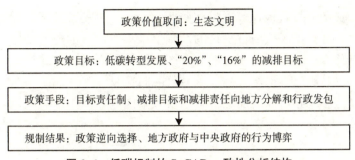

图 3-1 低碳规制的 S-CAD 一致性分析结构

一、低碳目标与规制手段的不一致性：低碳目标分解中的悖论

规制目标的合理性是影响低碳规制绩效的重要因素。规制的目标偏高，会引发盲目的、不切实际的大规模环境规制投入，从而影响经济正常发展和社会福利最优化；规制的目标偏低，又会引发大量的污染排放，使得气候风险进一步加剧。因此，低碳规制的目标高低，是影响低碳规制水平的主要原因。我国低碳发展的目标分为两个层次：中央制定的"国家减排目标"和通过行政手段促进地方减排的"低碳分解目标"。本部分着重分析低碳分解目标中的不一致性。

"十一五"期间全国节能降耗指标为 20%（见表 3-2）。而各地方的节能减排指标分解是通过地方政府上报，对于明确提出降耗 20% 或以上的地区，国家发改委直接对其降耗指标予以确认；而对于自行提出的指标低于 20% 或者没有提出降耗指标的区域，中央将在考虑区域资源禀赋、产业结构、发展水平等因素下确定降耗标准。从《"十一五"期间各地区单位生产总值能源消耗降低指标计划》看，降耗指标的区域差异性不明显，大部分地区的约束性能耗指标为 20%，其中山西、内蒙古为 25%，山东为 22%，吉林为 30%，高于国家平均标准；而云南为 17%，福建、广东为 16%，广西为 15%，西藏为 12%，均低于国家平均标准。由于指标分解没有充分考虑不同地区的能效差异和节能潜力，而各地方政府过去又缺少实施相关低碳降耗的政策措施经验，不少地方在"十一五"期间面临不能完成节能目标的普遍压力。2008 年，山西、内蒙古和吉林由于减排压力过大，与发改委协商后将其节能目标调低为 22%。可见，低碳指标的分解在很大程度上是基于区域利益平衡的基础上中央对地方的适度妥协，忽略了各地方的经济发展水平、节能潜力、产业结构等因素，并导致了地方指标分解的"一刀切"。① 此外，另一个突出的问题是，"十一五"和"十二五"目标分解，各地方指标的加总与全国指标不匹配。

表 3-2 "十一五"、"十二五"时期各地区节能目标

单位：%

地区	单位国内生产总值能耗降低目标		地区	单位国内生产总值能耗降低目标	
	"十一五"	"十二五"		"十一五"	"十二五"
全国	20	16	河南	20	16
上海	20	18	湖北	20	16
天津	20	18	湖南	20	16
江苏	20	18	重庆	20	16
浙江	20	18	四川	20	16
广东	16	18	山西	20	16
北京	20	17	内蒙古	25	15
河北	20	17	广西	15	15
辽宁	20	17	贵州	20	15
山东	22	17	云南	17	15
山西	25	16	甘肃	20	15
吉林	30	16	宁夏	20	15
黑龙江	20	16	海南	12	10
安徽	20	16	西藏	12	10
福建	16	16	青海	17	10
江西	20	16	新疆	20	10

　　"十二五"期间节能目标的制定，一方面考虑各地方的节能潜力和节能压力，将国家减排目标由 20%下调至 16%，同时新增二氧化碳排放降低目标为 17%；另一方面，基于"十一五"的经验教训，节能降耗指标的分解虽然仍采取中央和地方协商和调整的方法，但以发展阶段的相似性为标准，按照沿海发达地区、发达地区、中部地区和西部地区四个类别进行指

---

① 齐晔等：《中国低碳发展报告（2013）：政策执行与制度创新》，社会科学文献出版社 2013 年版，第 173 页。

标确认[①]，将 31 个省的节能指标分成五大类，分别为 18%、17%、16%、15% 和 10%（见表 3-2）。这种指标分解方法虽然较容易考核，但并未体现出不同区域的减排空间和减排潜力的差异。由于城市空间规划、能源结构、产业结构、区域经济社会发展阶段、能源消费特点等的不同，使得不同城市的低碳发展历史基点、现状、节能减排空间（节能难度）、节能投入等多方面都存在较大差异。如浙江、江苏和上海在"十二五"节能指标分解的初步计算结果中都被归入最高的 18% 指标中，然而三个城市在低碳发展水平、节能能力、节能难度三个方面均存在较大的差异。本书将基于DPSIR 模型构建低碳城市评价指标体系，并运用层次分析法对上海、江苏、浙江的 20 座长三角城市进行实证分析和综合性评价。

　　城市低碳发展包括三个层次：低碳发展水平、节能能力和节能压力。①低碳发展水平。低碳发展水平包括低碳经济发展程度和社会低碳发展水平。前者主要指工业和产业发展的污染排放程度，如二氧化硫排放量、二氧化碳排放量、化学需氧量排放量、单位 GDP 的二氧化碳/二氧化硫/化学需氧量的排放量等；后者是指社会人均碳排放水平，如人均二氧化碳/二氧化硫/化学需氧量的排放量等。②节能能力。城市发展的节能能力主要体现在节能的经济驱动能力和技术驱动能力两个方面。根据"I=PAT"方程式[②]，环境影响（I）主要受到人口规模（P）、人均财富（A）对环境带来污染的技术水平（T）的影响。因此节能能力指标可以包括人口总数、人口增长率、区域生产总值、人均可支配收入、人均工业增加值、城镇化率（城镇人口占总人口的比例）、能源结构（煤炭占能源结构的比重）、新能源比例以及节能相关的科技研发投入等。其中后四个指标均为技术决定的因素。③节能压力。对低碳城市发展的压力评价可以包括两个方面：生产性能耗指标和消费方式的能耗影响指标。生产性能耗指标包括单位 GDP 能耗、单位 GDP 电耗、单位工业增加值能耗、单位 GDP 用水量、单位工业增加值用水量、工业用水重复利用率等。消费方式的能耗影响指标包括人均能耗/电耗/水耗量等、绿色出行比例（每百万人所拥有的公共交通辆数）、人均绿地面积、低耗能建筑比例等。根据以上指标的描述和分析，

[①] 冯洁、袁端端：《"十二五"节能减排目标是如何决策的？》，《南方周末》2011 年 3 月 10 日第 10 版。

[②] 该方程式又被称为 STIRPAT 模型，由 Ehrlich 和 Holden（1972）首次提出，被广泛应用于分析环境变化的决定性因素。Paul R. Ehrlich, Holdlea J. P., "one Dimensional Economy", Bwlletin of Atomic Scientists, 1972, p.16.

设计如表 3-3 所示的低碳城市评价指标体系。

表 3-3 低碳城市发展能力评价指标体系

目标层	准则层	方案层	具体因子	单位	指标趋势
低碳城市评价指标 A	节能能力 B₁	人口 C₁	城市人口 D₁	万人	−
		收入 C₂	人均可支配收入 D₂	元	−
		技术 C₃	城镇化率 D₃	%	−
			能源结构 D₄	%	−
	低碳发展压力 B₂	资源消耗 C₄	单位 GDP 能耗 D₅	吨标准煤/万元	−
			单位 GDP 电耗 D₆	千瓦时/万元	−
			单位工业增加值能耗 D₇	吨标准煤/万元	−
			单位 GDP 用水量 D₈	立方米/万元	−
		消费模式 C₅	人均生活用水量 D₉	立方米	−
			万人拥有公交车辆 D₁₀	辆	+
			人均生活能源消耗 D₁₁	吨	−
	低碳发展水平 B₃	经济低碳程度 C₆	单位 GDP 的二氧化碳排放 D₁₂	吨/万元	−
			单位 GDP 的二氧化硫排放 D₁₃	吨/万元	−
			单位 GDP 的化学需氧量排放 D₁₄	吨/万元	−
		社会低碳程度 C₇	人均二氧化碳排放 D₁₅	吨	−
			人均二氧化硫排放 D₁₆	吨	−
			人均化学需氧量排放 D₁₇	吨	−

注：+表示指标与低碳城市评价总指标为正向作用趋势；−表示指标的作用趋势为负向。

研究选择上海、江苏、浙江地区的 20 个长三角城市作为研究样本，包括上海、南京、苏州、无锡、常州、扬州、镇江、泰州、南通、舟山、盐城、淮安、杭州、宁波、绍兴、嘉兴、湖州、台州、金华、衢州。样本数据主要来源于 2010 年度的《中国统计年鉴》、《中国能源统计年鉴》、《中国环境统计年鉴》、《各省、自治区、直辖市单位 GDP 能耗等指标公报》、《上海市统计年鉴》、《江苏省统计年鉴》、《浙江省统计年鉴》、《长三角统计年鉴》等。其中，各城市的二氧化碳排放量的统计数据，是先将各城市的煤炭、石油、天然气消费量分别根据国家统计局公布的《各种能源折标准煤参考系数》折算为标准煤，再分别乘以相应二氧化碳排放系数 S_i；其中，根据谭丹、黄贤金（2008）搜集的有关能源消耗的二氧化碳排放系数，将能源消耗的二氧化碳排放系数界定为 $S_{煤炭} = 2.6873$，$S_{石油} = 2.0438$，$S_{天然气} = 1.5495$。[①] 具体方

---

① 谭丹、黄贤金：《我国东、中、西部地区经济发展与碳排放的关联分析及比较》，《中国人口·资源与环境》2008 年第 3 期。

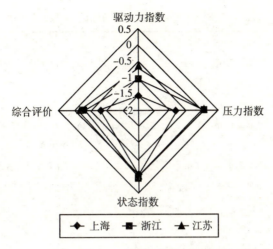

图 3-2　上海、浙江、江苏低碳城市发展评价雷达图

法详见附录 1。

　　从表 3-4 和图 3-2 来看，三个区域中，2011 年上海的单位 GDP 能耗最高，碳生产力低于其他两省，而浙江的碳生产力最高，为 1.69 吨/万元。从碳排放总量看，2011 年，江苏最高，为 7923.7 万吨，浙江次之，为 5875.9 万吨，上海最低，为 5415.8 万吨。但如果考虑人口因素，上海的人均碳排放为 19.16 吨，是浙江、江苏的两倍。浙江和江苏的碳排放总量较上海高，可以从两个方面解释。从能源结构看，由于江苏的能源结构 60% 以上依赖煤炭，能源的碳含量比重较高，工业增加值占 GDP 的比重高，因此碳排放总量居高不下。浙江的能源消耗所需煤炭比重虽然有下降的趋势，但在能源消耗比重中煤炭仍然超过 50%。此外，从产业结构看，上海的产业结构中第三产业占生产总值的比重逐年上升，其对经济的贡献率达到 67%。与上海相比，江苏和浙江两省虽然积极进行产业结构调整，但第一、第二产业仍在产业结构中占据较大比重。可见，与上海相比，江苏和浙江均有较大的减排空间，节能成本和减排压力也小于上海（见图 3-2）。总体而言，上海的综合评价得分为 -0.829，远低于浙江的 -0.313 和江苏的 -0.184。在长三角区域江苏的城市低碳发展所面临的结构性压力、能源消耗的降低难度以及城市环境的现状均优于浙江和上海。尽管上海在节能减排方面取得明显成效，但由于城市人口的快速增长、能源结构问题以及高碳化的生活方式影响，上海面临较大的减排压力。

表 3-4　沪浙江三省低碳发展指标比较（2011 年）

指标		上海	浙江	江苏
低碳发展水平	碳排放量（万吨）	5415.8	5875.9	7923.7
	人均碳排放量（吨）	19.16	8.23	8.67
	碳生产力（吨/万元）	1.62	1.69	1.67
	单位 GDP 能耗（吨标准煤/万元）	0.62	0.59	0.6
节能能力	经济实力 区域生产总值（亿元）	20101.3	34665.3	54058.2
	人均 GDP（元）	85033	63266	68347
	地方财政收入（亿元）	3429.8	4161.8	5147.9
	科技实力 规模以上工业企业科技活动经费支出（万元）	5417627	5194241	1071.96
	研究与实验开发经费支出（亿元）	343.76	321.24	700.75
节能压力	煤炭占能源消费量比重（%）	50.7	74.3	77.4
	工业增加值占 GDP 的比重（%）	13.7	16.9	27.1
	能源含碳量（吨标准煤/吨二氧化碳）	1.16	2.02	1.47
	人口（万人）	2347.46	5463	7898.8

注：碳排放量的计算口径选择终端能源消费。燃料的二氧化碳排放系数分别取值为：标准煤为 2.49
　　万吨二氧化碳/万吨燃料、石油约为 3.12 万吨二氧化碳/万吨燃料、天然气为 16.872 万吨/亿立方
　　米。
资料来源：《上海统计年鉴》（2012）、《浙江统计年鉴》(2012)、《江苏统计年鉴》（2012）、《上海工业能
　　源交通统计年鉴》(2012)。

从实证研究结果看，江浙沪两省一市在节能能力、节能空间和发展阶段方面都存在差异。中央政府对地方政府的低碳行动考核，应该考虑不同区域的差异性，并以节能贡献，即推行低碳发展的行动效率为考核指标，从而提高地方经济发展和生态环境保护的耦合作用。

二、规制手段与结果之间的不一致性：地方低碳治理的逆向选择

地方政府作为"理性经济人"，追求地方发展利益的最大化，往往与代表公共发展利益的中央政府展开博弈。20 多年来我国的"放权让利"改革，特别是 1994 年起实施在划分中央与地方事权基础上的分税制，进一步确立和加强了地方作为一级财政的地位。地方政府从中央政府获得了

相对独立的财权和事权分工，也具备了与地方政府讨价还价的能力。[①] 基于此行政体系的特点，我国的低碳治理采取"行政承包+属地化管理"的模式。所谓"行政承包"，是指中央政府扮演委托人角色，将节能目标以"行政承包"的形式发放到省级和市级政府，同时中央也将检查验收权、激励分配权和人事任命权下放到中间层级政府，但保留事后追究的权力。中央政府（这里主要指发改委）将"十一五"、"十二五"规划纲要确定的单位国内生产总值能耗目标分解落实到各省、自治区、直辖市和中央直属重点能耗监控企业[②]。各省、自治区、直辖市人民政府要按照要求，自主确定主要污染物年度削减目标，制定年度削减计划，并把主要污染物排放总量控制指标的削减计划层层分解落实到本地区各级人民政府和省级、市级直属重点能耗企业。年度削减计划应于当年 3 月底前报国务院环境保护主管部门备案。各省、自治区、直辖市人民政府负责建立本地区的主要污染物总量减排指标体系、监测体系和考核体系，及时调度和动态管理主要污染物排放量数据、主要减排措施进展情况以及环境质量变化情况，并建立主要污染物排放总量台账。[③] 为了保证节能指标能够逐层落实，低碳治理采取"行政压力"传导措施，将低碳治理与政府官员的晋升机制密切联系。尽管我国的分权主要集中在经济领域，而在行政领域仍保持着中央对地方的垂直管理人事权。"党管干部"使得中央对地方政府、上级政府对下级政府仍然保持着绝对的权威。在 2007 年 6 月颁布的《国务院关于印发节能减排综合性工作方案的通知》中，规定"将节能减排指标完成情况纳入各地方经济社会发展综合评价体系，作为政府领导干部综合考核评价和企业负责人业绩考核的重要内容，如表 3-5 所示，实行问责制和'一票否决'制"。在这一背景下，地方政府往往对自上而下的各种要求和规定极其敏感，并能够迅速做出行动反应。

① 王志峰：《城市治理的经济学分析》，北京大学出版社 2010 年版，第 56 页。
② 各地方为完成节能目标，均选择一定数量的重点用能企业，并将其纳入目标责任制管理。中央政府开展千家企业节能行动，纳入了 1008 家重点能耗企业，涵盖 9 个重点耗能企业。
③ 齐晔等：《中国低碳发展报告（2013）：政策执行与制度创新》，社会科学文献出版社 2013 年版，第 106 页。

表 3-5 省级人民政府节能目标责任评价考核计分表

考核指标	序号	考核内容	分值	评分标准
节能目标 （40分）	1	万元 GDP 能耗降低率	40	完成年度计划目标得 40 分，完成目标的 90% 得 36 分，完成 80% 得 32 分，完成 70% 得 28 分，完成 60% 得 24 分，完成 50% 得 20 分，完成 50% 以下不得分。每超额完成 10% 加 3 分，最多加 9 分。本指标为否决性指标，只要未达到年度计划确定的目标值即为未完成等级
节能措施 （60分）	2	节能工作组织和领导情况	2	(1) 建立本地区的单位 GDP 能耗统计、监测、考核体系，1 分； (2) 建立节能工作协调机制，明确职责分工，定期召开会议，研究重大问题，1 分
	3	节能目标分解和落实情况	3	(1) 节能目标逐级分解，1 分； (2) 开展节能目标完成情况检查和考核，1 分； (3) 定期公布能耗指标，1 分
	4	调整和优化产业结构情况	20	(1) 第三产业增加值占地区生产总值比重上升，4 分； (2) 高技术产业增加值占地区工业增加值比重上升，4 分； (3) 制定和实施固定资产投资项目节能评估和审查办法，4 分； (4) 完成当年淘汰落后生产能力目标，8 分
	5	节能投入和重点工程实施情况	10	(1) 建立节能专项资金并足额落实，3 分； (2) 节能专项资金占财政收入比重逐年增加，4 分； (3) 组织实施重点节能工程，3 分
	6	节能技术开发和推广情况	9	(1) 把节能技术研发列入年度科技计划，2 分； (2) 节能技术研发资金占财政收入比重逐年增长，3 分； (3) 实施节能技术示范项目，2 分； (4) 组织推广节能产品、技术和节能服务机制，2 分
	7	重点企业和行业节能工作管理情况	8	(1) 完成重点耗能企业（含千家企业）当年节能目标，3 分； (2) 实施年度节能监测计划，1 分； (3) 新建建筑节能强制性标准执行率完成年度目标得 4 分，完成 80% 得 2 分，不足 70% 的不得分
	8	法律、法规执行情况	3	(1) 出台和完善节约能源法配套法规等，1 分； (2) 开展节能执法监督检查等，1 分； (3) 执行高耗能产品能耗限额标准，1 分

续表

考核指标	序号	考核内容	分值	评分标准
节能措施 （60分）	9	节能基础工作落实情况	5	（1）加强节能监察队伍、机构能力建设，1分； （2）完善能源统计制度并充实能源统计力量，1分； （3）按要求配备能源计量器具，1分； （4）开展节能宣传和培训工作，1分； （5）实施节能奖励制度，1分
小计			100	

资料来源：国务院办公厅：《节能减排综合性工作方案》，2007年。

所谓"属地管理"，是指为了调动地方参与低碳治理的积极性，降低中央的调控成本，中央通过与地方建立"委托代理"关系开展属地化管理。中央和地方的委托代理管理通过两层关系实现代理责任。①中央与省级、市级的委托关系。省级和市级地方政府扮演"承上启下"的代理人角色。① 一方面可以获取中央的自愿支持，另一方面承担着区域内低碳行动的监管、资源调配等职能。省级和市级政府对资源调配的手段选择是衡量低碳治理效率的关键。省、市级中间层面政府对下级政府和企业的节能目标完成情况具有检查验收的权力，也可以调动资源对下级政府和企业的低碳行为进行激励。每当低碳目标或任务难以完成时，上级部门就会加大验收的力度和频率，通过发布紧急动员指令和密集检查评估，不断要求下面汇报，将下级部门的注意力集中在特定的低碳政策实施领域。但是作为地区投资决策的主体，省市级政府往往不会直接管制具有核心竞争的大型地方企业，甚至为了促进区域经济发展而选择与下级地方政府"合谋"，规避或者"选择性"地执行有利于自身利益的政策。中央层面最终关心的节能目标是总体层面的低碳治理绩效。所以，中央对某个具体治理行为或某个区域出现的问题缺乏督察，只要这些问题发生在允许的误差范围之内，不影响整体节能目标的完成即可。②省级和市级与乡镇政府、企业之间的委托—代理关系。乡镇基层政府和企业是"自上而下"低碳规制系统的最终执行人，最终节能任务的负担和执行大多集中在这个层面（见图3-3）。基层和企业层面是低碳的实践者，承受较多低碳发展压力，其原因主要来

① 齐晔等：《中国低碳发展报告（2013）：政策执行与制度创新》，社会科学文献出版社2013年版，第118页。

自两个方面：一方面，由于处于政策和财政资金供给的末端，基层政府和企业只能被动接受来自省级和市级的政策，而且"自上而下"的政策的供给和财政资金对低碳发展的促进效率层层弱化。另一方面，节能目标"自上而下"地传递，为了保证整体目标顺利实施，各省级、市级地方政府会自我加压，甚至出现了"层层加码"的现象。如中央给浙江省下达的节能指标是18%，但到了宁波则增加为19%，宁波下管辖的镇海区的指标则提高到了24%。因此，当节能目标传递到基层政府和企业时，节能压力已经超过了他们的实际节能能力。

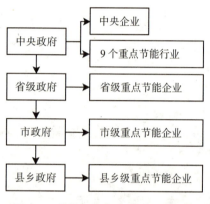

图 3-3　节能目标责任制的传递机制

　　分析以上低碳治理体系的特点，在节能目标"自上而下"层层传递的过程中，地方政府的治理手段（激励政策）选择与低碳发展目标出现了不一致性。尽管低碳治理与政治晋升激励机制捆绑，使得地方政府不再单纯追求 GDP 增长，而是转变为追求经济增长、构建生态文明、促进社会和谐可持续发展的多元化目标。但区域政府之间的财政及政治竞争，依然促使地方政府以经济增长、财政收入和预期政绩作为目标函数。在这场博弈互动中，为了能够在财政及以 GDP 为核心的政绩考核体系中脱颖而出，地方政府就要采取各种措施规避中央调控政策的限制，从本地区的利益出发，主动降低要素供给成本和低碳准入标准，如为吸引投资建厂提供廉价的土地、低价供应能源、放松低碳管制等，从而吸引更多的资本等流动性要素，其中更是不乏具有高碳锁定效应的基础设施投资建设。地方政府期望在不影响区域经济持续增长的前提下，完成行政包干的减排指标。与中央政府相比，作为代理人的地方政府更接近信息源，信息的非对称和层级政府间信息传递链条过长，使得地方政府有了与中央政府博弈的资本，即"选择性"执行有利于自身利益的政策。[①]这也意味着地方代理人的机会主义行为可能违背了委托人的利益，对经济总量和产能规模为优先目的的理性追求，采取各种替换政策、抵制政策、敷衍政策、架空政策、截留政策等[②]成为其理性选择。

（一）节能目标考核方面的政策逆向选择

"十一五"节能减排初期，我国分别出台了《单位 GDP 能耗统计指标体系实施方案》和《单位 GDP 能耗考核体系实施方案》。标志着我国单位 GDP 能耗统计、监测制度的正式建立。但由于缺乏减排统计数据，地方对减排情况的上报存在明显的谎报、欺瞒现象。他们通常的做法是增加地方生产总量，来做大单位 GDP 能耗指标的分母。一些地方甚至不惜为 GDP"注水"。国家节能中心（2011）测算，"十一五"期间，"十大节能工程"所带来的节能量为 3.4 亿吨标准煤，[③]其中中央财政节能减排专项资金形成 1.7 亿元节能能力，而"淘汰落后产能"所形成的节能量为 8000 万吨标准煤。[④]2006 年，部分省份上报的节能统计数据显示，该地区化学需氧量和二氧化硫排放量已经累计减排达到 10%，即仅一年就实现了 5 年的减排目标，有的甚至还大大超额完成。但中央环保统计数据却恰恰相反，两项指标不降反升。[⑤]当前中国以能源强度（单位产值能耗）和碳强度（单位产值碳排放）为节能减排绩效评价标准，但地方政府采取扩大生产和投资的方式实现达标，其实际目标仍然是追求 GDP 增长。

（二）淘汰落后产能方面的政策逆向选择

2005 年，国务院下发《国务院关于发布实施〈促进产业结构调整暂行规定〉的决定》（国发［2005］40 号），这是国务院第一次部署抑制产能过剩。随后，国务院又下发了《产业结构调整指导目录》等文件，规定淘汰

---

① 齐晔等：《中国低碳发展报告（2013）：政策执行与制度创新》，社会科学文献出版社 2013 年版，第 143 页。
② 张爱阳：《公共政策执行缘何失真》，《探索与争鸣》2006 年第 2 期。
③ 李锋：《"十一五"期间我国十大重点节能工程取得积极进展》，中国新闻网，http://www.chinanews.com/ny/2011/03–11/2900331.shtml，2011 年 3 月 11 日。
④ 齐晔等：《中国低碳发展报告（2013）：政策执行与制度创新》，社会科学文献出版社 2013 年版，第 249 页。
⑤ 郭芳：《节能大限将至　多数省份未完成，专家担心数据造假》，《中国经济周刊》，http://www.ce.cn/xwzx/gnsz/gdxw/201010/19/t20101019_21898542.shtml，2010 年 10 月 19 日。

落后产能的范围和时限。2007 年，从《国务院关于印发节能减排综合性工作方案的通知》（国发 15 号）提出"十一五"淘汰落后水泥产能 2.5 亿吨目标开始，淘汰落后产能第一次提出了量的概念。同样是 2007 年，相关部门第一次公布了淘汰落后产能的企业名单，共有 1066 家企业出现在名单中，并规定淘汰落后产能 5000 万吨。2009 年，国务院下发《国务院批转发展改革委等部门关于抑制部分行业产能过剩和重复建设引导产业健康发展若干意见的通知》（国发 ［2009］ 38 号），环保指标被作为淘汰落后产能的主要指标存在，环保部门也作为淘汰落后产能的主要督促部门登上了历史舞台，淘汰落后产能进入了异常严格的阶段。2009 年淘汰落后产能的重点举措与之前相比还增加了对产能过剩行业将坚持新增产能与淘汰落后产能"等量置换"或"减量置换"的原则；严禁向落后产能和严重过剩产能建设项目提供土地；抑制高消费、高排放产品市场需求，严格限制出口等内容。此外，在执法和处罚上，2009 年的举措也十分严厉：对未完成淘汰任务的地区严格控制国家安排的投资项目，可暂停该地区项目环评、核准和审批，实行"区域限批"措施；对未按期淘汰落后产能的企业，不予办理产品生产许可，吊销排污许可证，可依法停止供电。2010 年 5 月，国务院正式发布了淘汰落后产能的通知，随后，工业和信息化部向社会公布了 18 个行业的 2087 家淘汰落后产能企业名单，重拳淘汰落后产能的警报拉响。按照"时间表"，很多企业要在 2010 年 9 月底前关停。2010 年，《国务院关于进一步加强淘汰落后产能工作的通知》中明确，中央财政安排专项资金对经济欠发达地区淘汰落后产能等低碳行为给予扶持、奖励。即东部地区节能技术改造项目的补贴标准为 240 元/吨标准煤，中西部地区补贴标准为 300 元/吨标准煤。

可见，在淘汰落后产能方面，中央层面给予大量监管和政策支持，但是无论是省市级政府还是县乡级基层政府，都不愿意直接管制地方具有核心竞争的大型企业，而是对效益较低、污染较高的中小企业采取限产、停产、关闭或转移的措施，从而为地方核心产业的生产排放腾出空间。2011 年，工信部印发《淘汰落后产能工作考核实施方案》，要求各地区要逐层上报地区 2011 年度淘汰落后产能目标任务和计划淘汰落后产能的企业名单。《实施方案》明确淘汰落后产能任务要求："按国家下达的年度重点行业淘汰落后产能目标任务，当年 12 月底前全部落后产能拆除主体设备、生产线，使其不能恢复生产。"但最终在工信部公布强制淘汰的 2000 多家高能耗企业名单中，90%以上的设备、生产线和企业在几年前就被淘汰了，有些企业早已停产、关闭或者已经被第三方企业合并。有的在公布名单淘汰停产后，换个名字继续进行生产。这既有地方追求政绩和短期经济利益的因素，也有企业为了获得相应的停产补偿资金，而主动要求被关停的。如一些水泥生产线，在被公布淘汰后，转型成为专门生产粉末的企业，从成型产品的生产，改为半成品的生产。虽然这样会大大减少污染，但从生产工艺的角度讲，仍然属于应被淘汰的范围。地方政府为了区域经济发展，多以短期内经济效益达到最高位为目的，政府在节能领域监管存在权力寻租和包庇行为，从而导致节能管理的监管不严、效率低下等问题，甚至一些地方政府存在勾结地方企业，将节能专项奖励资金用于支持区域内财税贡献较大的能耗企业获取市场竞争机会。

（三）"十一五"末期的节电政策选择

在"十一五"规划目标设定之初，地方政府没有意识到问题的严重性，以及节能任务的艰巨性，因此，没有针对节能目标制订有效的解决方案。到了"十一五"末期，特别是考核指标由"单位 GDP 能耗"变为"单位 GDP 电耗"后，各地纷纷采取强制性限电措施，涉及的省区包括浙江、江苏、广西、山西、河北、辽宁、陕西、青海、宁夏、新疆、河南等。以最早采取行动的浙江为例，浙江多个地方的市人民政府在 2008 年已经发布了《全面推进节能减排综合性工作实施方案》，其中制定了总体目标以及实施方案。如温州提出要"严格控制高耗能、高污染项目建设，加快淘汰落后产能，积极推进能源结构的调整优化，加强相关技术开发应用，建立和完善统计体系和监测体系，加大监督检查执法力度，完善节能和环保标准，完善落实促进节能减排的财政税收政策，鼓励相关金融服务，健全价格杠杆，加强政府机构节能和绿色采购"等具体举措。但是2010 年 8~9 月，浙江省温州、常州等部分地区依然面临无法完成减排任务的压力，并对市区工业企业实施"开九停五"的节能应急用电调控措施。很多企业每开工 1 天，就要停电 2~4 天。政府甚至还在下发的规定中注明：一切损失由企业自负。由于工厂大多采用计件工资制，很多工人只能拿到平时 1/3 的工资。[1] 此外，强制"拉闸限电"打乱了企业正常的生

---

① 郑文：《"断电风暴"是节能的硬伤》，新华网，http: //news.xinhuanet.com/2010-09/28/c，2010 年 9 月 28 日。

产规律，不仅彻底破坏了企业利用峰谷调节等措施自行节约用电的手段，而且很多企业为了保证企业生产和经营活动不受大的影响，甚至被迫放弃了正常供电的"大电网"，转而采用"自备柴油发电"的方式以解燃眉之急，造成了电力供应和系统运行中的大量能源浪费。[①]

广西采取的限电措施基本雷同，从 2010 年 9 月 1 日起，在重点保证城乡居民基本生活用电和学校、医院、党政军机关及其他重要单位用电的基础上，对全区实行计划用电；对高耗能企业实行限产限电。同时，对节能减排不力的官员进行问责，实施"区域限批"限电。而最极端的案例是：河北省安平县实施的无差别限电，不仅居民家停电停水，医院和红绿灯也遭停电。[②]

通过调整产业结构和节能减排来实现降低单位 GDP 能耗指标是一个系统工程，需要基于现实基础的长效机制。而如何使地方政府和中央政府的目标一致，如何监督目标的实现情况，更需要相应的政策设计。地方政府需要深入反思，如何在市场手段和政府管制两者之间把握尺度，在充分尊重市场规律的基础上，更多地考虑社会发展和人民群众的实际感受。

第二节 政策规制的充要性分析：低碳规制的成本与效益

政策规制的充要性分析主要是对规制效率的评估。所谓低碳规制的效率，是指为了达到既定规制目标而付出的成本代价，旨在评价规制投入与规制收益之间的比较。在实现既定低碳目标（或者规制收益）的条件下，低碳规制的投入成本越小，说明规制的效率越高；反之，则说明低碳规制的效率越低。目前规制效率评价方法主要包括成本收益分析、成本效益分析、财政或预算分析、社会经济影响分析等。[③] 本书拟采用成本收益的分析方法。

---

① 张婷婷：《绝不能以减排为由限居民生活用电》，《成都日报》2010 年 12 月 10 日第 7 版。

② 郭芳：《节能大限逼近，30 省区市压力大排名》，《中国经济周刊》，http：//app.ahwang.cn/?app= article，2010 年 10 月 20 日。

③ Kollmuss A., Zink H. and Polycarp C., "Making Sense of the Voluntary Carbon Market: A Comparison of Carbon Offset Standards", World Wild Fund: Germany, 2008.

一、低碳规制效率的评价指标体系

规制的成本收益分析法一方面考察规制主体（政府）为进行低碳规制所付出的努力程度或成本代价，即规制成本；另一方面也考察了规制客体（企业和公众）履行低碳行动义务的情况，即低碳行动的参与程度或规制下的污染排放量变化，即规制效益。低碳规制的成本可以认为是由规制导致的全部机会成本，包括政府执行政策和企业遵守规制条例的支出、规制导致的企业和相关市场变化的直接成本，以及规制导致的社会成本增加。低碳规制成本包括两个方面的内容：一是直接成本，即政府为低碳治理所投入的资金、技术、人员与机构配置等发生的费用。如为了进行低碳治理而设立的低碳管理机构、配备的相关管理人员以及为了制定合理的规制政策而必须进行的市场考察、审查企业能源使用情况等发生的费用，以及环境规制机构对企业排污检查和监督次数等。二是间接成本，即企业为了遵守低碳规制政策而造成的产量的下降、商品销售与服务的减少等，或者为了逃避污染排放超标的惩罚而被迫选择降低产量。如环境补偿费用、发展低碳生产的设备投入费用、生产资源闲置按新的生产要素组合方式而可能导致的损失等。这些市场机会的损失是由于环境规制而派生出来的，从而构成了低碳规制的间接成本。此外，由于政策执行过程造成的社会福利损失，也属于间接成本的范畴。如"拉闸限电"等地方低碳规制造成的政策执行扭曲，导致地方居民的生活和生产受到影响，其相应损失的机会成本也属于低碳规制的间接成本。低碳规制的效益取决于规制政策实施以后，环境状况的改善、规制客体（企业、公众）的低碳认知程度的提高等所带来的规制产出。这些效益往往无法直接用货币来衡量，一般可以通过环境质量和污染控制的改善结果，以及公众消费模式的转变来衡量，如能源消耗的减少、污染物排放的降低、人均生活能耗的改变等。

因此，研究构建低碳规制效率评价指标体系，分为三个层次。一级指标包括成本指标（C_1）和效益指标（R_1）。成本指标的二级指标应该包括规制的直接成本和间接成本，但在实证研究中，低碳规制的间接成本比较难核算，因此在本书中成本指标的二级指标只选择了直接成本作为研究对象，其包括直接资金投入和直接人力投入两类指标。同样，为了便于实证分析的量化研究，效益指标的二级指标主要通过环境质量和污染控制、公众消费模式转变情况来衡量，因此，效益指标的二级指标分解为能源消耗指标、污染排放指标和消费模式指标三大类。第三级指标的选择主要基于数据资料的可获取性。如资金投入类指标的三级指标分解为城镇环境基础设施建设投入、工业污染治理投资和"三同时"环保投资。人力投入类指标的三级指标为污染治理的从业人员。衡量能源消耗水平主要看单位GDP的能耗情况，因此，能耗指标分解到三级指标包括：单位GDP能耗、单位GDP电耗、单位GDP用水量，以及单位工业增加值能耗。污染排放指标的三级指标分解主要依据我国低碳发展的约束性目标，分为单位GDP的二氧化碳排放量、二氧化硫排放量和化学需氧量排放量。消费模式二级指标主要通过人均生活能耗水平来衡量，其中包括人均生活用水量、人均生活用电量和人均生活能源消耗量。低碳规制的效率评价体系见表3-6。

表3-6　低碳规制的效率评价指标体系

目标层	一级指标	二级指标	三级指标
规制效率 A	成本 C_1	资金投入 C_{21}	城镇环境基础设施建设投入（亿元）C_{31}
			工业污染治理投资（亿元）C_{32}
			建设项目"三同时"环保投资（亿元）C_{33}
		人力投入 C_{22}	污染治理的从业人员（万人）C_{34}
	效益 R_1	能源消耗 R_{21}	单位GDP能耗（吨标准煤/万元）R_{31}
			单位GDP电耗（千瓦时/万元）R_{32}
			单位工业增加值能耗（吨标准煤/万元）R_{33}
			单位GDP用水量（立方米/万元）R_{34}
		污染排放 R_{22}	单位GDP的二氧化碳排放量（万吨/元）R_{35}
			二氧化硫排放量（万吨）R_{36}
			化学需氧量排放量（万吨）R_{37}
		消费模式 R_{23}	人均生活用水量（立方米/人）R_{38}
			人均生活用电量（千瓦时/人）R_{39}
			人均生活能源消耗（吨/人）R_{30}

二、低碳规制效率的评价结果

我国从2005年开始对节能减排做出承诺并建立有约束性的减排指标，

因此，研究选取 2005~2012 年的低碳规制投入和效益产出作为研究对象。从表 3-7 可以看出，从 2005 年开始，随着我国对低碳发展的日益重视，政策规制的强度逐渐加强，且规制的效果有明显的提高。如单位 GDP 能耗和单位工业增加值能耗都呈现明显下降趋势。但这并不意味着环境规制的效率有所提高或者有效。通过对表中数据进行处理，以 2005 年为基准年，通过比较 2006~2012 年规制投入与规制效益的变化率，即引入规制收益的成本弹性，来分析低碳规制的效率。所谓规制收益的成本弹性，就是规制各项收益的变化率之和相对于低碳规制各项成本的变化率之和的反应程度。因此，低碳规制收益的成本弹性计算公式可以表示为：

$$e_I = \dfrac{-\sum\limits_{i=1}^{10} \dfrac{\Delta R_i^I}{R_i^{2005}} \cdot W_{ij}^F}{\sum\limits_{j=1}^{2} \dfrac{\Delta C_j^I}{C_j^{2005}} \cdot W_{ij}^F} \tag{3-1}$$

其中，I 代表年份，即 I = 2006，2007，…，2012；R_i^{2005} 和 C_j^{2005} 表示基准年 2005 年的各个收益和成本指标数据；ΔR_i 为收益指标变化量，i = 1，2，…，10；ΔC_j 为成本指标变化量，j = 1，2；W_{ij}^F 为各成本收益指标的权重；e_I 为历年低碳规制收益的成本弹性系数。由于收益指标都是越少越好，因此对它们赋予负的权重。

先需要确定各成本收益指标的权重 W_{ij}^F。研究采用德尔菲法和层次分析法，各影响因素权重采用 AHP 方法得出。其中，对成本的各项指标赋予相等的权重，因此，层次分析法的重点是获得收益的各项指标的权重。

请专家按照表 3-7 所示的 1~9 比例标度对指标的重要性赋值，并构造出如表 3-8、表 3-9 和表 3-10 所示的矩阵共 3 个。通过计算层次单排序权重及一致性检验，得到各指标的影响权重系数表。

表 3-7　1~9 比例标度表

标度值	含义
1	表示两个因素相比，具有同样的重要性
3	表示两个因素相比，一个元素比另一个元素稍微重要
5	表示两个因素相比，一个元素比另一个元素明显重要
7	表示两个因素相比，一个元素比另一个元素强烈重要
9	表示两个因素相比，一个元素比另一个元素极端重要

注：2、4、6、8 为上述相邻判断的中值。

表 3-8　判断矩阵 R_{21}-R_{3i}

R_{21}	R_{31}	R_{32}	R_{33}	R_{34}	权重结果
R_{31}	1	3/5	3	3/4	0.284
R_{32}	5/3	1	5	5/4	0.372
R_{33}	1/3	1/5	1	1/4	0.225
R_{34}	4/3	4/5	4	1	0.119

表 3-9　判断矩阵 R_{22}-R_{3i}

R_{22}	R_{35}	R_{36}	R_{37}	权重结果
R_{35}	1	3	2	0.557
R_{36}	1/3	1	3/5	0.321
R_{37}	1/2	5/3	1	0.122

表 3-10　判断矩阵 R_{23}-R_{3i}

R_{23}	R_{38}	R_{39}	R_{30}	权重结果
R_{38}	1	7	9	0.258
R_{39}	1/7	1	9/2	0.310
R_{30}	1/9	2/9	1	0.432

其中，由于成本指标只有两项，对于成本的权重系数选择均值，则将权重和表 3-11 中的数据代入公式（3-1），经计算，可以得出我国 2005~2012 年低碳规制收益的成本弹性系数，见表 3-12 和图 3-4。

表 3-11　2005~2012 年低碳规制成本与效益数据表

年份	2005	2006	2007	2008	2009	2010	2011	2012
C_{21} 资金投入（亿元）	2388.00	2566.00	3387.30	4937.03	5258.39	7612.19	7114.03	8253.46
C_{22} 人力投入（万人）	180.4	187.0	192.5	197.3	205.7	218.9	230.3	243.8
R_{31} 单位 GDP 能耗（吨标准煤/万元）	1.22	1.26	1.18	1.12	1.08	0.81	0.79	0.77
R_{32} 单位 GDP 电耗（千瓦时/万元）	1358.5	1395.9	1401.2	1375.3	1291.5	1335.3	1364	1372.2
R_{33} 单位工业增加值能耗（吨标准煤/万元）	2.59	2.53	2.48	2.19	2.04	1.93	1.78	1.62
R_{34} 单位 GDP 用水量（立方米/万元）	307.4	283.3	244.6	226.6	209.6	150	139.2	118.7

· 72 ·

续表

年份	2005	2006	2007	2008	2009	2010	2011	2012
R_{35} 单位 GDP 的二氧化碳排放量（吨/万元）	1.57	1.69	1.85	2.09	2.15	2.48	2.81	3.00
R_{36} 二氧化硫排放量（万吨）	2217.91	2185.15	2214.40	2321.20	2468.09	2588.80	2549.40	2217.91
R_{37} 化学需氧量排放量（万吨）	2423.73	2499.86	1238.10	1277.50	1320.70	1381.80	1428.20	1414.20
R_{38} 人均生活用水量（立方米/人）	432.1	442.1	441.5	446.2	448.3	450.2	454.4	454.7
R_{39} 人均生活用电量（千瓦时/人）	221.3	255.6	308.3	331.9	365.9	383.1	418.1	460.4
R_{30} 人均生活能源消耗（吨/人）	194.1	211.8	233.8	240.8	254.2	258.3	278.3	293.8

表 3-12 2006~2012 年低碳规制收益的成本弹性

年份	2006	2007	2008	2009	2010	2011	2012
e	2.094	0.702	0.462	0.501	0.354	0.547	0.502

图 3-4 中 e = 1 的曲线是判明规制是否有效的分界线。如果各年的弹性曲线高于该曲线，则说明低碳规制收益的成本弹性比较高；反之，如果低于该曲线，则说明低碳规制收益的成本弹性比较低。从图 3-4 可以看

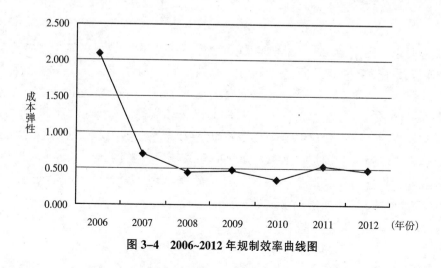

图 3-4 2006~2012 年规制效率曲线图

出，除了 2006 年的 e 值大于 1 外，其他年份的 e 值都小于 1。从而可以看出，虽然通过一系列的改革，我国的低碳规制取得显著效果，但低碳规制的效率即所付出与所获得的产出比率不尽如人意。

第三节　政策规制的依赖性分析：中央和地方的低碳认知与行动偏好差异

本书拟根据"认知—态度—行为"模型理论，通过对中央政府和地方政府进行有关低碳意识的问卷调查，着重分析导致"效率困境"的政策规制内生性因素。"认知—态度—行为"模型认为对起因和影响的认知程度决定了行动的态度，而态度决定了行动意愿。基于该模型理论，政府的低碳意识被分为三个层次的指标：认知——政府的低碳价值观；态度——政府的政策供给偏好；行为——政府开展低碳治理的行动意愿。政府对气候变化减缓的认知指标，要测度不同科层、不同区域的政府对低碳发展概念、低碳发展目标、低碳发展措施和气候变化影响的认知水平；政府低碳治理的行动意愿指标，要测度政府促进低碳发展的驱动利益、行动阻力和已经采取的行动举措；政府低碳治理的政策偏好指标，要测度不同科层、不同区域政府在应对气候变化时偏好的治理模式和政策措施供给。问卷调查将中央部委和地方政府进行比较。

从 2011 年 1 月至 10 月，课题组对中国浦东干部学院的培训学员开展问卷调查（见附录二）。采取自填式问卷采集方式，共发放问卷 377 份，收回 376 份，其中有效问卷 316 份，有效回收率为 83.8%。调研对象由中央部委官员（占 27%）和地方政府官员（占 73%）构成。其中，地方政府官员来自东部、中部和西部。东部调研对象选择上海、浙江和江苏，占总调研人数的 37%；中部调研对象选择河南和湖南，占总调研人数的 29%；西部调研对象选择四川、西藏、贵州，占总调研人数的 34%。调研对象所从事的工作涉及环境保护、水利、国土资源管理、交通运输、能源管理、城市规划及建筑管理等低碳治理领域。

一、低碳认知逐层弱化，气候风险感知存在差异

（一）对"经济发展"和"低碳"的认知差异

该部分的问卷调研包括三个问题，如表 3–13 所示，中央受访者和地方受访者对"温室气体的主要构成"的回答正确率均不高，中央受访者的正确率为 47.2%，地方政府官员为 43.9%。主要的认知错误是将二氧化硫和化学需氧量误认为温室气体。关于"2020 年中国承诺的碳减排目标"[①]问题，只有三个目标均被正确认知，才能被定义为"正确"。中央政府官员对该问题认知的正确率为 68.8%，说明低碳发展已经成为中央政府的共识；地方政府官员的认知正确率为 53%，略低于中央政府官员。从答案分布看，"单位 GDP 二氧化碳排放比 2005 年下降 40%~45%"的减排目标被 84% 的政府工作者认知，但地方政府官员对"森林面积比 2005 年增加 4000 万公顷"，"森林蓄积量比 2005 年增加 13 亿立方米"的认知正确率明显偏低，是中央和地方对"中国承诺的碳减排目标"认知的差异所在，见表 3–13。

表 3–13　政府对低碳发展概念和目标的认知

单位：%

问题	中央	地方
温室气体的主要构成	47.2	43.9
2020 年中国承诺的碳减排目标	68.8	53.0
强调"经济发展"比"低碳"更实际	12.2	22.7
"低碳"是"经济发展"的良好契机	87.8	77.3

关于"低碳与经济发展的关系"问题，87.8% 的中央受访者将低碳发展视为经济转型的良好契机，地方受访者中有 77.3% 的人认同此观点，其中，东部区域的工作人员的该认知率较好，中西部区域除四川外，其他区域对"低碳"和"经济发展"的关系认知存在误区。产生认知差异的原因有多个方面：首先，从社会经济发展的空间分布看，我国区域经济的发展水平呈现出从东南向西北逐步降低的特点。长三角、珠三角等东南部地区

[①] 2020 年中国承诺的 3 个碳减排目标：单位 GDP 二氧化碳排放比 2005 年下降 40%~45%；森林面积比 2005 年增加 4000 万公顷；森林蓄积量比 2005 年增加 13 亿立方米。

经济发展水平高于全国平均水平，产业结构转向现代制造和高新技术产业发展，东部的高能耗产能也正在向中西部地区转移，因此，东部区域政府的低碳发展意识相对较高。其次，从资源禀赋的空间分布看，经济发展水平较好的东部地区，自然资源禀赋较为缺乏，能源储备较少，经济发展对资源的大量需求主要依靠中西部地区（晋、内蒙古、豫等地）供给，区域能源降耗的内在压力较大。相应地，中西部地区的自然资源丰富，资源开发利用的成本较低，经济发展对自然资源的依赖性较强，地方政府在实现区域产业由资源依赖型向资源节约型转变的过程中，存在对"经济效率"的担忧和顾虑。[①]

（二）对气候风险的认知差异

如图 3-5 所示，在气候变化的认知方面，88%的中央政府受访者和86%的地方政府受访者都认识到极端气候事件的影响风险。相比之下，气候变化对海平面的影响尚未引起政府的足够重视，仅有 25%的中央政府受访者和 27%的地方政府受访者认为气候变化可能引发海平面上升。

各级政府对气候变化的直接影响已经形成较高共识，75%以上的中央和地方政府受访者都认识到气候变化对水资源和生物多样性产生影响。在气候变化对社会经济发展的间接影响方面，来自中央政府的受访者对农业生产的影响和能源短缺风险有较高认知，认知程度分别达到 88%和 75%；而 82%来自地方政府的受访者认为台风、暴雨等引发的洪涝灾害是今后的主要气候风险，对该风险的认知甚至高于中央认知程度（75%）。以上几方面的气候影响较为直观，而且近年来频繁发生的极端气候事件和洪涝灾害已经给农业、畜牧养殖业、城市的基础设施等造成巨大的直接经济损失，因此引起了各级政府的高度重视。此外，快速发展的城镇化，引发的一系列可持续的发展问题，是"十一五"和"十二五"政府工作的一个重心任务。在这一政策引导的背景下，能源的短缺、生态环境的保护与气候变化的关系也得到政府的较高关注。

50%的中央政府受访者认为气候变化会增加交通的脆弱性和人体健康的脆弱性，但仅有 45%的地方政府受访者认为气候变化会对人体健康带来影响，27%的地方政府受访者认为气候变化影响交通。仅有 32%的中央政

---

① 胡宗义、刘静、刘亦文：《中国省际能源效率差异及其影响因素分析》，《中国人口·资源与环境》2011 年第 7 期。

府受访者和 25%的地方政府受访者表示认知到气候变化给城市带来的次生灾害。可见，以上几个方面的气候影响尚未引起政府的足够重视。其原因在于：一是这些气候影响并不直观，其潜在影响需要一段时间和一个过程来显现；二是如果防护及时或者地方气候适应能力较强时，气候影响的脆弱性不明显，并且不会造成较大的灾害和突发事件，这种潜在气候风险容易被忽视。

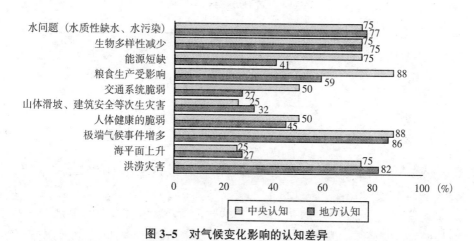

图 3-5　对气候变化影响的认知差异

二、低碳治理的行为偏好

表 3-14 描述了政府的政策偏好理念。中央政府比地方政府更青睐规制性治理措施。76%的中央政府受访者表示，会选择立法和经济激励政策措施推进低碳发展，仅 6%和 13%的中央受访者表示会通过市场机制、非政府组织（NGO）参与开展低碳治理。地方政府中，44%的受访者表示青睐经济激励政策主导的治理模式，23%的受访者对 NGO 参与的低碳治理模式表示了认同，即有意愿尝试碳交易市场体系和低碳社会的培育。总体而言，在治理理念上，我国各级政府主体在低碳治理理念上偏好行政资源和财政投入的经济激励政策。这种政策供给的倾斜在一定程度上是由节能市场化发展的现状决定的。目前我国尚未出台碳市场交易、低碳认证、碳排放清单等相关政策。尽管我国是开展协同商务（CDM）项目最多的国家，占全球 CDM 市场份额近 50%以上，但由于缺乏碳市场相关办法和交

易标准的建设等，中国的碳市场尚未建立，且碳交易一直处于交易链的底端。我国的"合同能源管理"模式也还处在初级阶段，能源市场规模和运作机制也没有形成。大多数的节能服务公司仍处于"找项目"的弱势地位。此外，与国外的合同能源管理相比，我国目前的合同能源管理仍以设备供应而非技术服务为主。

表 3-14　政府低碳治理模式偏好

单位：%

治理模式	中央	地方
立法	38	16
经济激励手段	38	44
市场机制	6	15
NGO 引导社区驱动模式	13	23
其他	5	2

表 3-15 体现了近 5 年里受访者在低碳发展过程中的政策选择偏好。63%的中央受访者和 73%的地方受访者均表示会通过"淘汰落后产能"开展低碳发展。50%以上的中央和地方政府工作者表示会开展"能源立法和中长期能源规划"、"教育和宣传"来促进低碳治理。但 75%以上的中央政府和地方政府受访者对能源审计、合同管理，低碳认证、碳排放权交易制度等市场机制作用缺乏供给偏好。与表 3-14 描述的治理偏好比较，地方政府在实践中较为保守，对市场化措施的偏好反而低于中央政府的偏好。地方低碳发展更多偏重"淘汰落后产能"，对中央的政策和行动方案产生明显的"依赖"惯性，低碳发展的政策创新活力不足。

表 3-15　政府低碳发展中的政策选择

单位：%

	中央	地方
能源立法和中长期能源规划	63	50
淘汰落后产能	63	73
征收碳税	13	14
能源审计、合同管理等激励企业节能	25	15
低碳认证、碳排放权交易制度	13	9
教育和宣传	50	59
中央财政专项资金	25	32
经济激励手段促进新能源开发	13	27

三、低碳行动的依赖性与系统认知水平

如图 3-6 所示，各级城市开展低碳行动的驱动因素存在差异。63%的中央政府管理者表示开展低碳行动的主要驱动力来自中央行政减排指标的压力。另外，分别有 63%和 50%的中央政府受访者同时表示，会基于能源短缺压力、国家形象或城市声誉的考虑来采取节能降耗和温室气体排放的调控措施。地方政府的低碳行动主要受两个因素驱动：一是来自中央的行政减排压力，68%的地方政府受访者表示驱动力来自行政减排指标；二是期望获得低碳转型和经济发展的协同效应，73%的地方政府受访者都对新能源这一战略性新兴产业发展表示出积极态度。

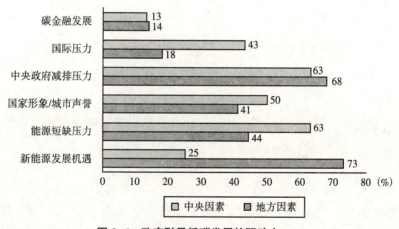

图 3-6　政府引导低碳发展的驱动力

图 3-7 显示政府认知的低碳发展阻碍。75%的中央政府受访者和 72%的地方政府受访者表示低碳发展的主要障碍在于"低碳与发展理念冲突"的观念误区。可见，GDP 仍旧是政府的主要绩效指标，并在城市领导者的理念中占据主导地位。此外，地方政府对低碳发展障碍感知较中央政府强烈，61%的地方政府受访者认为"相关政策的缺乏"限制了地方开展低碳建设工作；44%地方政府受访者认识到技术研发和储备的滞后对低碳发展带来的限制；39%的地方政府受访者认为地方低碳发展缺乏专项资金的扶持；33%地方政府受访者认为低碳、节能相关专业人才短缺是低碳治理的

主要"瓶颈"。

可见，在国际组织的压力和城市声誉资本的驱动下，中央政府已经形成"低碳化"发展的价值观。该价值观通过中央政府的决策和地方政府的落实进行传递，并最终影响和形成"低碳"社会的价值取向。但是由于对低碳发展缺乏系统认知，我国地方政府的低碳行动力在很大程度上还依赖于中央政府的政策框架，低碳行动能力缺乏"主动性"，从而造成价值理念在"自上而下"的传递过程中出现逐层弱化的趋势。

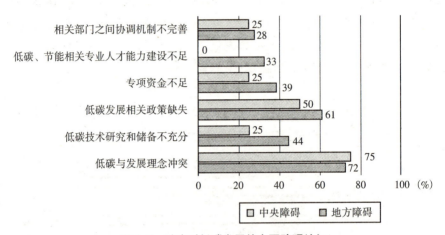

图3-7　政府对低碳发展的主要障碍认知

基于问卷调研的分析看，中央和地方的相关城市决策者已经具备良好的低碳意识，但系统认知与行动力仍然缺乏。具体表现在：一是GDP仍旧作为地方政府的主要绩效指标，在城市领导者的理念中占据主导地位。二是在低碳城市行动中，政府为主导力量，但促进公众参与的市场机制培育理念明显偏弱。三是各级城市领导者大多在中央政府的政策框架下"被动"执行，政策供给注重减排的短期成果，而非可持续效应；注重经济效益，而非消费模式的转变；注重行政减排指标的完成，而非社会成本的优化。因此，要提升我国政府低碳规制的效率，首先须实现两个转变：

第一，从政策引导向市场引导转变。中央政府的低碳发展决心是我国"十一五"低碳转型的主要驱动力。根据中央政府制定的可再生能源规划、节能工程项目规划等，地方政府积极淘汰落后产能，补贴节能技术的研发和应用，从而使电力、制造业和建筑部门的碳强度取得明显回落。但这些政策措施较为单一，主要侧重生产领域或大能耗企业的节能降碳，而中小企业和公众的消费节能意愿并不强烈。低碳治理解决这一问题的关键在于地方政府的政策创新。地方政府的低碳治理要解决的不是单纯的碳减排问题，而是"减排减量化"下的发展问题，其关键是促进地方或企业的可持续发展。如中国香港通过 LOOP 减碳办公室计划和 LCMP 低碳生产计划（见附录 3 和附录 4），向企业传播办公能效节约方案和制造业生产节能措施，帮助企业认识到节能行动能够降低企业生产成本，提高竞争力，并通过能效示范，在区域和行业内产生联动效应。此外，低碳消费也是带动企业低碳生产的重要内生动力，比如，企业/家庭减排指标体系和碳标识制度、区域碳交易市场机制、阶梯电价等政策的实施，不仅有助于创造低碳消费的社会环境，还能树立企业的绿色营销理念，激励企业自愿减排的行动力。

　　第二，从中央主导向地方主导转变。地方政府是中央政策的实践者，是低碳发展价值由中央政府向企业、公众传递的决定性环节。我国各级地方政府已经具有良好的气候变化意识，但依然缺乏实施的动力和方法。各级地方政府缺乏实施动力的原因集中在三个方面：一是节能降耗目标与地方政府的经济增长目标存在利益冲突。节能降碳措施在短时期内将增加地方企业的生产成本和发展机会成本，降低地方边际收益（GDP 增长、财税收入、预期政绩等）。二是由于市场机制尚处于完善阶段，企业和公众的低碳自治意识较薄弱，各地方开展节能降耗行动主要依赖于政府的经济激励，如财政补贴、税收优惠或减免等，大量资金和其他资源用于碳强度降低，可能导致福利损失，甚至加重地方财政负担。三是由于缺乏信息、资金等，尽管中央政府对能源强度和碳强度下降目标做出明确规定，但大部分地方政府并不了解实现这些目标的路径与措施，也不了解政策的成本效益以及政策的可能影响。因此，应该建立低碳发展补偿机制，通过中央政府对低碳发展地区的机会成本损失给予政策补偿、实物补偿或技术补偿，缓解地方和中央对节能降碳指标的博弈，并鼓励地方政府根据地方发展的实际情况，制定具有"地方特色"的低碳发展规划和政策举措。

第四节　政策规制域的激励问题总结

从以上对中国政策规制域的分析可以得出一个结论：中央政府自"十一五"以来推出了一系列以强制性规制手段为主、市场手段为辅的低碳发展激励政策。这些政策对促进我国"十一五"期间节能目标的完成起到了积极的作用，但不可忽视的是政策激励的效率较低，成本较高，且其中最主要的制约因素在于地方政府与中央政府减排目标的利益冲突。造成政策规制域激励效率低的主要原因在于：一是中央节能目标的顶层设计与地方经济增长发展的利益冲突。中央政府在节能目标的总体规划中，由于缺乏对地方能耗和节能能力的统计数据作为依据，节能目标向地方分解的过程并未体现出明显的差异性，造成部分地方的节能差异较大。此外，地方政府在经济发展与低碳发展的权衡中，偏离了中央顶层设计的初衷，低碳发展政策的执行不足，甚至实施了一些对碳排放有锁定效应的政策措施。以淘汰落后产能为例，不少地方政府成为落后产能的"保护伞"，用各种手段欺上瞒下，许多本应该关停并转产的企业继续开工生产。二是地方政府在本地低碳政策的创新上缺乏主动性。不同地方的不同行业和企业的碳排放量、碳减排空间都有较大差异。地方低碳的发展规划和政策应该具有"地方特色"，并根据不同企业的节能潜力设定不同的节能目标或分配节能任务，否则地方企业的低碳发展将缺乏动力，甚至阻碍地方的经济发展和社会发展公平。三是政策规制模式的权力集中，虽然具有决策迅速、执行快捷的特点，但是政策的制定和政策执行的监督缺乏公众的参与。如2010年下半年部分地区为了达到节能目标大规模"拉闸限电"，对民众生活影响较大，造成较大的社会成本损失，其主要原因是地方政府没有充分考虑到"拉闸限电"的政策选择对社会的影响。

因此，政策规制域的激励设计，应该在遵循中央政府的低碳规制总体规划的前提下，增强地方政府保护环境、寻求低碳增长的激励。而地方政府应积极进行地方低碳治理的创新，通过实施政策组合将低碳规制的意图传递到企业，并结合市场化机制强化节能降耗的减排效果。

第四章 市场规制域的低碳发展激励问题

　　环境问题究其根源其实还是经济问题,是激励和约束错配的问题,即收益内部化(部门化)和成本外部化(社会化)。市场规制域是政府实现政策目标的有效平台,其包括利用市场的手段(如税费、押金返还制度、补贴等)和建立市场的手段(如建立国际补偿体系和建立排放许可交易制度等)。利用市场的激励手段由于往往依赖政府强制政策手段执行,是政策规制和市场激励的组合型手段,又被称为经济激励型政策手段。我国发展低碳经济的主要经济激励型手段是补贴。如在激励低碳工业发展过程中,政府对节能量达到 5000 吨标准煤的项目提供资金补助;在低碳交通发展中,对新能源汽车的推广实施补贴,补贴金额为 3.5 万~50 万元人民币;对可再生能源的发展,财政补贴更是主要激励手段。中央政府从2003 年开始使用上网电价支持风力发电,并在 2009 年设立风力发电上网电价标准,每度电补贴 0.51~0.61 元。2011 年再设立光伏上网电价标准,每度电补贴 0.9~1 元,并从 2013 年开始对分布式光伏发电每度电补贴0.42 元。此外,我国对"节能产品惠民工程"、"既有居住建筑节能改造工程"等低碳发展行动给予了专项补贴。[①] 政府的节能产品补贴和行业补贴制度,其制定目的是促进节能产品的推广和促进新能源和节能环保资源综合利用,但由于政策设计和制定缺乏科学数据依据,很难确定补偿资金是否能对消费者和生产者产生足够的激励作用,而政策执行的程序和监管的缺位也无法保障补贴真正到达节能产品消费者和节能企业的手中。如我国给清洁能源汽车每辆车 3000 元的经济补贴,但补贴金额的设定依据缺乏说服性。一辆车的市场价格要在十几万元上下,3000 元对消费者的吸引力有多大,多少额度的补贴能够改变消费者的选择,是补贴政策激励效用

---

① 卢笛声:《中国低碳治理的制约因素和相应对策》,《地理科学》2014 年第 3 期。

的关键。此外，我国以节能为目的的节能财政补贴，多是直接补贴给生产企业。如《高效照明产品推广财政补贴资金管理办法》规定："生产企业是节能高效产品推广的主体。中央财政对高效节能产品生产企业给予补贴，再由生产企业按补助后的价格进行销售，消费者是最终受益人。"该规定赋予生产企业财政资金的发配权，如果在缺乏有效监管和合理的补贴流程条件下，企业会存在"投机心理"而冒险钻法律空子，而消费者不能享受补贴的实际效用，政策对低碳消费的激励效用被大打折扣。

与经济激励型市场手段相比，通过建立排放权市场交易平台推动政策目标的实施显得更具效率：一是简化了流程，交易活动办理比行政审批流程要简便快捷得多。二是规模效应，交易活动标准化，以及交易平台的聚集效应，可以大大提升办理规模，实现规模经济。三是降低了政府成本，政府部门编制受限，如果深度介入微观经济事务的管理往往人手不足，种类繁多的事业单位以及频繁的借调现象，就是这种矛盾的具体体现，如果通过市场平台和交易活动来间接推进政策目标和具体标准，政策的管理对象就会从众多的市场主体转移到少数几家交易平台，以及对某些异常交易活动和办理活动的监管，从而大大节省了人手，同时提高了效率。[①] 四是提高了市场主体的积极性，行政管制手段往往只有单向的约束，缺少激励（财税补贴等措施除外），甚至容易"鞭打快牛"形成逆向激励，而市场交易机制则是约束与激励的均衡，既有总量控制及违约处罚等严格的约束措施，同时节能减排领先者可以通过市场交易获益。减排成本较高的企业可以向减排成本较低的企业购买碳排放权，从而达到较低成本减少排放的目的。可见，用市场机制推动节能减排、实现低碳发展，不但可以成为化解当前我国经济领域诸多结构性矛盾的突破口，也是推进生态文明建设的重要抓手。因此，本书对市场规制域的激励研究将集中在碳市场的激励问题上。

---

① 朱远、宋蕾：《用市场机制推进节能减排的思考与建议》，《决策咨询》2013 年 9 月 3 日第 15 期。

第一节　市场交易机制减排的必要性

对在中国推行碳市场机制，总会有人持怀疑态度。归纳起来主要是如下几个问题：市场工具的效用不大，气候变化是个伪命题，碳交易是西方给我们下的套，欧美碳交易实施效果本身就有争议，中国作为发展中国家为什么要被发达国家牵着鼻子走，国内的污染问题比碳排放问题更紧迫，等等。应该说，不论在政府部门、企业界、学术界还是社会大众层面，这些看法都具有很大的代表性，也会在观念上成为推进生态文明建设的无形障碍。中共十八大报告提出，加快转变经济发展方式的关键是全面深化经济体制改革，而经济体制改革的核心问题是处理好政府和市场的关系，必须更加尊重市场规律，更好发挥政府作用。认识碳市场机制建设的必要性可以从以下几个视角分析：

第一，从政策工具的有效性视角。推进节能减排、应对环境问题的政策工具有两大类：行政管制与经济手段。"十一五"最后一年各地为完成节能减排目标纷纷"拉闸限电"，国家连续投入上千亿元巨资治理太湖、滇池、淮河等污染河湖而效果不彰，都说明了行政管制手段的局限。因此，用经济手段激励节能减排和解决环境问题，已经成为人们的共识。经济手段也分为两类：一是税收手段，二是市场交易机制。税收是刚性的，无法顾及不同市场主体减排成本的差异，而且作为单向的约束手段，市场主体很容易通过逃税手段进行规避；市场交易机制则是弹性的，满足了不同市场主体减排成本的差异，并实现了激励与约束的均衡，减排效率高的主体可以通过出让排放权配额获利，效率低的主体必须从市场购买别人的配额抵消自己多余的排放。相对而言，市场机制是更有效的应对工具，实质是对环境空间进行确权并给予合理定价，将原来被忽视的环境成本显性化，以遏制环境污染和气候变化不断恶化的势头，同时为节能减排和环境保护融资。

第二，从政策工具的经济效益视角。市场机制也是更经济的节能减排工具。美国二氧化硫排污权交易的实践证明，市场机制可以大幅度降低治污成本，并有助于实现污染物排放的总量控制，美国 1980~1999 年发电量增加 20% 以上，二氧化硫排放量却下降了 20% 以上。而欧盟在引入碳排放交易机制（EU-ETS）之后，不但整体减排成本显著下降，还带来了多方面的正面效应。自欧盟碳排放交易体系实施以来，欧盟人均排放减少了半吨，欧盟实现减排目标的成本大幅降低到 GDP 的 1%；如果采取配额拍卖的方式，并使用拍卖收入减少其他扭曲性税收，欧盟可以不付出任何成本地实现温室气体减排目标。[①] 通过交易设定碳价不但有利于减排，还可以比税收更好地促进增长，通过帮助政府低碳转型和提高就业，欧盟碳排放交易体系每年可以带来 300 亿欧元的间接收益。

第三，从政策工具解决我国经济深层次问题的效用视角。产能过剩、节能减排、城镇化和提高政府效能，是当前我国经济领域的四大主要问题，它们是彼此关联、交互作用的，对这些问题的解决必须统筹考虑。从生态文明建设的高度出发，产能过剩与节能减排必须一起抓才能触及根本。用市场机制而非行政手段淘汰落后产能，不但可以解决产能过剩问题，还可以推进节能减排，而其依托就是碳排放权。具体说来，就是允许企业将被淘汰产能原来的排放作为减排指标，通过碳市场出售给新的投资项目，新投资项目必须符合严格的排放要求，同时购买一定的减排指标方能获得许可。淘汰落后产能的企业可以通过交易获得一定的经济补偿，同时，政府还可以通过财税手段引导其进行产业升级。这比"十一五"期间简单关停落后产能的阻力会更小、更不容易反弹，而且在解决产能过剩问题的同时，还同步实现了节能减排和产业升级的目标，可谓一举三得。

第四，从国家减排压力和碳市场发展趋势的视角。一是碳市场是平衡国际压力的重要杠杆。中国已经成为全球最大的温室气体排放国，在国际气候谈判中承受着沉重的减排压力。国际能源署报告估计，2011 年中国共排放 76.7 亿吨二氧化碳，占全球总排放的 1/4，比上年增长了 9.3%，比美国排放多 42%；美国世界资源研究所报告显示，照目前的速度，2050 年中国排放将相当于美国与欧盟 25 国排放之和。在国际经贸关系中，除了反补贴、反倾销之外，反污染和反排放也已经开始成为针对中国企业的两个"紧箍咒"。前者包括美国对中国有毒石膏板和有毒玩具、日本和德国对中国有毒食品、绿色和平等 NGO 对中国有毒服装等的指控甚至诉讼，后者最新的例子就是欧盟针对包括中国在内的各国航空业的碳管制措施，

---

① 朱远、宋蕾：《用市场机制推进节能减排的思考与建议》，《决策咨询》2013 年 9 月 3 日第 15 期。

以及美国和法国时不时冒出来的碳关税威胁。环境问题的影响跨越了国界，气候变化更是全球性挑战。为此，应该从统筹国内国际两个大局的高度，推动碳市场机制的建立，对内落实生态文明建设，对外化解国际气候谈判压力、破解经贸领域潜在的"环境壁垒"。二是碳市场可以成为中欧建立"绿色伙伴关系"的基石。在美国将其战略重心转向太平洋之后，中美关系需要重新寻找到一种新的微妙平衡。中国和欧盟通过深化低碳领域的务实合作，将其升级成为建设性的"绿色伙伴关系"，为中欧战略合作伙伴关系注入新内涵。这一事例对于构建中美新型大国关系不失为一种有益的借鉴。目前欧盟正在推动所谓的"新市场机制"，争取实现与北美和澳洲碳市场的全方位连接，通过碳市场把全球经济联系起来，促进资本流动和技术流动。针对欧盟的这一新构想，我国也可以有守有为，在仔细评估的基础上提出与之兼容的国际气候合作市场机制构想，共同参与规则的制定，而非被动地去应对甚至适应发达国家设定的议题和规则。三是碳市场可以成为扩展中国国际影响力的重要手段。抵消机制是国际碳市场扩展影响力的支点。目前，国际上几大碳市场都通过抵消机制将其影响力延伸到境外，尤其是发展中国家。欧盟排放交易体系已经发展成为全球最大的配额市场，通过 CDM 项目建立起了与中国、印度、巴西等发展中大国碳市场的紧密联系；加利福尼亚碳市场通过与墨西哥、巴西和尼日利亚等国的双边协议，也已经将这些国家的热带雨林减排项目纳入其抵消机制；日本东京的总量与交易体系也在酝酿通过双边协议接受一些发展中国家的减排项目。

未来的国际碳市场很可能将是中美欧三分天下。中国由于其排放规模、减排潜力、新能源发展速度和结构调整的转型压力，很可能将一跃成为全球最大的碳市场；如果碳金融市场能够发挥为中国低碳经济融资的支持作用，可能将在中国经济下一阶段的发展过程中扮演比其他碳市场更重要的角色。未来，通过承认东南亚、非洲和拉美等发展中国家的农林减排项目作为抵消机制，中国碳市场的国际化将逐步扩展，在此基础上发展成为具有国际影响力的碳市场；条件成熟时，中国碳市场还可以在更高层面实现与欧美碳市场的衔接，随着人民币国际化，可以在碳金融领域引入人民币计价，并有望将北京建设成为与伦敦、纽约等并驾齐驱的国际碳金融中心。

碳市场可以成为中国"南南气候合作"的抓手。亚非拉发展中国家特别是非洲地区，既是中国的能源、矿产、农林产品供给地，也是中国基建、产业和资本的输出地，还是中国产品的战略性市场。在进行中国碳市场的顶层设计时，可以鼓励中国企业与亚非拉伙伴合作开发当地的农林减排项目，并将其作为抵消机制纳入中国碳市场，对于深化中国和发展中国家的气候合作可以收到"四两拨千斤"之效。此举的好处有三个：第一，扩大中国碳市场的国际影响力；第二，树立中国负责任大国的国际形象，化解气候谈判压力；第三，改善中国企业的国际形象，更好地维护中国的海外利益。

第二节　碳市场的类型和发展趋势

碳市场主要由强制碳市场和自愿碳市场组成。强制碳市场，又称强制性合规市场，是通过强制性手段要求参与者实现碳减排的交易市场，如京都议定书、欧盟排放贸易体系等。强制性碳交易市场上的交易者，不管是以买家身份还是卖家身份出现，都是为了完成"总量管制和交易制度"下承担的碳减排配额和指标。其中有基于配额的和基于项目的两种交易，它们主要通过以下四种方式实现减排：①以"净排放量"来计算各国的排放数额，即可从各国实际排放量中扣除森林所吸收的二氧化碳数量。②发达国家之间可进行排放额度买卖的"排放权交易"，即难以完成排放指标的国家可花钱从超额完成的国家买入其超出的额度。其被称为排放贸易（Emissiong Trading，ET）。③采用绿色开发模式，促进发达国家与发展中国家合作，达到共同减排的效果，即清洁发展机制（Clean Development Mechanism，CDM）。④可采用"集团方式"减排，如欧盟各国成员可作为一个整体，只要总量实现减排任务即可。这种方式被称做"联合履约机制"（Joint Implentation，JI）。① 见表4-1。

---

① 张勇、李炜：《应对气候变化的碳交易法律对策研究》，《甘肃社会科学》2010年第3期。

表 4-1　碳交易类型

	总量管理与交易	基线与信用型交易
强制市场	排放权交易（ET）	清洁发展机制（CDM）
	欧盟排放贸易体系（EU-ERUS）	联合履约机制（JI）
	新南威尔士温室气体减量体系（NSW GHGAS）	土地利用与森林项目（LULUF）
	区域温室气体应对计划（RGGI）	
	西部气候计划（WCI）	
自愿市场	芝加哥交易所（CCX）	场外交易市场（OTC）

　　自愿碳市场由各种公司、政府、组织、国际性活动的组织者和个人构成，他们自愿购买碳来抵消自己的碳排放，以实现其减排责任。这些自愿补偿额通常是从零售商或者一些投资与一揽子碳抵消项目的组织那里购买。自愿碳交易市场又分为碳汇标准交易和无碳汇标准交易两种。自愿碳交易市场的交易产品主要来自芝加哥交易所的自愿交易和分散的场外交易（OTC）。[①] 和强制性碳交易市场相比较，自愿碳交易市场缺乏统一的管理，但其机制较为灵活，从申请、审核、交易到开发所需要的时间相对更短，价格也比较低，主要被用于企业市场行销、品牌建设和企业社会责任宣示等附加效益。[②]

　　碳交易根据交易原理的不同，还可分为配额型交易和项目型交易。配额型交易建立在"总量控制与交易"体系的基础上，是指国与国之间转让减排的分配配额的一种交易或贸易。这些配额是政府部门在《京都议定书》或者其他国内"总量管制和交易制度"（Cap-and-trade）之下创建和分配（或拍卖）的指标。碳项目管理者计划本国（地区）某一时期的排放总量，并将其划分后分配给每个参与者。参与者的排放总量超过上限时，需要向其他企业购买排放许可。这种配额交易具有一定的灵活性，又履行了环保责任，使得法定的参与者能够通过交易，以较小的成本达到减少温室气体排放的要求。大多数配额型交易都属于强制性交易[③]（见表 4-2）。

---

① Kollmuss A., Zink H. and Polycarp C., "Making Sense of the Voluntary Carbon Market: A Comparison of Carbon Offset Standards", World Wild Fund: Germany, 2008.
② 中山大学法学院课题组：《论中国碳交易市场的构建》，《江苏大学学报》(社会科学版) 2012 年第 1 期。
③ 王班班、郑若娟：《成熟的碳排放交易市场呼唤政策"推手"》，《经济导刊》2009 年第 8 期。

项目型交易建立在基线和信用型排放交易（Baselin and Credit）体系上，是国与国之间通过减排项目合作产生减排单位，并以期货方式预先买卖。基准线相当于配额型交易的排放上限，一般通过参与者的生产能耗和污染排放率确定。实际排放量与基准线的差额是用来进行项目交易的信用额度（见表 4-2）。项目型交易对申请进入市场的碳项目进行严格控制，只有产生额外性效益①的减排项目才能获得交易的信用额度。项目型交易不仅通过强制性"总量与控制"手段加以实施，也可以通过自愿性交易实现减排目标。

表 4-2　配额型市场和项目交易型市场的区别

	配额型交易	项目型交易
建立基础	总量控制与交易	基线和信用型排放交易
交易商品	分配额	碳信用
交易额度	由交易上限的总和决定	由每一个项目的自身情况决定
上限标准	由配额绝对量决定	由项目排放率决定
额外性验证	不需要	需要

资料来源：World Wildlife Fund（WWF），2008 年 3 月。

不同类型的碳交易市场对应不同的碳信用。1997 年《〈联合国气候变化框架公约〉京都议定书》明确碳交易的三种境外减排的市场机制：排放权交易机制（ET）、联合履约机制（JI）和清洁发展机制（CDM）。相应地，《〈联合国气候变化框架公约〉京都议定书》也规定了四种碳信用：排放配额指标（AAU）、减排单位（ERU）、核证减排量（CER）和脱碳单位（RU）。脱碳单位是土地利用和森林项目（LULUF）的交易单位。排放配额是排放权交易机制的主要交易单位。排放权交易机制中，发达国家之间以贸易的方式转让排放配额。减排单位是联合履约机制内的，其通过项目合作方式在发达国家之间转让。排放配额和减排单位被转让后，都需要同时从转让方的允许排放限额上扣减相应的转让额度。②核证减排量是清洁

① 所谓额外性，是指没有碳交易项目支持，企业的减排或清洁生产将受到资金、制度等的障碍而无法实现。因此，企业如果在没有碳项目介入的情况下，也能通过清洁能源和节约能耗产生减排，但不能作为碳抵扣信用。
② 曾刚、万志宏：《国际碳交易市场：机制、现状与前景》，《中国金融》2009 年第 2 期。

发展机制项目的主要交易单位。排放权交易机制除了以排放配额为交易单位外，减排单位、核证减排量和脱碳单位也允许交易，但交易数量较少。[①]此外，2005 年欧盟建立欧盟排放贸易体系（EU-ERUS）。EUA 是欧盟各国政府分配给企业的减排配额。自愿市场的交易主要以经核实减排量（VER）、预期减排（PER）为场外交易的主要单位。

从总体来看，全球碳交易量稳步增长，但由于交易价格的剧烈浮动，碳交易额 2008 年增长迅速，且配额市场交易活跃。配额型市场与项目型市场均保持持续增长，2008 年碳交易总量 4188 公吨二氧化碳，比 2005 年交易量的 710 公吨二氧化碳增长了 7 倍，其中配额型市场的增长显著。2005 年配额型市场交易量是 328 公吨二氧化碳，与项目型市场交易量的382 公吨二氧化碳大体相当，但到 2008 年配额型市场交易量已经增长到3276 公吨二氧化碳，是项目型市场的交易量 1535 公吨二氧化碳的 2 倍；2008 年配额型市场的交易额为 930 亿美元，占碳市场交易总额的 74%，是项目型市场交易额 330 亿美元的 3 倍。项目型市场的大量交易转向配额型市场，其主要原因有二：一是项目型市场的准入监管，如额外性论证、基准线标准等的管制越来越严格；二是 CDM 和 JI 市场交易价格的不断下滑，预期获得优厚碳信用回报的交易者向欧盟排放贸易市场转移。

从市场份额看，EU-ERUS 和二级 CDM 市场交易量呈现放大效应，一级 CDM 和 JI 交易自 2008 年出现下滑，自愿市场稳步发展。

2005~2008 年，EU-ERUS 的交易量一直保持持续增长，目前其已经成为全球最大的排放贸易机制，2008 年 EU-ERUS 交易额占全球碳交易份额的 72%。世界银行气候变化项目组研究发现，在金融危机的影响下，2008~2009 年各国的经济发展缓慢，碳排放增长减速，大量交易者估计2009 年排放配额的剩余足以弥补 2008 年的减排需求，从而引发看跌期权活动。2008~2009 年，EUA 价格从 28 美元/公吨二氧化碳当量降至 9 美元/公吨二氧化碳当量，EUA 交易量呈现急剧放大的效应。[②] 2008 年，EU-ERUS 的交易额达到 919 亿美元，比 2007 年增长了 87%。

二级 CDM 市场交易量也增长迅速，2008 年交易额达到 263 亿美元，比 2007 年增长 370%，交易额仅次于欧盟排放贸易体系，占全球碳交易份

---

① 张懋麒、陆根法：《碳交易市场机制分析》，《环境保护》2009 年第 12 期。
② The World Bank, "State and Trends of the Carbon Market 2009", Washington D.C., 2009.

额的21%。二级CDM市场作为一级CDM的金融衍生市场，其碳信用价格SCER同欧盟排放贸易体系的EUA迅速增长，2008年两者价格升至26~28美元/公吨二氧化碳当量，远高于一级CDM交易PCER的8~15美元/公吨二氧化碳当量。因此，在价格杠杆作用下，一级CDM的大量交易转向欧盟排放贸易市场和二级CDM市场。2008年二级CDM市场交易量1072公吨二氧化碳当量，比2007年增长347%，而一级CDM市场交易量下降到2008年的389公吨二氧化碳当量，比2007年减少30%。

JI的ERU交易主要集中在俄罗斯和乌克兰，两国ERU交易分别占JI市场份额的62%和17%。2005~2007年，JI市场一直保持平稳的增长，但同样受到配额型市场价格激增的影响，2008年ERU交易额为2.9亿美元，比2007年下降41%，交易量仅有20公吨二氧化碳当量。自愿市场和芝加哥市场的发展也值得关注。2007~2008年自愿碳交易活动频繁，自愿市场交易额达到4亿美元，比2007年增长51%。其中，芝加哥交易所交易额达到3亿美元，交易量为69公吨二氧化碳当量，比2007年增长200%。

第三节　不同国家碳市场发展经验

温室气体排放是一种以市场为基础，通过合约方式激励企业或个人控制温室气体排放的政策工具，是指管理当局制定总排放量上限，按此上限向各个排放实体分配排放许可证，排放许可证可以在市场上交易，通过减排措施减排或因减排成本低而超量减排的部分，可以在市场上出售剩余排放许可证，而获得经济回报；相反，如果无法通过减排措施或因减排成本高，使减排量超出政府分配的许可指标的部分，则需要从交易市场购买额外的许可额度。

一、欧洲碳交易市场（EU-ETS）

EU-ETS建立于2003年10月，2005年1月开始交易，是总量控制的一种碳交易模式。EU-ETS的执行分为三个阶段：第一阶段（2005~2007年）为试运行阶段，共有25个成员国，控制气体为二氧化碳。涉及的行业包括发电加热业以及燃烧、炼油、炼焦、钢铁、水泥、玻璃、石灰、砖瓦、陶瓷、纸浆和造纸等能源密集型产业，其总减排量占欧洲碳排放量的50%。减排的总量控制目标设定为完成《京都议定书》所承诺减排目标的45%，完成减排总量22.36亿吨/年。[①] 由于缺乏准确的关于成员国家的GHG排放数据，因此该阶段欧盟提出国家分配计划（National Allocation Plans，NAP）。即欧盟不预先确定排放总量，而是根据《京都议定书》为欧盟各成员国规定减排目标和欧盟内部减排量分担协议，由各成员国制定本国的"分配计划"并落实减排目标，但需要通过欧盟委员会的审批。成员国在制定了NAP后，再根据不同部门和企业的排放历史数据，确定排放配额数量。减排重点在于推进减排交易体系的支撑系统，如各种用于监控、报告和核查碳排放的基础设施。配额分配方面，在该阶段，各部门或企业通过免费发放、拍卖或在市场上购买的方式获取配额。95%的配额是免费分配的，只有少部分是通过定期拍卖或者市场购买的方式获取的。配额的办理、持有、转让和注销，是通过成员国以电子数据库形式建立的等级系统进行的。任何企业、机构甚至个人都可以获取独立账户来记录每个独立主题所拥有的配额，可以自由进入市场进行买卖。但在第一个阶段，参与主体只能对处于同一阶段的排放配额进行存储和借用。配额不允许被储蓄或借用到下一个阶段。该阶段的交易体系具有开放式的特点，即允许被纳入交易体系的企业在一定范围内使用欧盟以外的减排信用，如清洁发展机制和联合履约机制的核准减排量、减排单位等。但欧盟也对清洁发展机制和联合履约机制项目减排指标流通做出了一些限制，如核能设施、土地使用、土地使用变更和林业项目的减排指标不能进入欧盟ETS市场。

第二阶段（2008~2012年）成员国增加了冰岛、挪威、列支敦支登，共有27个。控制气体依然仅为二氧化碳。减排目标设定为在2005年基础上减排6.5%，年完成减排总量为20.98吨。覆盖欧盟范围大约11500家设施，总排放量接近欧盟二氧化碳排放量的一半。配额的分配标准依然采用历史排放水平同时辅助行业基准法则的方法进行配额分配。国家给企业的配额中90%是免费发放的，可拍卖的排放许可从5%增加至10%。从这一阶段开始，配额可以储蓄或借用到下一个阶段使用。在市场链接方面，CDM/JI的核准减排量仍可以使用，但欧盟对其使用设定了上限，允许以

① 庄贵阳：《欧盟温室气体排放贸易机制及其对中国的启示》，《欧洲研究》2006年第3期。

CDM/JI 的减排量充抵 10% 的 EU-ETS。

第三阶段（2013~2020 年）控制气体增加至三种，即二氧化碳、N_2O、PECs。涉及的减排领域扩大到航空、石油化工、制氨和铝业；覆盖欧盟 60% 的温室气体排放。减排总量目标设定为 2020 年之前，在 1990 年的基础上减排 20%，总减排量为 18.46 吨。在该阶段欧洲提出用欧洲总量（EU-wide Cap）替代国家分配计划，设定统一的排放量限制。该排放上限的设置参照第二阶段发放配额数量的年平均值，并从 2013 年开始，每年线性递减 1.74%。国家免费发放给企业的配额逐渐减少，并规定该阶段拍卖方式获取配额的比例不少于 30%，至 2020 年要达到 70%，2027 年以后配额分配 100% 通过拍卖方式。电力行业在该阶段已经不能再获得免费配额，配额全部以拍卖方式获得。[1] 配额拍卖的全部收益主要用于新能源开发、能效优化、气候适应、碳汇发展、碳捕捉技术研发，以及补贴中低收入家庭，从而降低碳减排对这些家庭的负面影响。第三阶段只允许使用来自最不发达地区的 CER，其他发展中国家需与欧盟签订协议，才能出口基于能效与可再生能源项目的减排信用。

从欧盟碳市场的三阶段演进来看，有以下几个方面的转变：一是国家配额分配方式从 NAP 转向总量限定的演变。初期欧盟根据"共同但又区别的责任"原则，结合各成员国的经济规模、产业结构等实际因素，采取"自下而上"的配额分配方式。将承诺的 8% 的减排目标分配到每一个成员国，明确各成员国的排放限额。但该种方式致命的问题在于，各成员国基于本国经济利益考虑，通常会多报排放配额需求，从而减小减排对经济发展的影响。这就会导致排放权发放超过实际排放量。在 2005 年，所发放的排放权超过实际排放量 4%，钢铁、造纸、陶瓷等部门的排放权发放量甚至超过实际排放量的 20%。此外，排放权总量过多，导致排放权价格下降，环境约束软化，企业失去采取措施降低二氧化碳排放的积极性。2006~2008 年金融危机导致经济发展放缓，降低了对碳排放配额的需求，过于宽松的配额分配最终导致欧盟配额的价格不断下滑。鉴于该种现象，欧盟在排放体系实施的第二阶段，下调了年排放权总量。调整后的年排放权平均比 2005 年低 6%。从第三个交易阶段开始，统一设定排放配额

① Zhongxiang Zhang, "Who Should Bear the Cost of China's Carbon Emissions Embodied in Goods for Eexports"? Center for Climate Economics & Policy Working Paper 1114, September, 2011.

总量，从而保证碳价格的稳定以及碳市场对减排行为和技术研发的激励效用。

二是配额分配机制的演变。第一和第二交易阶段，EU–ETS 的配额交易采取免费的方式。额度分配的方法对政府和企业管理行为均有重要影响。一般而言，免费分配可使项目参与者创造或转移大量财富，而拍卖则可能产生政府收入，可用于降低低收入人群税负、支持低碳技术的研究开发等多种目的。[①] 但当免费配额与实际排放量存在差额时，将造成部分行业从中获取暴利。如电力部门作为能源密集型企业，根据历史排放量，其获得了更多的免费配额。结果电力行业并没有用排放权抵免实际排放量，而是把排放权放到市场上出售，获取暴利。因此，欧盟在第二阶段开始，提高了许可权拍卖的比例，并降低了电力部门的排放权发放上限，迫使电力企业采取措施降低碳排放。从第三阶段开始，配额交易逐渐由免费向拍卖方式转变，使企业认识到排放是有偿的。此外，免费分配方式的分配基准逐步从各企业历史排放量核准向基于排放效率标准的基准转变。前者对已经采取减排措施的先进企业不公平，相当于惩罚了本该受到奖励的先进企业，而后者避免了这种问题。其蕴含的基本理念是：生产相同产品的设施将会被平等看待，生产单位产品碳排放较多的企业不会获得较多排放配额，从而促使企业采用碳排放相对较低的工艺设备。欧盟的排放标准率衡量采用"能效标杆"的方式，"标杆"决定了企业能够获得的免费配额的最大值。[②]

三是配额的转让和存储借贷机制的演变。配额的存储机制可以激励企业尽早开展节能减排行动，因为现在减排所节省的排放配额，可以用于抵消企业未来扩大生产规模产生的额外排放，也可以在市场上交易。配额的借贷机制还使得企业可以在一个较长的时间内调剂使用配额，促使企业制定较长远的节能减排计划。[③] EU–ETS 的第一和第二阶段，允许同一阶段内排放配额的存储和借贷，但不同阶段之间不允许。

四是惩罚机制的演变。每一年未能完成相应减排量的主体，将予以处

① 周宏春：《世界碳交易市场的发展与启示》，《中国软科学》2009 年第 12 期。

② 欧盟根据能效标杆进行配额计算的公式为：$T = Q \times \sum Eff \times f$，其中，T 为企业获得的配额量；Q 为产品产量；Eff 为单位产品 f 燃料的单位能耗，其也是能效标杆；f 为燃料排放因子；Eff × f 为排放标杆。

③ 邹亚生、孙佳：《论我国的碳排放权交易市场机制选择》，《国际贸易问题》2011 年第 7 期。

罚。第一个阶段的处罚较轻，每超出配额 1 吨的罚款为 40 欧元，从第二个阶段（2008 年）开始参与主体的碳排放量每超过配额 1 吨，将被处罚 100 欧元，罚款额度远远高于配额同期市场价格。除了接受罚款外，该减排主体在下一年需要提交等数量的超额排放配额任务，即在下一年减排基础上要完成上一年超出的减排部分，或者需要通过市场购买配额，抵消上年的差额。

五是市场体系的保障机制演变。欧盟碳排放交易体系初期阶段，企业层次上的二氧化碳的排放数据是不存在的，排放权只能根据估计发放给企业，由此引发了排放权发放过多、市场价格大幅波动等诸多问题。但为保障交易体系顺利运行，欧盟规定了严密的排放监测、报告制度与强有力的执行和监督措施。ETS 纳入的企业必须具备监测与报告温室气体排放的技术能力，从已批准的管理当局获取"排放许可"，并遵守温室气体排放量监测、报告和核实的要求，每年度递交其自身的温室气体情况报告，同时接受第三方核准机构的核实与检验、公众和非政府组织的监督。目前欧盟 ETS 已经建立了庞大的能支持欧盟决策的关于企业碳排放的数据库。[①]

二、新西兰温室气体排放交易市场（NZ-ETS）

2008 年 9 月，新西兰通过气候变化应对法案，确定建立本国的温室气体排放交易市场，并规定了相应的配额分配方式。它是目前唯一将土地使用排放、森林砍伐以及农业生产的生物排放纳入其中的排放交易市场。法案要求控制的温室气体包括 6 种：二氧化碳、甲烷、氧化亚氮、氢氟碳化物、全氟化碳和六氟化硫。考虑到不同行业在温室气体排放量的比重存在明显差异，不同行业在排放交易中承担有区别的责任。交易市场的覆盖逐渐扩大，2008~2010 年仅开放了森林、能源、工业和液化燃料行业，2013 年废物处理和合成气体也被纳入。[②] 由于农业在新西兰的经济发展中具有重要作用，因此，拟在 2015 年纳入市场的农业部门生物排放可能被无期限推迟。在这些被纳入碳排放市场的部门里，法案明确提出减排主体，其

---

① 邹亚生、孙佳：《论我国的碳排放权交易市场机制选择》，《国际贸易问题》2011 年第 7 期。

② New Zealand Environment Department, "New Zealand Emissions Trading Scheme: Draft Fishing Allocation Plan Consultation Document", https://www.climatechange.govt.nz/consultation.pdf, 2010.

主要是针对产品和服务的供给方以及能源供应方进行减排激励。如表4-3所示，森林的土地所有者或者森林开发权所有人有义务参与NZ-ETS，电力系统的责任主体是煤炭等能源供给方，工业的责任主体主要是制造业生产者，农业的责任主体是氮肥、肉禽以及奶制品加工商，废物处理的责任主体是垃圾填埋的处理机构。

表4-3　新西兰温室气体排放市场的责任主体

部门	排放市场的责任主体
森林	森林的土地所有者或者森林开发权所有人
化石能源和交通	能源供给方
电力	煤炭、天然气、地热等能源供给方
工业	制造业生产商
农业	氮肥供给商、肉及奶制品加工商
废物处理	垃圾填埋处理机构

关于配额的发放，新西兰的温室气体排放交易市场采用了混合发放配额的方式，其主要特点是考虑了各个行业的差异，试图引导各类资源流向减排贡献率高的行业。2012年之前新西兰的排放配额根据前一年排放量和生产的产出量进行核定，并免费发放配额。但在2013年新西兰政府引入拍卖的配额分配方式。此外，新西兰对不同的行业和各行业内部均制定了相应的分配方式和分配额度。为了减少排放交易市场对碳密集型出口工业、渔业和林业的影响，上述三个部门将获得政府发放的免费配额（见表4-4）；对于绝大多数的工业生产部门，工业补贴将从2013年开始逐年减少1.3%，其所需配额不能免费获取，而是需要从市场购买，或者以每吨碳排放当量25新西兰元的价格从政府手中购买。新西兰对于不同行业配额发放的确定主要基于两方面的考虑：①部门所占经济总量和排放总量比重的高低；②行业是否面临国际竞争的较大压力。[1]以林业部门为例，由于林业部门在国内经济所占权重较高，并且林业是新西兰减缓气候变化战略的重要组成部分，所以，林业部门在排放交易的设立初期即

---

[1] New Zealand Environment Department，"New Zealand Emissions Trading Scheme：Draft Fishing Allocation Plan Consultation Document"，https：//www.climatechange.govt.nz/consultation.pdf，2010.

被纳入排放交易市场。在新西兰排放交易市场中，单一行业内部可能同时存在配额的免费发放、配额购买和配额抵充的情形。

新西兰政府对未能按照配额履行减排任务的，将给予每吨碳排放当量30~60新西兰元的罚款。此外，对于不能按时提交排放量数据、提供虚假信息等违规行为，将给予 50000 新西兰元的罚款，甚至是 5 年的监禁。此外，新西兰的排放交易市场相对欧洲碳交易市场处于半开放的状态，特别是 2012 年以后，由于新西兰并未签署第二期《京都议定书》承诺，ERUs、CERs 等新西兰市场以外的减排信用将不再被允许使用。但是新西兰和澳大利亚的排放市场的排放信用相互开放。[①]

表 4-4　新西兰排放交易市场的免费配额

部门	免费发放配额
森林	整个森林部门，免费发放配额的用意在于补偿资产价值
渔业	分配给渔业的免费配额总量为 70 万个碳排放指标（NZUs）。个体获取免费配额的计算公式为：$P=A\times(B+C)/(D+E)$。其中，A 为配额总量 70 万个碳排放指标（NZUs），B 为除了牡蛎捕捞外的渔业产品权重；C 为牡蛎捕捞权重；D 为除了牡蛎捕捞外的渔业产品总量；E 为牡蛎捕捞总量
工业	按照企业的历史产量和未来产量相结合的方法分配。高碳排放密度的工业生产（≥1600 吨二氧化碳当量/10 万新西兰元）给予 90% 的免费配额；中等碳排放密度的工业生产（≥800 吨二氧化碳当量/10 万新西兰元）给予 60% 的免费配额 企业的配额量=工业行为能耗程度×$\sum$（产品产量×该产品分配基线）
农业	如果农业加入了排放交易体系，则土地所有者可获得 90% 的免费配额

三、美国碳排放交易市场

2009 年 6 月美国众议院通过了《清洁能源与安全法案》，提出建立国内统一的排放限额和交易机制，主要内容涉及以下几个方面：一是碳排放额度的初始分配包括两种方法，即免费分配和拍卖。免费分配方法基于企业的历史排放量来确定。法案规定拍卖额度比例到 2030 年从 20% 上升至70%。二是法案提出能源机构应成立一个"统一抵消咨询委员会"。该委

---

① New Zealand Environment Department, "New Zealand Emissions Trading Scheme: Draft Fishing Allocation Plan Consultation Document", https://www.climatechange.govt.nz/consultation.pdf, 2010.

员会的主要任务是向能源管理机构提出建议，采用排放抵消来减少排放成本，设置每年的抵消量为 20 亿吨并逐步削减到 8 亿吨。其中，有 10 亿吨的抵消量来自国内减排，10 亿吨来自国外减排。该制度在一定程度上将碳排放限额制度规定以外的减排额度吸纳到碳交易市场中来，达到激励减排的效果。

2010 年 5 月，参议院提出《2010 年电力法案》，作为众议院《2009 年清洁能源与安全法案》的匹配法案。该法案增加相关配套机制：一是排放额度所创造的价值用于保护消费者和支持低碳技术项目的研发。通过"纳税人退税计划"进行普遍补贴，对所有美国籍纳税人按家庭规模等标准实施不同程度的退税，以补贴其因实施本法案导致能源价格上涨带来的消费支出。[①] 二是设定了碳价格上下限区间，实施碳指标储备。"保证价格可预测性"条款规定，应当创建一个可预测的碳价格系统，在通货膨胀下使其在一个固定比率下上涨。美国环保部负责通过拍卖收益购买额外的抵消量以补充碳信用额度的储备。[②] 如果排放额度的价格超过规定的上限价格安全阈值，大量排放额度包括未来每年分配的排放额度和产生的抵偿量，会流入市场，为消费者提供免受以外价格上涨损失的保障；反之，排放额度的价格低于下限安全阈值，则额度将被撤回，补充到碳指标储备中。[③]

目前美国有 24 个州都加入了碳排放交易体系。其中包括美国区域温室气体减排行动（Regional Greenhouse Gas Initiative，RGGI）、中西部温室气体减排协议（Midwest Greenhouse Gas Reduction Accord，MGGRA）和西部气候协议（Western Climate Initiative，WCI）。

（一）美国区域温室气体减排行动（RGGI）

RGGI 是美国东北部和中大西洋区域 9 个州[④] 合作建立的强制性的、以市场为基础的区域性总量控制与交易型温室气体排放交易体系。该计划主要针对 2005 年后所有装机容量大于或等于 25 兆瓦、化石燃料占 50% 以上的发电企业。[⑤] RGGI 于 2009 年 1 月启动，分为三个阶段：第一阶段

---

①② 董岩：《美国和欧盟碳交易价格的法律规制及其借鉴》，《管理现代化》2011 年第 4 期。

③ 何晶晶：《构建中国碳排放权交易法初探》，《中国软科学》2013 年第 9 期。

④ RGGI 开始于 2003 年，截至 2009 年已经有 9 个州参与到该计划中，其中包括康涅狄格州、特拉华州、缅因州、马萨诸塞州、新罕布什尔州、新泽西州、纽约州、罗德岛和佛蒙特。2007 年马里兰加入，但 2011 年新泽西州退出。因此目前仍然有 9 个州在该体系中。

⑤ 钟锦文、张晓盈：《美国碳排放交易体系的实践与启示》，《经济研究参考》2012 年第 28 期。

（2009~2011 年），减排总量控制目标为 1.88 亿吨二氧化碳。第二阶段
（2012~2014 年），由于新泽西州在该阶段退出交易体系，因此减排总量控制
目标略有下调，为 1.65 亿吨二氧化碳。其中，纽约州、马里兰州和马萨诸
塞州的排放总量目标占 RGGI 减排量的 77.8%。第三阶段（2015~2018 年），
各州的排放总量每年将逐渐减少 2.5%，到 2018 年温室气体排放量要比 2009
年减少 10%，总减排目标将下降至 0.99 亿吨二氧化碳。

和欧盟碳排放权交易市场的配额分配机制不同的是，RGGI 通过拍卖
的方式发放排放权配额，即通过定期举行配额的公开拍卖，由出价最高者
获得排放权配额，且参与者每次购买的配额最多不能超过当次所有拍卖配
额的 25%。但为了避免恶意囤积，拍卖的具体形式为"单一回合、密封投
标、单一价格"。[1]

（二）中西部温室气体减排协议（MGGRA）

MGGRA 是 2007 年 11 月由美国中西部 6 个州和加拿大 1 个省在美国
威斯康星州共同发起成立的。[2] 目前其除了 7 个成员州外，还有 4 个观察
员州（印第安纳州、俄亥俄州、安大略省、南达科他州）。其主要是借鉴
了美国环保署的氮氧化物和二氧化硫交易机制经验与区域温室气体减排行
动（RGGI）的模式规则，涉及企业包括发电、供电企业，交通业，石油、
天然气企业等，其目标是到 2020 年时各成员将碳排放量在 2005 年的基础
上减少 20%，到 2050 年减少 50%。该计划分两个阶段达成目标，第一个
阶段（2007~2020 年）减排目标是温室气体排放量比基准排放量下降
20%；第二个阶段（2021~2050 年）减排目标是比基准排放量下降 80%。

（三）西部气候协议（WCI）

WCI 是 2007 年由美国西部 7 个州和加拿大 4 个省共同发起成立的。[3]
目前该行动计划共有 11 个成员和 15 个观察员共同合作，来推动气候变化
政策的制定和实施。该组织尤其偏好通过市场机制来有效实现减排，各成
员州、省委派代表组成委员会和秘书处执行其日常工作，西部州长协会则
全面负责各项目管理。

---

[1] 王光伟、郑国光：《应对气候变化报告 2012》，社会科学文献出版社 2012 年版。
[2] MGGRA 的参与者包括伊利诺伊州、艾奥瓦州、堪萨斯州、密歇根州、明尼苏达州、威斯康星州
和加拿大的曼尼托巴省。
[3] WCI 的参与者包括美国西部的亚利桑那州、加利福尼亚州、蒙大拿州、犹他州、新墨西哥州、俄
勒冈州、华盛顿州等七个州；加拿大的曼尼托巴省、卑诗省、安大略省和魁北克省。

西部气候协议的减排目标是到 2020 年温室气体排放量比 2005 年降低 15%。这一体系将于 2012 年开始运行，每 3 年为一个履约期，涉及 5 个排放部门：电力、工业、商业、交通以及居民燃料使用。WCI 采用区域限额与交易机制（Cap-and-Trade），确立一个明确的、强制性的温室气体排放上限，然后通过市场机制来确定最符合成本效益的方法来达到这一目标。州或省政府规定一个或几个行业碳排放的绝对总额，可交易的排放额或排放许可限定在该总额内，这些排放额可以通过拍卖或无偿的方式重新进行分配，各州、省或邦政府指定各组织机构提供排放额以中和其碳源。①WCI 特别强调配额是没有产权的，只是政府颁发给企业的排放许可，这些配额可以在二级市场上交易，在某些情况下也可以购买其他地方产生的减排量，但目前不接收来自《京都议定书》模式下的清洁发展机制的减排额，将来可能会允许购买其他同类型的碳排放额产品。

WCI 的加利福尼亚州和魁北克省设立了价格控制储配，从而对碳价格进行干预，确保碳市场正常运行。所谓碳价格控制，是指当企业面临或预期碳价格过高时，可以从政府那里以固定价格购买政府储配的配额，但需要注意的是储配配额只出售给有履约责任的企业。2013~2014 年提供储备的配额比例为 1%，2015~2017 年为 4%，2018~2020 年为 7%，并规定 2013 年的储备配额价格分为三类，即每单位 40 美元、45 美元和 50 美元，每年以 5% 的速度增长，每类的配额数量均等。②

WCI 还通过碳信用抵消等补偿机制鼓励减排。根据 EPA 的价格敏感分析表明，如果国际碳信用不允许被用来进行减排量的抵消，或国内的碳信用抵消量低于 15%，则市场碳价格将上涨 34%；如果国际碳信用和国内碳信用完全不被允许用来抵消减排量，则碳价格会上涨 93%。也就是说，碳补偿机制的建立大大降低了碳市场交易的内部成本。③

四、澳大利亚碳排放交易市场

2011 年清洁能源未来法案（Clean Energy Future Legislation）通过，其

---

①② 嵇欣：《国外碳排放交易体系的价格控制及其借鉴》，《社会科学》2013 年第 12 期。
③ Janet Peace and Timothy Juliani, "The Coming Carbon Market and Its Impact on the American Economy", Policy and Society, vol. 27, 2009, pp. 305-316.

核心是在 2009 年确立的碳污染减排计划（Carbon Pollution Reduction Scheme Bill，CPRSB）上制定的一系列"固定碳价格机制+碳排放权交易"的市场机制。该机制体于 2012 年 7 月启动，2012~2013 年碳价格固定为 23 澳元/吨，并在考虑通货膨胀因素的同时以每年 2.5% 的幅度提高，即 2013~2014 年的价格为 24.15 澳元/吨，2014~2015 年为 25.4 澳元/吨。在固定价格期间，配额不能交易也不能存储更不能上市。国际减排信用单位也不能在该阶段使用用来抵减部分需要缴纳的减排配额，但澳大利亚国内的碳信用单位（ACCUs）可以用来抵消配额或者按当年的固定价格进行交易，但最多不能超过当年需要缴纳配额的 5%。固定碳价格的机制类似于碳税的作用机制。

2015 年后碳价格开始实施弹性制，碳交易体系才正式启动。虽然碳排放权价格将主要由市场交易决定，但为了避免交易价格的剧烈波动和对企业产生过于严重的影响，在市场交易决定价格开始后的前 3 年，排放权价格设有相应的浮动区间，即政府将价格控制在 12~20 澳元/吨的范围内。在碳交易阶段，配额允许被存储，但借用配额最多不得超过当年配额总数量的 5%。国际碳信用和国内碳信用都可以用来进行抵消，但用来抵消的国际碳信用不能超过 2020 年配额限制的 50%。

澳大利亚的碳配额分配方式，充分吸取了欧盟碳交易市场实践中碳价格大起大落、剧烈波动的教训，采取了一种"循序渐进、逐步市场化"的策略。三年固定市场价格，三年设定市场价格浮动区间，最后再过渡到完全由市场决定价格的做法，有利于逐步形成稳定的价格信号和各方参与主体的合理预期，不仅使得企业有足够的时间来调整和适应，还可以有效促进资金和技术等各方资源流向减排领域。

但是，澳大利亚的碳交易机制很大程度上受到执政党变更的影响。随着澳大利亚自由党艾保德（Tony Abbott）执政政府的当权，2014 年 7 月 17 日，澳大利亚的固定碳价格机制已经被废除，即澳大利亚国内参与碳交易市场的 371 家大型企业已经不再需要为每吨碳排放缴纳 25.4 澳元的税金。澳大利亚也成为了世界首个放弃对碳排放征税的国家。

五、韩国碳排放交易市场

2012 年 5 月，韩国提出建立限额交易体系（Cap-and-trade System），

是亚洲第一个提出建立该体系的国家，并通过法案确定于 2015 年 1 月启动碳交易市场建设。根据法案草案，该碳市场将覆盖《京都议定书》中的六种温室气体：二氧化碳、甲烷、氧化亚氮、氢氟碳化物、全氟化碳、六氟化硫。碳市场建设分为三个阶段：第一阶段（2015~2017 年）；第二阶段（2018~2020 年）；第三阶段（2021~2026 年）。该碳市场覆盖了超过 490 个国内大型企业，其年排放总量占韩国全国温室气体排放量的 60% 以上。[①] 韩国碳市场分为强制市场和自愿市场两种。单个排放超过每年 2.5 万吨二氧化碳当量的设施以及有多个装机的超过 12.5 万吨二氧化碳当量的企业要求被纳入强制市场。所有的参与者都被要求提交申请和碳排放清单，以获取排放许可。

韩国配额分配标准根据不同阶段、不同行业和特殊部门不断进行调整，但基本采取了与 EU-ETS 类似的做法。在碳交易试运行的第一阶段，排放配额 100% 免费分配，而第二、第三阶段免费分配的配额量将分别降至 97% 和 90%，配额拍卖机制逐步被引入市场。而能源密集和贸易出口行业可以获得 100% 的免费配额。商业部门的情况较为特殊，只有产品成本或贸易强度增加幅度超过 5%，才可以获得免费配额。在初期的配额拍卖中，政府将预留 25% 的可拍卖配额，以用于调节碳市场价格和为市场的新入者预留。[②] 自国际市场的碳补偿被限制最大抵扣量不得超过总排放量的 10%，碳储备仅允许在阶段年限内使用，为了鼓励企业的积极参与，韩国在碳交易的第一阶段，将对减排结果进行认证，合格者将可以获得 3% 的额外免费配额作为奖励。此外，可以向政府要求将国际上认可的减排信用，在补偿注册系统登记后，转化为排放配额。但碳补偿的运用有一定的限制，它的有效性都要由最高机关的判决来决定。如果排放者没有上交排放配额，或者存在数据欺瞒，会受到 1000 万韩元以下的处罚。追加的罚款费与超额的排放量成正比，但是单价不会超过平均价格的 3 倍。[③]

① Thomson Reuters Point Carbon, "South Korea Approves Carbon –trading Scheme", http: //www. pointcarbon.com/new/1.1852663.

② Presidential Committee on Green Growth, "Framework Aaction on Low Carbon and Green Growth, Act on Emission Trading Scheme", Korea, 2011.

③ 林健：《碳市场发展》，上海交通大学出版社 2013 年版，第 21 页、第 134 页。

六、国际碳排放交易市场发展的启示

总结碳排放权配额分配国际已有的实践和经验（见表 4-5），可以得出以下的启示：

第一，每一种配额分配方式都有各自的优点和缺点，并不存在一种完美无缺的最优分配方法。针对免费配额分配方式，该方法又可以分为三种方式：①按照历史排放量免费分配配额；②按历史产量或者产能分配配额；③按能效标准分配配额。欧盟碳排放权交易的初期采用历史排放量进行免费分配。这种方法被认为是最简单易行的分配方法，且该种方法可以尽可能地降低对欧盟内部企业经济运行的负面影响。但随着机制的演进，单纯根据历史排放进行分配的方式已经被逐步淘汰。按历史产量或产能分配的方式与按历史排放相似，但把指标换成了基准期内若干年的历史产量或产能的平均值。在新西兰的排放交易体系中，工业领域的配额分配采取了该种方法，因此企业获得配额主要取决于三个因素：工业行为的能耗程度（分为高能耗 90% 和中能耗 60%）、产品产量和产品的分配基线。这种方法也简单易行，但由于很多行业中的产品存在严重的差异性，因此收集有可比性的产量数据存在一定难度。此外，和按历史排放分配一样，因为配额与企业能效无关，按历史产量分配无法对企业节能产生正向激励。与前两种免费发放配额的方法相比，按能效标准进行分配的最明显的优势在于能够激励企业提高能效较少排放，企业为了获得更多的排放空间，会更有动力靠近标杆水平。欧盟碳排放体系就是采取了该种方法。在能效标杆的选择上，考虑数据的可获得性，EU-ETS 提供了三种标杆作为分配依据，包括产品标杆（以每单位产品的碳排放为单位）、热能标杆（以每单位热能消耗的碳排放为单位）以及燃料标杆（以单位燃料消耗的碳排放为单位）。但该种方法需要大量可靠的数据，要求政府具有充分获得和分析各个行业或产品数据的能力，以计算出可靠的标杆。[①]

[①] 王光伟、郑国光：《应对气候变化报告 2012》，社会科学文献出版社 2012 年版。

表 4-5 各国碳配额分配方式总结

碳交易	配额分配方式
欧盟 EU-ETS	按历史排放量免费分配（第一阶段）；按能效标准免费分配（各个阶段）
新西兰 NZ-ETS	根据行业的不同，采取混合式的免费分配方式
澳大利亚碳交易	固定碳价格购买+拍卖配额
韩国碳交易	免费配额方式
美国 RGGI	拍卖配额方式

比较免费配额分配方式和有偿拍卖配额分配方式，免费发放配额"祖父法"的主要优点是：配额免费发放很大程度上削弱了排放企业抵制参与交易的意愿，同时也刺激了市场主体参与交易的积极性。此外，由于排放主体所获配额总量以其历史排放水平为基准，可以满足企业以往生产的需求，一般情况下不会对企业的经营带来过大的影响。而且企业如果降低了排放，由于排放权配额作为有价值的可转让凭证，企业还可以出售剩余的配额以获得利润，使得企业能够充分享受排放交易市场所赋予的减排灵活性。免费发放配额"祖父法"的上述优点，使其成为立法者和排放企业在市场设立初期接受程度最高的配额发放方式，可以有效避免在碳市场建立初期对经济发展产生过大的负面影响。但是免费发放配额的"祖父法"在公平和效率方面却存在着严重的缺陷，而且免费发放很容易造成配额数量过多、交易价格过低的情形，使得碳市场的价格信号失真，难以发挥有效配置减排资源的作用。

首先，在免费发放配额的"祖父法"框架下，市场设立初期为鼓励企业参与，采用的是"自下而上"确定配额数量的方法。然而，这种方法很容易产生配额发放过多，难以保证区域减排总量目标的完成，所以其在后期往往需要采用"自上而下"的方法对配额总量额度进行调整。由此，免费发放配额的"祖父法"事实上存在着一定程度的不确定性，交易价格也容易产生较大的波动，并不利于市场各参与者形成稳定的预期。而在拍卖发放配额的方式下，该种分配方法能够更好地基于整体减排目标的考虑，提供一套更为稳定的排放配额发放的政策框架，有利于企业在稳定预期的前提下，合理安排减排行动，从而实现更低成本的减排。其次，免费发放的"祖父法"存在鼓励企业高排放、打击自主减排努力的负面效果，拍卖发放配额的方式则能较好地解决上述问题，在鼓励和引导社会资本流向减排技术的研发和推广方面更具有优势。欧盟的实践表明，一些高排放企业通过所持有的免费配额获取了额外的利润，不仅导致行业内部和行业之间的竞争扭曲，也不利于低排放技术的研发和推广。在"拍卖法"下，配额发放的方法简单、规则清晰、目标明确，更为公平和有效。

与之相比，通过拍卖发放配额更容易激励企业参与的主动性和积极性，因为企业的减排行为可以降低购买排放配额的成本。此外，拍卖发放配额的方式也给予市场新进主体相对公平的市场竞争环境，从而有利于推动最新生产技术的采纳，以提高能源效率和减少排放。政府通过拍卖所获得的收入，可以用来支持不发达地区的减排努力，并鼓励清洁技术的研发和应用。同时，拍卖收入亦可补贴那些参与国际竞争的排放密集型出口企业，或者用于弥补低收入家庭因能源价格上涨所带来的额外支出。从"美国区域温室气体减排行动"的实践来看，拍卖所形成的价格较为有效地反映了市场参与主体对于排放配额的需求程度；更为关键的是，它向市场主体提供了排放的成本信号，为引导减排资源的优化配置发挥了重要的作用。而且，配额拍卖所得收入被用于提升能源效率，鼓励可再生能源的使用，并补贴低收入群体的额外能源消费支出，促进了能源生产和能源消费环节的共同减排。

总体而言，配额拍卖发放的方法在公平和效率方面，相比于免费发放的"祖父法"，都有明显的改善。然而配额拍卖发放也存在着不可忽视的问题。由于不同行业和企业的排放总额和减排潜力存在着巨大的差异，如果覆盖所有行业进行配额拍卖，将可能会导致行业和企业间的不公平状况。例如：资金雄厚的强势行业或者大型企业可能通过竞拍垄断配额交易市场，使得弱势行业或中小型企业在配额拍卖中处于不利地位。因此，覆盖多种行业进行配额拍卖的排放交易市场，在市场设立初期需要对市场各参与主体排放总量和减排潜力有所了解，并设置相应的措施以预防强势行业或企业在拍卖市场的垄断行为。一个可以考虑的举措是，在市场设立的初期及以后的一段时间内，配额的拍卖可以作为免费发放"祖父法"的一种补充，分行业分阶段逐步引入以实现配额的合理分配。

第二，每个开展碳交易的国家或地区，必须根据自身的实际条件和政策意图，选择和创新适合自己的配额分配方式。由于在现实条件下，每一种配额分配方法都有各自的优劣，显然也不可能存在一种"放之四海而皆准"、适合于各个国家和地区的最优配额分配方式。每个尝试碳交易的国家或地区，都必须从自身的发展阶段、资源禀赋、经济结构、重点产业等实际情况出发，再结合未来的发展战略和政策取向，从而选择一种更为适合自己的配额分配方式，而且常常还需要对已有的配额分配方式进行调整和创新，以更为符合自身的实际和需要。

第三，开展碳交易的根本目的是利用市场来优化配置资源，不同国家和地区对配额分配方式的选择都紧紧围绕上述目的。尽管在现实中并不存在一种十全十美的配额分配方式，但不同地区在选择配额分配方式时所依据的目标和原则依然是十分清晰和明确的，即要充分利用市场的作用来降低自身减排的成本、优化减排资源的配置。因此，配额方式的选择和政策措施的制定，都应该用这个标准来加以衡量和检验，在这个根本目标和原则下来综合考虑各种现实的制约条件。第一步是要建立起市场，此时配额分配的可接受性和可操作性就是十分重要的考虑因素。第二步在市场运行时，要能够形成相对稳定、有效的价格信号，就要求在配额发放时考虑到公平和效率，以及如何保证市场稳定性和流动性。不同的配额分配方式，在不同方面的表现各有优劣，各地区应根据自身的实际需要在不同方面有所侧重、有所平衡，从而选择并创新合理的配额分配方式，以达到利用市场降低减排成本和优化配置减排资源的根本目标。①

第四节　我国碳市场发展现状及问题

根据《京都议定书》的规定，我国作为发展中国家，暂不承担强制减排义务，目前以清洁发展机制项目（CDM）的开展参与国际碳交易市场。近年来我国 CDM 项目发展迅速，在国际碳排放交易中，我国是开展 CDM 项目最多的国家，占全球 CDM 市场份额近 50% 以上。对中国而言，碳交易及其衍生品市场的发展前景广阔。据世界银行测算，全球二氧化碳交易需求量超过 2 亿吨。发达国家在 2012 年要完成 50 亿吨温室气体的减排目标，其中一半要以 CDM 的形式实现。因此，CDM 市场在中国具有巨大发展潜力。

---

① 宣晓伟、张浩：《碳排放权配额分配的国际经验及对国内碳交易试点的启示》，《中国人口·资源与环境》2013 年第 3 期。

但在中国碳交易市场上，由于缺乏成熟的碳交易制度、交易标准以及统一有效的交易平台和成熟的金融中介等，中国的碳市场尚处于起步阶段，且 CDM 交易一直处于交易链的底端。具体特征包括：①我国 CDM 项目对可持续发展的贡献效率有待提高。中国政府已批准的 CDM 项目中，节能和提高能效类项目等比例较少，仅为 18%，其中提高能源效率的项目仅为 0.2%。①而印度的节能减排项目已占其 CDM 项目的 24%，其中提高能源效率的项目则达到 8.9%。②中国境内 CDM 项目激增，但难以获得碳市场交易"入场券"。截至 2010 年 3 月，中国政府批准的 CDM 项目为 2411 个，但获得联合国注册的项目仅为 758 个，占项目总数的 31%；获得 CER 签发的项目仅为 210 个，占项目总数的 8.7%。从 CDM 项目种类看，2008 年我国的新能源项目注册率仅为 34%；节能和提高能效类项目通过率仅为 17%。从 CDM 项目的签发流程看，由于我国 CDM 项目总量和规模普遍较大，项目数量持续增长，且主要分散在各个区域和行业，减排企业与境外买方直接谈判居多，项目交易的信息透明度也不够，这些因素导致我国的 CDM 项目审核的周期普遍较长，或者成交价格与国际市场价格差距较大，企业在碳交易谈判中处于弱势地位。③我国 CDM 项目技术转让水平也相对较低。目前我国已经批准的 2000 多个 CDM 项目中绝大部分集中在水电、风电、余热发电、沼气、煤层气等资源利用型领域，而减排难度大、对技术要求高的领域却涉及很少。其中，CDM 项目中的技术转让率（有技术转让的项目占 CDM 项目总数的比例）仅为 40%。②④中国 CER 价格偏低，项目交易规模较小。尽管我国 CDM 一级市场活跃，但我国 CDM 项目规模较小，且我国 CDM 市场的交易价格远远低于国际市场价格，以中欧碳交易价格作为比较，我国碳交易的价格低于 10 欧元/吨，而欧洲 CDM 市场交易价格为 25~30 欧元/吨。可见，虽然我国作为最大的 CDM 供应国，却没有建立国内相应的碳交易市场。

---

① 中国—欧盟清洁发展机制促进项目执行委员会：《中国 CDM 项目中的技术转让》，http：//www.euchina-cdm.org/cn/media/docs/EU-China，2011 年。

② Stephen Seres, Erik Haites and Kevin Murphy, "Analysis of Technology Transfer in CDM Projects: An Update", Energy Policy, Vol. 37, 2009, pp. 4919-4926.

表 4-6 我国碳排放交易体系制度

	排放主体范围	分配方式	分配基准	配额是否可以留存与借用	是否引入抵消机制	是否明确处罚机制
北京	2009~2011 年年均直接或间接二氧化碳排放总量 1 万吨以上的固定设施排放企业（单位），共 600 家	免费发放	"祖父原则"	可以留存，但不可以借用	是	有
天津	钢铁、化工、电力、热力、石化、油气开采等重点排放行业和民用建筑领域 2009 年以来排放二氧化碳 2 万吨以上的企业，共 100 多家	全部免费发放	"祖父原则"	—	是，但不超过 10%	
上海	钢铁、化工、电力等工业行业，以及宾馆、港口、机场、航空等非工业行业年碳排放量 1 万吨以上企业，共 191 家	全部免费发放	"祖父原则"与基准线原则相结合	可以留存，但不可以借用	是，但不超过 20%	有
深圳	年排放总量 5000 吨二氧化碳以上的企事业单位；建筑面积 20000 平方米以上的大型公共建筑和 10000 平方米以上的国家机关办公楼；自愿加入的主体等，共 635 家工业企业和 197 家大型公共建筑	免费发放+拍卖	"祖父原则"与基准线原则相结合	可以	是，但不超过 10%	有
湖北	2010~2011 年中任何一年综合能源消费量 6 万吨标准煤及以上的重点企业；合法拥有经核证的自愿减排量的法人机构，共 107 家	全部免费发放	"祖父原则"	可以留存	—	—
广州	电力、水泥、钢铁、陶瓷、石化、纺织、有色、塑料、造纸等工业行业中 2011~2014 年任一年排放 2 万吨二氧化碳（或综合能源消费量 1 万吨标准煤）及以上的企业，共 242 家	免费发放（97%）+拍卖（3%）	"祖父原则"与基准线原则相结合	可以留存，但不可以借用	是	—

续表

	排放主体范围	分配方式	分配基准	配额是否可以留存与借用	是否引入抵消机制	是否明确处罚机制
重庆	2008~2012 年中任意一年排放量达到 2 万吨二氧化碳的工业企业，共200 家	全部免费发放	"祖父原则"	可以留存	—	—

注：1. 相关资料更新截至 2014 年 5 月。
　　2. "—"表示尚无明确相关规定。

近年来，我国已经认识到市场机制的重要性，并积极出台支持碳排放权交易市场建设的相关政策。2010 年 10 月在《关于加快培育和发展战略性新兴产业的决定》中提出"建立和完善主要污染物和碳排放交易制度"，并在《关于制定国民经济和社会发展第十二个五年规划的建议》中提出"建立完善温室气体排放和节能减排统计监测制度，加快低碳技术研发和利用，逐步建立碳排放交易市场"；2011 年 11 月，在《中国应对气候变化的政策与行动（2011）》中明确提出"通过规范自愿减排交易和排放权交易试点，完善碳排放交易价格形成机制，逐步建立跨省区的碳排放交易体系"。随后，国家发展改革委办公厅下发了《关于开展碳排放权交易试点工作的通知》，将北京市、天津市、上海市、重庆市、湖北省、广东省及深圳市 7 个省市确立为我国碳排放权交易的试点区域。2012 年 12 月，中共十八大报告明确提出"积极开展碳排放权、排污权、水权交易试点"。2013 年 5 月，国务院批转国家发改委《关于 2013 年深化经济体制改革重点工作的意见》中涉及：深入推进排污权、碳排放权交易试点，研究建立全国排污权、碳排放交易市场。"十二五"规划、"十二五"控制温室气体排放工作方案都提出要"建立完善温室气体排放统计核算制度，逐步建立碳排放权交易市场"。

从实践层面看，近年来，全国各地出现建设环境交易所的热潮，如2008 年，上海、北京、天津首先建立环境（排放权）交易所，随后各省市的环境交易所如雨后春笋般涌现，深圳碳排放交易所、广州环境资源交易所、大连环境交易所、湖北环境资源交易所等也陆续成立。目前我国已经成立的环境交易所有 100 家左右。这些交易所积极开展 CDM 项目减排量交易与咨询服务、自愿减排 VER 交易等，如 2008 年天平汽车保险股份有限公司在北京环境交易所购买奥运期间北京绿色出行活动产生的 8026 吨碳减排指标；2010年上海环境能源交易所建设一个专门以服务于上海世博会为目的的自愿减排平台等。但由于企业自发的自愿减排交易的市场规模较小，对投资者没有吸引力，无法形成金融化资产。此外，尽管环境交易所的建设速度较快，但场内的实际市场交易却十分冷清，主要原因是强制性减排并没有和市场机制结合起来，目前没有相关政策对企业的碳排放量加以强制约束，市场中的交易大多数是自愿交易。[①] 而交易数量最多的CDM又多为场外交易，环境交易所主要的功能只是提供项目的设计和包装、投资策划以及各类资本运营、技术与信息服务。[②] 可见，尽管环境交易所在全国遍地开发，但"有所无市"，由于碳交易市场体系的基础条件尚未成熟，系统的碳交易鲜有发生。[③]

目前，我国7个碳排放权交易试点分别建立了自己的交易制度和核算体系，而且也确定了本区域碳排放的总量和相应的分配机制。这些机制的探索和实践对未来建立全国碳交易市场具有积极的意义。从7个碳排放权交易试点的制度建设特征来看，它们也有很多相似之处：

（1）强制减排的主体范围。什么类型的经济主体拥有碳资源的排放权利，是碳市场交易体系必须首先界定的问题。理论上讲，减排是每一个企业的责任，但从执行的角度讲，任何一个国家都不可能将所有行业和企业同时纳入碳市场的交易范围。基于碳市场设计的目的是有效降低排放，交易主体一般主要限制为能源密集型的排放行业。[④] 我国7个碳排放权交易试点都将强制减排的主体设定在区域主要排放企业的身上，其中包括电力、水泥、钢铁、石化、热力、航空以及民用建筑等排放企业。这些主要"控排企业"的年消费总量都占区域总消费量的40%以上，且被纳入的企业数量较大。如北京的碳排放交易涵盖发电、制造和大型建筑行业的490家企业。2013年，参与企业获得的配额相当于其2009~2011年平均排放量的98%~100%。上海的碳排放交易覆盖发电、制造、航空、港口、商业楼宇等191家企业，2013年二氧化碳排放限额为1.6亿吨。深圳碳排放交易

① 刘承智等：《推进我国碳排放交易市场发展的对策》，《经济纵横》2013年第12期。
② 林健：《碳市场发展》，上海交通大学出版社2013年版，第21页、第134页。
③ 刘婧：《我国节能与低碳的交易市场机制研究》，复旦大学出版社2010年版，第79页。
④ 尹敬东、周兵：《碳交易机制与中国碳交易模式建设的思考》，《南京财经大学学报》2010年第2期。

涉及 635 家企业和 197 座公共建筑，涵盖所有经济部门。[①] 广东在碳排放权交易试点初期首选电力、钢铁、石化和水泥四大行业，主要是因为四大行业的 202 家控排企业 2010 年碳排放占全省总排放的 50%以上，同时这些企业的碳排放数据基础较好，行业减排潜力大、行业间减排成本差异大，有利于形成交易。根据《广东省碳排放权交易试点工作实施方案》，2014 年底前还要逐步将陶瓷、纺织、有色、塑料、造纸等行业，以及建筑和交通运输领域的重点企业纳入碳排放管理和交易范围。

7 个地区的排放主体最主要的不同在于，纳入碳排放交易的主体的标准不同。北京为 2009~2011 年任何一年的年碳排放总量的规模为 1 万吨，天津为 2 万吨，湖北为 2010~2011 年任何一年的碳排放总量规模达 6 万吨，广东为 2011~2014 年任一年排放量达 2 万吨，深圳为 5000 吨。此外，深圳还将建筑面积达到 2 万平方米以上的大型公共建筑物和 1 万平方米以上的国家机关办公建筑物也纳入配额管理的范围。另外，深圳也是三地中唯一将年碳排放总量 3000 吨以上但不足 5000 吨二氧化碳当量的企事业单位和主管部门规定的特定区域内的企事业单位或者建筑物规定为准控排单位的。上海为钢铁、石化、化工、有色、电力、建材、纺织、造纸、橡胶、化纤等工业行业 2010~2011 年中任何一年二氧化碳排放量 2 万吨及以上（包括直接排放和间接排放，下同）的重点排放企业，以及航空、港口、机场、铁路、商业、宾馆、金融等非工业行业 2010~2011 年中任何一年二氧化碳排放量 1 万吨及以上的重点排放企业。

综上所述，我国碳排放权交易的试点地区都是希望通过碳交易降低整个区域的碳排放量，则控排的主要覆盖在相应减排潜力较大、减排成本相对较低的行业，如电力、化石、工业等能源密集型产业。随着碳交易的逐步完善，减排将需要扩展到减排成本较高的行业，因此，碳交易机制的相关配套激励机制需要随着碳交易市场的逐步发展而尽快完善，从而减轻企业和区域经济的发展负担。从控排企业的"准入门槛"看，试点区域主要以企业的排放量为依据。这样的机制设计有一个优势，在于政府避免了监管数量众多但减排量不大的小型企业，而小型企业也不需要为参与交易付出较多的单位交易成本。从试点的经验来看，限制参与企业的规模是碳排

---

① 中国城市燃气协会分布式能源专委会：《碳排放交易之"中国式定制"——浅析试点三地碳排放交易情况》，http://www.shjn.cn/index.php?mode=descr&id=1397705998page，2014 年 4 月 7 日。

放权交易市场建立初期有效运行的方法。

（2）碳交易配额分配机制。首先要明确设置国家的碳排放总量，然后排放配额以自上而下的方式分配给各个地区、行业以及重点企业，从而赋予碳资产的稀缺性和碳交易的合法性。这里面就涉及了两个问题，一是减排的总量控制是多少，二是如何公平分配碳排放额度。碳排放额度的公平分配对碳交易市场的良好运行至关重要。我国7个碳排放权交易试点中，除了上海提出基准线法和历史排放法相结合的衡量办法，其他地区都借鉴欧盟温室气体排放交易市场的配额发放机制，即在碳排放权交易的初期以免费发放为主、拍卖发放为辅的方法。在免费发放的分配机制中，分配基准主要根据"祖父原则"，即将过去某年设定为基准年，根据经济实体在基准年排放水平对排放配额按比例进行分配。如深圳碳排放整个交易体系建设以碳强度下降为目标，即单位工业增加值碳排放量，也就是企业碳排放量除以单位增加值。该指标反映了企业生产技术水平的高低。按照计划，到2015年，这些企业平均碳强度将比2010年下降32%。企业获得免费配额额度由下一年预计经济产出决定。若不能达到政府设定的基准，就必须在市场上购买排放许可。按照深圳试点规则，企业每年最多可以出售配额的10%。上海试点阶段，企业2013~2015年各年度碳排放配额全部实行免费发放。2013~2015年的配额是基于2009~2011年的排放量制定的。上海大部分行业将按"祖父法"分配配额，而对部分有条件的行业，将按"行业基准线法则"分配配额。纳入配额管理的单位可使用一定比例的国家核证自愿减排量（CCER）履行清缴义务，不得超过额度的5%。在《碳排放交易风险控制管理办法》中还设置了配额最大持有量制度，除了对年度初始配额不同的会员和客户进行了分梯级的最大持有量限制外，对未通过分配取得配额的会员和客户也设置了不超过300万吨的最大持有量。①

（3）碳排放权交易方式。国际较成熟的碳市场是绝对量碳交易市场，但由于目前我国仍处于工业化发展的初级阶段，化石燃料是工业生产和经济发展的主要能源，因此，碳排放的大量增加也是不可避免的，因此，我国的碳交易是一种相对量减排的交易市场，即以减少单位国内生产总值的

---

① 中国城市燃气协会分布式能源专委会：《碳排放交易之"中国式定制"——浅析试点三地碳排放交易情况》，http://www.shjn.cn/index.php?mode=descr&id=1397705998page，2014年4月7日。

二氧化碳为目标的强度减排。这种基于碳强度的碳交易机制如何确保有效的监管体制来保证交易的公平性、如何保证降低交易成本、如何发展完善统一的碳交易体系等一系列的问题决定了碳交易对减排的激励效用。我国初期的碳排放交易主要依托于行政手段的干预，采取国家和地方职责分配的方式，由国家负责排放总量的控制，同时授予地方政府在地方排放配额管理方面的权利。排放额度的分配采取自上而下的方式，即由国家依据总量减排目标来划分，将碳排放初始分配的额度分发给各地区或各省，再由各地方政府按照区域或者行业划分下发到各级。碳排放配额的市场交易方面，我国也积极进行尝试。排放企业根据其所在地区、所属行业的排放配额、企业的历史排放与预计的未来排放，就企业排放配额提交申请，由地区和国家环保行政机构或第三方机构进行审核，综合考虑并分析后发放到区域或者行业企业。按照规定完成碳排放减排目标的企业可继续申请下一年度的排放配额，超过排放配额的单位将按照各试点相应的规则接受处罚，实际排放量低于其拥有的排放配额的企业则可以将剩余排放额进行有偿转让，获取相应的收益，超额排放的处罚收费由地方执行。

由于目前我国的碳交易机制尚不成熟，碳交易需要政府运用政策杠杆进行推动并维持有序的市场运行秩序。7个试点地区在碳市场发展的制度创新方面都进行了积极的努力。一方面，为了促进减排成本合理下降，引导碳排放交易市场良性发展，北京、天津、上海和深圳4个区域制定了"配额抵消"机制，明确指出可以用CCER进行碳信用抵消。抵消机制是影响碳交易市场供给量和碳价的重要补充机制，其规模和范围的制定也影响着强制减排主体之外的企业在碳交易市场的参与程度。深圳碳排放权交易管理暂行办法中规定核证自愿减排量的最高抵消比例不得高于控排单位年度碳排放量的10%。而北京不但规定为5%，并规定了本市辖区内项目获得的核证自愿减排量必须达到50%以上，以及来源于重点排放单位和参与单位的固定设施化石燃料燃烧、工业生产过程和制造业协同废弃物处理以及电力消耗所产生的核证自愿减排量，不得用于抵消等限制条件。[①] 天津规定采用核证资源减排量进行抵消的比例不得超过年度排放量的10%。即"补充机制"。

---

① 中国城市燃气协会分布式能源专委会：《碳排放交易之"中国式定制"——浅析试点三地碳排放交易情况》，http://www.shjn.cn/index.php?mode=descr&id=1397705998page，2014年4月7日。

另一方面，在促进碳市场交易的同时，我国碳交易试点区域注重市场秩序的维护和风险防范。如深圳和北京在管理办法中同时对配额价格采取了保护（预警）机制，即当交易价格出现异常波动时，主管部门通过从市场回购配额，来抑制价格下跌。不同的是，深圳还提出了另外一种与保护机制相反的概念——市场调节储备配额。即将年额度配额总量的2%作为市场调节储备配额以固定价格出售给控排单位，以增加市场供给、抑制价格快速上涨，这可谓是深圳管理办法中的又一亮点。[①] 相比深圳和北京，上海的管理办法更为完善，建立了涨跌幅限制制度、配额最大持有量限制制度以及大户报告制度、风险警示制度、风险准备金制度等一系列风险防范措施。而重庆则对参与企业卖出配额进行了限制，卖出的配额数量不得超过其所获年度配额的50%。不过，通过交易获得的配额和储存的配额不受此限。

　　但可以看出，目前我国碳交易的约束机制仍需要进一步完善。7个碳交易试点区域中仅有深圳和上海明确提出了对未能完成减排任务的"控排企业"给予追究责任。上海规定，对于纳入配额管理的单位虚报、瞒报或者拒绝履行报告义务的，要责令限期改正，逾期未改正的，处以1万元以上3万元以下的罚款；对于在第三方机构开展核查工作时提供虚假、不实的文件资料，或者隐瞒重要信息的，上海规定责令限期改正，逾期未改正的，处以1万元以上3万元以下的罚款，无理抗拒、阻碍第三方机构开展核查工作的，处以3万元以上5万元以下的罚款。深圳对逾期未改正的处以1万~5万元的罚款，情节严重的处以5万~10万元的罚款；对于未按照规定履行配额清缴义务的，上海责令履行配额清缴义务，并可处以5万元以上10万元以下罚款。深圳管理办法对未在规定时间内提交足额配额的，由主管部门从其登记账户中强制扣除；不足部分由主管部门从其下一年度配额中直接扣除，并处以超额排放量乘以当月之前连续六个月碳排放权交易市场配额平均价格三倍的罚款。碳排放权交易市场连续运行不满六个月的，按照六个月计算。

　　将国际碳排放权交易经验和当前我国试点地区的碳排放权交易实践进行比较，可获得以下几方面的启示：

　　第一，对于发展中国家而言，平衡经济增长与低碳转型之间的关系仍

---

① 嵇欣：《国外碳排放交易体系的价格控制及其借鉴》，《社会科学》2013年第12期。

是首要任务。中国目前尚处于飞速发展阶段，随着国民经济的发展和工业化水平的不断加深，能源使用和碳排放总量的增加是不可避免的，低碳转型难度大。在这种情况下，我国各试点地区在碳排放权交易市场运行初期，可选择一个或者几个较为适合的行业开始"试水"。作为同样是发展中国家的印度在实行碳减排时，没有将所有的行业都囊括其中，而是有选择性地挑选了9个行业。一方面可以保证其减排目标的实现，另一方面不会对整个国家经济造成太大的影响。中国在制定碳交易机制时，也应该根据国内各行业的实际发展状况，选择某些行业先进行试点，并针对不同行业，实行不同的标准，并在有利于满足国内需要的同时逐步提高减排效率。

尽管试点初期运行适合选择减排潜力大、成本低的部分行业参与，但碳交易市场的参与者应该是多方面的，不仅包括国有大型企业，还应该覆盖个人和私营企业、中小型企业，从而带来多样化的碳融资渠道。因此，在我国碳交易市场建设的初级阶段，为保证政策实施的有效性以及可行性，应先对较大型企业进行试点，待其不断发展完善后，再引导中小企业以及个人的参与，从而促进碳交易市场的多样化构建。

第二，配额分配方案的合理制定是碳交易市场运行的关键。由于碳交易涉及面广、牵扯各方主体、利益关系复杂且影响深远，碳配额分配方式更是整个碳交易试点关键中的关键。不同的配额方式都有自身的优劣，因此试点地区都要从实际情况和政策取向出发，选择和创新一种适合自身需要的配额方式。此外，合理确定碳配额总量和分配方案，需要依托在一系列的基础数据上，其中包括相关行业和企业的排放数据、技术水平、减排潜力、未来增长需求等方面的情况。但目前，由于碳排放统计体系建设的滞后和基础数据的缺失，各试点地区在确定排放配额分配的过程中仍缺乏有效的数据依据，因此配额分配的公开、公平和公正成为未来我国碳排放权交易市场发展的一个难题。

第三，从立法角度看，碳交易试点的管理办法主要以"地方性法规"或"政府规章"的形式予以颁布实施。问题是，地方法规立法难度较大，政府规章在设置行政处罚方面的权限相对有限。在这种情况下，如何确保交易机制对纳入企业的约束力和强制性，能否赋予政府管理部门相关的其他行政手段以解决企业约束力的问题，仍需要进一步研究。同时，电力企业排放量大且数据相对容易获取，通常被认为是纳入碳交易的理想行业，但中国电力企业在电价问题上缺乏自主权，难以将碳交易带来的增量成本通过电价向下游转嫁，这可能会影响电企参加碳交易的积极性。另外，参与地方碳交易试点的重点企业，有相当一部分是中央企业。这些中央企业既受到国资委归口管理，同时也受地方政府属地管辖，因此各试点在央企设定配额总量时，需要考虑到这种特殊情况。[1]

目前，许多试点地区主要由发改部门来具体牵头操作配额分配方案的制定和实施。发改部门作为宏观协调部门，无疑是合适的机构，然而碳交易的推行涉及各个方面，影响着本地区经济社会整体的未来发展，应由试点地区的城市领导者来进行因地制宜的制度选择，才能切实推进配额分配方式的合理制定和实施。

① 王光伟、郑国光等：《应对气候变化报告——气候融资与低碳发展》，载钱国强 、金琳：《中国碳交易市场建设进展与展望》，社会科学文献出版社 2012 年版，第 78-112 页。

第五章 公众自治域的低碳集体行为激励问题

奥尔森（1995）认为在一个大集团中，即使成员是理性的和追求自我利益的，且所有成员在实现了共同目标后都能获利，也不能保证各成员会共同采取行动以实现共同目标。显然，企业和公众的集体行动困境是低碳治理中内生交易费用产生的主要根源。其中，公众的减碳动力是有限的，但公众却又是气候恶化的直接受害者，对气候灾害具有一定的敏感性，因此，公众的集体减碳行动具有天生的内生机制，但需要外部力量的引导和激励才能形成。否则就会出现集体行动悖论和"公地悲剧"。如尽管频繁的雾霾天气下，公众对环境的诉求激增，但依然很难在"为减少污染而少开车"上形成集体行动。与公众的低碳集体行为相比，由企业组成的减碳集体，特别是其中占据较大减排份额的企业行动对整体的减排效果会产生较大影响。但企业作为"理性经济人"，不会主动寻求外部成本的内部化，因此减排的强制性命令、外部监督和激励机制对于企业的集体行动是不可或缺的。可见，多维利益相关者的集体低碳行动不仅是我国低碳发展的阶段性要求，也是提高低碳政策规制效率的关键。

但目前我国低碳发展的集体行动面临挑战。社会—技术系统的哪些因素约束了低碳集体行动？政府政策供给如何有效破解集体行动困境，并激励低碳发展中集体行动的内在动机？这正是本部分研究的重要研究目的之一。目前基于集体行动理论的激励政策设计和评估还不多见。本书拟基于集体行动理论对集体低碳行动的困境进行分析（相关者行为博弈分析）。

第一节　政策规制下的集体低碳行动困境

目前，我国的低碳发展有着较为显著的政府主导特征。近年来，中央政府和各地方大力推进节能减排，围绕节能降耗出台了一系列公共政策，分别从新能源开发与利用、产业节能、发展节能服务业以及区域碳交易市场的构建等多方面进行制度供给。从公共政策导向性可以看出，政府越来越重视运用经济、行政和市场等手段，激励企业主体的碳责任和公众的广泛参与，即市场型治理形态呈现发展趋势。城市低碳治理越来越强调政府、市场和公民之间的三角互动关系。但是，我国政府的规制政策供给对于改善社会公众的低碳消费理念仍然缺乏成效，公众的低碳集体行动遭遇激励困境。

从公民的视角看，尽管政府与市民在公共治理中存在广泛的利益共容性，但由于政府治理能力限制和信息的不对称，政府和市民在低碳治理中也存在利益相悖的冲突。气候对城市环境的影响与市民生活息息相关，但在短期内并不会产生显著变化，因此，市民更关注收入、就业等短期个人利益。如果减排项目符合当地存在的环保问题（如大气污染、垃圾、水污染等），则作为收益人的市民会大力支持；如果减排项目的实施需要市民做出牺牲（如拆迁征地、建筑整治工程等），则作为受影响群体会表现出顾虑，甚至不合作态度。如迎世博期间，上海开展居住建筑整治工程，根据《上海市迎世博加强市容环境建设和管理 600 天行动建筑整治管理实施办法》，治理资金按照"业主出资 40%，市政补贴 30%，区、县财政补贴 30%"的比例筹借，但居民表现出抵触情绪，居民应承担部分资金不能到位[①]。

2001~2008 年，我国居民生活领域的能耗保持快速增长。尽管生活领域能耗占总能耗的比重变化不大，维持在 13%，但其绝对增长率保持在较高水平。2001~2004 年，我国生活领域相关能耗的增长率仅次于工业能耗

---

① 张仲礼、周冯琦：《上海资源环境发展报告：低碳城市》，载刘新宇：《低碳生活全民化的思考与启迪》，社会科学文献出版社 2010 年版，第 255 页。

的增长速度，2003 年的年增长率达到 15.31%。2005~2008 年，尽管生活领域能耗增速明显减缓，但与其他领域的减缓幅度相比，生活领域的能耗增速甚至超过工业能耗的增速，成为我国增长最快的能源消耗领域。和居民生活密切相关的批发、零售业和餐饮业的碳排放增速自 2008 年以来居第三位，仅次于工业增长速度（见图 5-1）。此外，除了与居民生活相关领域的能耗增幅较大外，居民出行的交通能耗也有明显的增长，2004 年，交通领域的能耗甚至达到 17.89%，超过工业能耗增幅的 16.27%。"十一五"期间，我国的节能降耗重点放在工业生产领域，且成效显著。以上海为例，"十一五"期间，上海单位 GDP 能耗与 2005 年相比下降 21.98%，农林牧等第一产业下降幅度最大，为 33.64%，第二产业下降 22.88%，第三产业下降 14.29%。但值得关注的是，交通领域能耗和生活能耗呈现加大幅度的增长态势。2010 年上海交通能耗比基准年 2005 年增长 27.57%，生活用能增长 53.25%，是两个唯一保持增长的能耗领域（见表 5-1）。可见，随着我国经济的快速发展和居民生活水平的提高，居民生活的能源消费逐渐成为我国的主要能耗领域。城市生活的低碳化是实现我国低碳发展的关键途径之一。

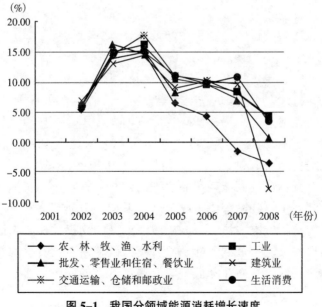

图 5-1　我国分领域能源消耗增长速度

表 5-1　上海市单位 GDP 能耗等指标

指标	计量单位	2005 年	2007 年	2008 年	2009 年	2010 年	与 2005 年基数比较（%）
单位 GDP 能耗	吨标准煤/万元	0.91	0.83	0.80	0.73	0.71	−21.98
单位 GDP 电耗	千瓦时/万元	1006.10	914.19	884.13	808.49	826.20	−17.88
规模以上单位工业增加值能耗	吨标准煤/万元	1.28	1.01	0.96	0.96	0.94	−26.56
第一产业单位增加值能耗	吨标准煤/万元	1.07	0.82	0.82	0.67	0.71	−33.64
第二产业单位增加值能耗	吨标准煤/万元	1.18	1.05	1.00	0.98	0.91	−22.88
工业单位增加值能耗	吨标准煤/万元	1.24	1.09	1.03	1.03	0.95	−23.39
建筑单位增加值能耗	吨标准煤/万元	0.52	0.49	0.47	0.44	0.42	−19.23
第三产业单位增加值能耗	吨标准煤/万元	0.49	0.49	0.49	0.42	0.42	−14.29
交通运输、仓储和邮政	吨标准煤/万元	2.43	2.60	2.72	3.23	3.10	27.57
批发和零售业、住宿和餐饮业	吨标准煤/万元	0.42	0.42	0.35	0.22	0.19	−54.76
生活用能	万吨标准煤	657.28	821.67	927.91	949.60	1007.30	53.25

资料来源：上海市统计局、上海市发展和改革委员会、上海市经济和信息化委员会发布的 2005~2010 年上海市单位 GDP 能耗等指标公报。

　　近年来，我国政府出台多项政策法规，试图通过能效标识、补贴等手段来促进生产环节的低碳产品生产和低碳技术的市场扩散，进而牵制消费环节的高碳产品购买和使用。[1] 如 1998 年建立的节能产品认证制度、2004 年建立的能效标识制度、2008 年颁布的《民用建筑节能条例》和《公共机构节能条例》、2009 年颁布的《废弃电器电子产品回收处理管理条例》等。这些法规条例在促进居民选择低碳生活方面发挥了重要作用，但同时也存在激励困境：第一，当电器、房地产等市场尚未建立完善的能效标识制度，或居民对能效标识缺乏认识和信任时，由于居民关注自身短期利益，他们更愿意对低价格的高能耗产品表现出购买偏好；第二，尽管政府给予节能产品税收减免、补贴等优惠政策，降低购买节能产品的成本，但由于我国自然资源价格低廉，消费者购买节能产品的支出往往高于能源消耗的成本，即出现"节能不节钱"的现象，使低碳补贴对消费者的购买偏好失去效用；第三，政府补贴在降低了节能产品价格的同时，会增加消费者对

---

① 冯周卓、袁宝龙：《城市生活方式低碳化的困境与政策引导》，《上海城市管理》2010 年第 4 期。

节能产品的消费频率，导致能源消费总量没有下降，在日益奢华的消费习惯驱动下，甚至可能导致更严重的能源消耗。因此，低碳消费的间接规制政策对引导居民树立低碳化的消费理念并没有发挥应有的作用。

此外，长期以来，我国城市污染控制和节能降耗主要依靠政府的推动，公民处于被动环境行动地位，导致其环境主体意识薄弱。2010 年，万瑞数据联合北京网络媒体协会进行的《网民低碳生活调查报告》显示，97.8%的网民认为"低碳"与我们的生活息息相关，并且 94.2%的网民认为应该倡导并开始"低碳经济"与"低碳生活"；但仅有 10.5%的网民能够准确认知"低碳"概念，绝大多数网民存在"低碳"理解误区。此外，调查问卷显示，在节水、节电等生活习惯方面，网民有意愿进行低碳实践的倾向较高，但在交通、办公纸张浪费、垃圾分类处理等方面的低碳实践与低碳认知存在较大差异。导致我国公众"知而不为"的主要因素是对公众低碳行动和环境保护行为缺乏补偿机制保障。一方面是对消费高能耗和高污染的产品缺乏税收等惩罚性约束措施，另一方面是对履行节能责任和环境保护的居民行动缺乏生态环境成本补偿，从而导致城市可持续发展的"公地悲剧"存在。

综上所述，城市治理主体的环境行为均从自身利益出发，低碳城市治理的模式选择也正是主体行为之间进行多重理性博弈的结果。要促进多元主体参与低碳城市治理，形成科层政府政策规制、低碳信息导向、市场工具激励和公众自治的互动模式，需要制度创新，特别是注重不同政策的协同作用。针对我国城市治理主体之间存在的利益矛盾，政府公共政策的供给应该注重从生产节能激励向消费节能激励转变；对企业的激励政策应注重"罚赏并重"，注重对节能技术的激励而非单纯的产品生产激励；对公众的激励政策注重发挥价格杠杆对公众购买的激励和信息导向对公众低碳消费理念的培养。

第二节　关于低碳行动的问卷调查分析：以上海居民为样本

从 2012 年 5 月至 2012 年 9 月，本研究采用问卷调查的方式对上海徐汇区、浦东区、闵行区、松江区、宝山区、嘉定区、奉贤区、青浦区、金山区和崇明县 10 个管辖区开展非概率随机抽样调查和网上问卷调查（详见附录 3）。现场问卷随机发放 346 份，网上问卷信息反馈 97 份，共计 443 份，其中有效问卷为 401 份。

401 个样本中，女性 213 位，占 53%；男性 188 位，占 47%。样本数据中，家庭月收入平均值接近 3000 元；家庭成员平均值接近 3 人。受访者的平均年龄为 36.55 岁，其中最年长者为 81 岁，最年轻者为 17 岁。所属区县主要来自市区（黄浦区和徐汇区）、宝山区、闵行区（见表 5-2）。受访者的平均受教育程度接近大学（大专）水平。从被调查者的相关数据来看，问卷调查样本主要来自城市中具有较好的教育背景和一定社会生活经历的居民，因此调查结果具有一定的代表性和说服性。

表 5-2　样本数据特征描述

变量	极小值	极大值	均值	方差
月收入 a	1	6	2.62	1.336
年龄	17	81	36.55	343.704
教育分组 b	1	4	2.89	0.917
性别 c	1	2	1.46	0.249
所属区县 d	1	10	3.34	5.40
家庭人数	1	6	3.38	1.310

注：a. 月收入分组的数值 1="1000 元及以下"；2="1000~3500 元"；3="3500~7000 元"；4="7000~15000 元"；5="15000~30000 元"；6="30000 元以上"。
　　b. 教育分组的数值 1="初中及以下"；2="高中（中专）"；3="本科（大专）"；4="研究生及以上"。
　　c. 性别数值 1="女性"；2="男性"。
　　d. 区县数值 1="市区（黄浦区和徐汇区）"；2="浦东区"；3="闵行区"；4="松江区"；5="宝山区"；6="嘉定区"；7="奉贤区"；8="青浦区"；9="金山区"；10="崇明县"。

一、关于基础设施与居民低碳行动关系的问卷调查结果

问卷选择居民住房、城市交通为基础设施的研究对象，分析基础设施对居民个体低碳行动的影响。在关于住房的问卷调查中（见表 5-3），46.9% 的受访者居住在 2000 年以前建造的住宅中，26.7% 居住在 2000~

2005 年建造的住房中，只有 8.4% 的居民居住在 2010 年以后开发的新住宅中。该统计结果仅能反映一部分上海居民住房的情况，因为受访者主要来自黄浦区、徐汇区等上海老城区，这些地区的居民集聚密度较大，住房的平均年代较老。2010 年住房和城乡建设部制定了《民用建筑能耗和节能信息统计报表制度》，此后我国新建居民住房多采用了节能环保措施，因此，相比较而言，居住在 2010 年后的新建住房的居民在间接能耗方面会减少碳排放量。从关于居住房屋窗户是否采取节能措施的问卷调查来看（见表 5-4），61.8% 的居民表示他们居住的房屋仅采用了单层普通白玻璃，一半以上的受访者所居住的房屋并未采取窗体的节能措施。这一结果与受访者所居住的房屋年代有直接关系。可见，在上海的老城区生活的居民，其碳足迹的减少在一定程度上受到住房设施的影响。与国外建筑相比，我国建筑的保温能力较差，造成大量能量损失。研究显示，如果推进生态住宅设计，一栋节能建筑和不节能建筑相比，空调能耗差 4~5 倍。建筑若合理采用节能设计，可获得 50%~60% 的节能效果。按生态住宅标准建造的节能建筑，可让一个三口之家一年节能 58%，节水 25%。[1]

表 5-3 居民居住的房屋年代

	频率	百分比
2000 年以前	188	46.9
2000~2005 年	107	26.7
2005~2010 年	72	18.0
2010 年后	34	8.4
合计	401	100.0

表 5-4 房屋窗户是否采取节能措施

	频率	百分比
单层普通白玻璃窗	248	61.8
双层中空白玻璃窗	94	23.4
双层中空防辐射玻璃窗	33	8.2
双层真空玻璃窗	26	6.6
合计	401	100.0

---

[1] 世界自然基金会上海低碳发展路线图课题组：《2050 上海低碳发展路线图报告》，科学出版社 2011 年版，第 184 页。

对于"通常情况下你选择怎样的出行方式"的问卷调查（见表5-5），有40.9%的受访居民选择"公交车"，31.9%的受访居民选择"地铁"，36.9%的受访居民选择"步行或者自行车"，另有19.5%的受访居民选择了"私家车"，27.2%的受访居民选择了"出租车"。可见，上海居民的绿色出行率在40%左右，并主要选择公交车和地铁等公共交通设施出行。这与上海公共交通便利有密切关系。如表5-6所示，对于"居住地与最近的公共交通设施的距离"的调查中，56.6%的上海居民所在居住地与最近的公共基础设施的距离在500米以内，86.3%的居民在步行1000米以内可以选择乘坐公共交通工具出行。因此，尽管上海拥有1辆及以上私人汽车的家庭占调研样本总量的49%左右，但是公共交通仍然是上海居民的主要出行方式（见表5-7）。

表5-5　居民出行方式的选择

出行方式	频率	百分比
公交车	164	40.9
地铁	128	31.9
私家车	78	19.5
出租车	121	27.2
步行或自行车	148	36.9

表5-6　居住地与最近的公共交通设施的距离

	频率	百分比
<500米	227	56.6
500~1000米	119	29.7
1000~2000米	28	7.0
2000~3000米	9	2.2
3000米以上	18	4.5
合计	401	100.0

表5-7　家庭拥有汽车数量

	频率	百分比
0辆	205	51.1
1辆	163	40.6

	频率	百分比
2 辆	29	7.2
3 辆	4	1.0
合计	401	100.0

上海目前由于一直对私家车的拥有和使用采取严格限制政策，所以私家车使用不像其他一些城市一样呈现爆炸式增长。同时，由于近年来上海在轨道交通方面的大力建设和地面公共交通的不断优化改进，公共交通仍保持在相对较高的比例水平。然而出租车使用率较高，也会为城市交通排放带来较大的压力。值得一提的是，我国许多城市都保持着较高的慢行交通出行比例，上海也是如此。中心城区慢行交通出行比例在 2008 年仍高达 46.2%。如果在未来的城市发展中，仍能将慢行交通的出行比例保持在 40%以上，对于城市交通减排是非常有利的[1]（见表 5-8）。

这个结果与冯霞（2013）在长沙、岳阳、株洲和东莞所进行的调研结果差异性很大。在以上四个区域进行的居民低碳出行方式的调查结果显示，39.5%的居民优先选择"小汽车"，20.8%优先选择"公交车"，20.3%优先选择"摩托车或电动车"，19.4%优先选择"自行车或步行"。[2] 可以看出，在这些区域的城市居民出行优先选择"小汽车"的比例最大。冯霞（2013）分析造成这种结果的部分原因在于城市的公共基础设施不够完善，公共交通的等待时间太长，或者换乘不方便，公共交通服务水平低，通勤和通学等刚性交通出行需求缺少相应的替代方式，导致很多市民不愿意乘坐公交车。此外，由于城市汽车越来越多，道路交通拥堵，且城市的道路规划遵循"机动车先行"的原则进行设计，大部分城市没有专用的自行车道，导致很多居民选择以电动车或摩托车的方式出行，而非自行车或者步行的低碳出行方式。[3] 比较以上两个调研结果，可以看出城市交通的设计与规划在很大程度上影响了居民的低碳行动。

---

① 世界自然基金会上海低碳发展路线图课题组：《2050 上海低碳发展路线图报告》，科学出版社 2011 年版，第 256 页。
②③ 冯霞：《城市居民低碳生活意识教育研究》，湖南师范大学博士学位论文，2013 年，第 139-167 页。

表 5-8　上海市居民出行结果现状

年份	地区	出行总量 (万人次/日)	公共交通 (%)	个体机动 (%)	慢行交通 (%)
2006	全市	4465	23.5	18.4	58.1
	中心城区	2850	33.1	17.8	49.1
2007	全市	4593	23.2	20.1	56.7
	中心城区	2885	33.1	19.3	47.6
2008	全市	4697	23.9	20.9	55.2
	中心城区	2967	33.6	20.2	46.2

资料来源：世界自然基金会上海低碳发展路线图课题组：《2050 上海低碳发展路线图报告》，科学出版社 2011 年版，第 256 页。

二、关于低碳认知心理的问卷调查结果

认知是产生行为的前提，只有当居民对低碳发展和低碳生活具有良好的认识时，才可能产生积极的行为。本书通过"您如何看待低碳生活"以及"您认为依靠个人的努力是否能实现低碳社会发展"两个问题对居民的低碳认知进行问卷调查。

关于"如何看待低碳生活"的调查研究结果显示，29.7%的受访居民表示"已经在实践低碳生活"，46.4%的受访居民表示"了解低碳生活，但很难落实"，16.7%的受访居民表示"不清楚低碳生活理念"，7.2%的受访者表示"不愿意了解，觉得意义不大"（见表 5-9）。从分析结果来看，上海居民已经具备一定的低碳生活理念，76%的居民都了解了低碳生活的意义。但实际行动却相对滞后。关于"依靠个人的努力是否能实现低碳社会发展"的问题，23.4%的受访者对此充满信心，认为"一定能"；56.4%的受访居民认为个人的努力作用有限，通过个人的努力实现低碳社会"有可能，但作用不大"；11.7%的受访居民完全否定个人低碳行动在低碳发展中的作用，认为"完全不可能"；8.5%的受访居民对该问题表示"不清楚"。可见，一半以上的居民不认为自己是低碳行动中的主要作用者（见表 5-10）。调查研究对这些表示尚未采取低碳行动的居民进行进一步的深入访谈。访谈结果显示，这部分居民在低碳实践中存在"依赖"心理。居民们表示"气候变化和我们没有关系"，"减缓气候变化和低碳发展是全球性的问题和政府的工作"、"我们没有什么可以做的"。可见，居民对低碳认知尚存

在误区，居民普遍认为低碳行动是政府、NGO以及媒体的事情，与公众关联不大。社区的低碳行动遭遇"集体行动困境"和"事不关己"的认知困境，即公民赋权由于缺乏集体影响的反馈过程而被逐渐弱化。

表5-9　如何看待低碳生活

	频率	百分比
已经在实践	119	29.7
了解，但很难落实	186	46.4
不清楚低碳生活理念	67	16.7
不愿意了解，觉得意义不大	29	7.2
合计	401	100.0

表5-10　依靠个人的努力是否能实现低碳社会发展

	频率	百分比
一定能	94	23.4
有可能，但作用不大	226	56.4
完全不可能	47	11.7
不清楚	34	8.5
合计	401	100.0

进一步通过相关性分析，研究影响居民低碳认知的内生性因素，包括年龄、性别、教育水平和收入水平。运用SPSS对变量进行相关性分析。如果变量的回归系数显著性水平大于显著性水平 α（0.05），则假设变量对解释变量的线性影响不显著。结果显示（见表5-11），受教育程度和年龄的回归系数显著性t检验的概率小于显著性水平 α，而性别和收入水平的回归系数显著性均大于显著性水平 α，可知，教育和年龄与低碳认知程度呈现显著的线性关系，而性别和收入水平与低碳认知无显著线性关系。

表5-11　居民低碳认知程度的相关因素分析（N=401）

	相关性	显著性
年龄	-0.022	0.027
性别	0.006	0.909
月收入	0.065	0.222
教育	0.129*	0.016

注：* 表示在0.05水平上显著相关。

年龄与低碳认知程度有显著相关性，但有负向影响，即年龄越大，对低碳的认知越不明显，而年龄越小的受访者对低碳发展越是表现出积极的态度。这一结果可能与年轻者所接收的低碳教育和相关宣传活动较多有关。性别和低碳认知程度不显著，但有负向影响，即男性可能对气候变化和低碳发展的议题更为关注，也有更高的认知水平，因此性别对风险感知程度有弱的正向影响。从教育程度来看，受教育程度越高，对气候风险的认知程度越高，知识形态的认知会影响居民对低碳发展的认知能力，因此受教育程度与气象风险的感知程度正向显著相关。如53%的研究生及以上学历受访者认为低碳行动很有必要，而仅有34%的小学程度受访者认为低碳行动有意义。家庭收入和低碳认知水平也无显著线性关系，但有正向影响，家庭收入越高的家庭，可能获得低碳教育的机会较多，此外，其家庭资产受到气候变化所带来的影响要高于贫困家庭。例如，有私家车的家庭可能在频繁的气候变化如风暴中受到经济损害的概率要高于没有私家车的家庭，因此他们可能也会更关注气候变化的相关议题。因此，收入水平与气候风险认知水平之间并未表现出强显著性，但具有正向相关性。

三、关于居民低碳行动意愿的问卷调查结果

关于"公共场所没有垃圾箱，您如何处理垃圾"的问卷调查中，41%的受访居民表示会主动"用袋子装起垃圾带走"。47.1%的受访居民则表示"如果周围环境清洁，则会选择带走；反之，则会随波逐流地乱扔"。只有11.9%的受访者直接表示会"随手丢弃垃圾"（见表5-12）。这个问题的调查结果显示，公众的低碳行动和环境保护行动会具有"破窗效应"和"从众心理"，即群体环境中的大部分人采取低碳和环境友好行动，则更多的人会主动参与进来；反之，群体中的个人存在着机会主义的心理和利己主义的思维，助长"搭便车"和"偷懒"偏好的滋生，使得个人理性不会促进集体的共同利益，从而形成"公共地悲剧"、"囚徒困境"等集体行动的困境。

表5-12 公共场所没有垃圾箱，如何处理垃圾

	频率	百分比
用袋子装起来	164	41.0
随手乱丢	48	11.9

续表

	频率	百分比
看周围环境整洁就带走，否则乱丢	189	47.1
合计	401	100.0

关于"看到有人乱扔垃圾或者其他环境不友好行为时的反应"问题的调查，62.1%的受访居民表示看到他人做出环境不友好的行为，会"心生反感，但不予以理睬"，并不进行干预。只有10.7%的受访居民表示会对他人进行"劝阻和制止"。25.2%的受访者表示"事不关己，无所谓"。还有2%的受访者表示自己也会有乱扔垃圾或者其他环境不友好行为（见表5-13）。这个问题的调查结果显示，大部分上海受访居民已经具备一定的环境责任意识，但环境友好行为缺乏主动性，当看到其他人有破坏环境的行为，不敢站出来进行制止。结合问卷调查的问题分析，造成这种结果的主要原因在于社会文化中环境价值认同的缺失。低碳文化理念的社会认同是社会成员对低碳发展所拥有的共同信仰价值和行动取向的集中体现，这是一种文化归属感。当群体中越来越多的人倾向于接受"低碳生活和环境友好"这个概念，并付诸实践时，就会在群体中产生从众心理，影响另一批人。因此，居民个人低碳行动的被动性，在很大程度上是由于低碳文化尚未成为社会主流文化的一部分，从而造成低碳行动没有在集体中形成可被模仿的聚众效应。

表5-13　看到有人乱扔垃圾或者其他环境不友好行为时

	频率	百分比
劝阻和制止	43	10.7
心生反感，但不予理睬	249	62.1
事不关己，无所谓	101	25.2
有时自己也会这样做	8	2.0
合计	401	100.0

表5-14　是否愿意为出行所产生的碳排放付费

	频率	百分比
愿意	86	21.4
不愿意	315	78.6
合计	401	100.0

关于"是否愿意为出行所产生的碳排放付费"的调查研究结果显示，只有21.4%的受访者表示愿意为出行所产生的碳排放付费，而高达78.6%的受访居民不愿意为自己的碳足迹付费（见表5-14）。用SPSS的回归分析来进一步研究影响居民碳排放付费的内生性因素，包括低碳认知水平、性别、年龄、教育和收入水平5个内生变量。从表5-15看，支付意愿和性别的回归系数显著性t检验的概率大于显著性水平α，即性别与支付意愿之间不显著，但女性在气候风险适应方面的支付意愿比男性更积极。受访居民的支付意愿与低碳认知水平、年龄、月收入水平和教育分别呈现显著线性，但相关性均偏弱。其中，受访者的支付意愿和低碳认知水平呈正向相关，受访者对气候变化问题的意识越强烈，对低碳发展及其影响的认知越深刻，其对碳排放行动的责任意识越强烈，所以支付意愿也越高。这一结果与曾贤刚（2011）、Carlsson等（2012）的研究结论相一致，即对气候变化的认知水平显著影响参与者的支付意愿。碳排放支付意愿和年龄呈现负向相关。也就是年龄越小，愿意为个人碳排放行为进行支付的意愿越高，可能原因是年龄小的居民，获得的气候风险相关知识较多，而气候风险的不确定性，促使他们的"知识—行为断层"或者"折扣心理"更明显，即他们不愿意为未来的不确定性增加当前的成本，而宁愿为当前能获得的收益增加支出。参与者的碳排放支付意愿与教育、家庭收入呈现显著的正向相关性。受教育程度越高、收入越高的参与者对碳排放的支付意愿越高。这一现象可以解释为，根据马斯洛的需要层次理论，人的需要被分为五个层次，由低到高依次为：生理的需要、安全的需要、归属和爱的需要、尊重的需要和自我实现的需要。前四种合称为基本需要或缺失需要，自我实现称为高级需要或成长需要，低层的基本需要得到满足之后，较高级的需要就会出现。随着社会经济的发展以及人的心理发展特征，在处于对尊重需要的追求时，人在消费行为上就会开始追求更高层次的消费，取得别人的注视与尊重。社会资源的缺乏等多种客观因素会导致处于追求尊重需求的个体进行高碳消费。[1] 而受到良好教育和高收入的人群，则更倾向于低碳消费。此外，居民受教育程度越高，接受新鲜事物的能力越强，平时越关注商品节能知识方面的状况。

---

[1] 赵中：《影响居民低碳消费的心理因素探究》，《人民论坛》2013年第26期。

表5-15　低碳支付意愿的相关因素分析（N=401）

	相关性	显著性
低碳认知水平	0.040*	0.003
年龄	−0.127*	0.020
性别	0.010	0.994
月收入	0.018*	0.043
教育	0.192*	0.001

注：* 表示在 0.05 水平上显著相关。

第三节　集体低碳行动困境的影响因素：个人行为转变的社会"嵌入性"

　　低碳经济发展要求人们在能源相关的行为方式上发生转变。近年来，行为方式转变研究屡见不鲜，且主要基于科尔曼的理性选择理论，即假设个人是"理性经济人"，个人行动追求经济效益的最大化。[1] 该理论认为，引导个人行为转变的关键在于分析个人行动的行为动机[2]、个人行为的社会影响因素等。[3] 科尔曼的理性选择模型被进一步演化成多种行为转变理论。各种理论之间的不同之处在于研究选择的内生变量（行为动机）和外生变量（社会影响因素）的差异上。[4] 例如，行为转变的内生变量包括认知水平、受教育程度、价值观（道德、伦理、审美等）、行为习惯和行为准则等[5]，外生变量主要指社会经济系统的技术、经济、制度安排和社会

① 王芳等：《环境社会学新视野：行动者、公共空间与城市环境问题》，上海人民出版社2007年版，第34页。

② 王建明：《消费资源节约与环境保护行为及其影响机理——理论模型、实证检验和管制政策》，中国社会科学出版社2010年版，第99页。

③ 郭琪：《公众节能行为的经济学分析及政策引导研究》，经济科学出版社2011年版，第41页。

④ Tim Jackson, "Motivating Sustainable Consumption: A Review of Evidence on Consumer Behaviour and Behavioural Change", Energy Environment, Vol. 15, 2005.

⑤ Anja Kollmuss and Julian Agyeman, "Mind the Gap: Why Do People Act Environmentally and What Are the Barriers to Pro-environmental Behavior?", Environmental Education Research, Vol. 8, No. 3, 2002, pp. 239-260.

资本的影响等。[1]

尽管"理性选择"模型为引导公众节能行为的转变提供了政策制定的依据，但由于个人行为的社会"嵌入性"，针对个体行为的相关激励政策在转变公众节能理念的实践中仍缺乏成效，或仅仅在短时期内产生行为转变的效用。Heiskanen（2010）认为政策对个人行为激励的失效，主要产生于行为转变的四种困境：集体行动的困境、社会习俗的困境、社会—技术的系统刚性和心理困境。集体行动的困境是指尽管个人或少数群体认识到能源节约的重要性，并采取措施，但多数人想"搭便车"，抱有"我不做总有人去做"、"有我没我影响不大"的心理。如此一来，少数群体的节能贡献在非低碳的集体行动中被稀释。Heiskanen（2010）认为政策对个人低碳行为激励缺乏可持续性，主要原因之一在于集体行为困境。社会习俗的困境是指消费行为受到文化背景、生活习俗和宗教信仰等方面的影响，使得个人的用能习惯存在"锁定效应"。例如，地方居民习惯的衣着量、居民洗澡次数、洗澡时间、饮食偏好、出行方式、娱乐方式以及工作习惯等，决定着个体能耗的多少，同时也影响资源的有效利用率。[2]此外，目前电视媒体宣传和引导的"自动化"、"现代化"生活模式，也可能在未来影响居民的生活习惯，如改"太阳晾衣"为"机器烘干"等，低能耗的生活习俗反而向高碳化转变。社会—技术的系统刚性是指技术模式和产业结构在发展过程中存在连贯性和"路径依赖"，造成了城市基础设施容易被锁定在高能耗、高排放的技术应用上。在高碳化的社会经济系统中个人节能行为转变只能是"昙花一现"，缺乏可持续效用。[3]心理困境是指个体消费者的低碳活动，往往面临与社会惯例相矛盾、生活不便捷等阻力，他们看不到自己行为转变所产生的影响，并时常陷入"无助"、"孤立"的情绪中，即节能行动的公民赋权由于缺乏集体影响的反馈过程而被逐渐弱化。

---

[1] Packenz Podsakoff, et al., "Common Method Biases in Behavioral Research: A Critical Review of the Literature and Recommended Remedies", Journal of Applied Psychology, Vol. 88, No.5, 2003, p. 879.

[2] 世界自然基金会上海低碳发展路线图课题组：《2050上海低碳发展路线图报告》，科学出版社2011年版，第163页。

[3] Wokje Abrahamse, et al., "A Review of Intervention Studies Aimed at Household Energy Conservation", Journal of Environmental Psychology, Vol. 25, No.3, 2005, pp. 273-291.

可见，低碳生活模式的转变是一个集体行为转变的过程，而非个人单打独斗。只有集体的努力才能合理创造出必要的规则、规范和文化认知，支撑新的发展模式，并摆脱现有制度框架下的"路径依赖"。[①] 但目前关于影响集体行动的因素鲜有论述。本书认为，集体行为的低碳化转变会遭遇来自多个域的阻力，其中包括基础设施域、社会文化域、社会技术域、正式性规范的政策制度域（如政策法规等制度安排）和非正式制度规范的社会心理域（包括习惯、认知、消费行为偏好以及心理预期等），如图5-2所示。以下研究中，将结合上海问卷调查和分析的结果，分别剖析基础设施域、社会文化域、社会技术域、政策制度域和社会心理域中影响公众集体行动的相关阻碍因素。

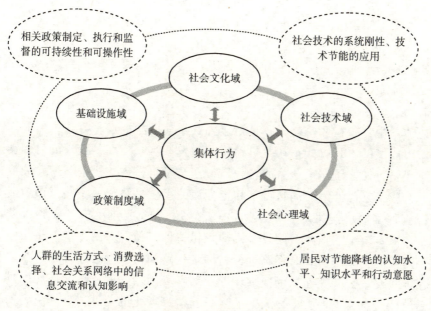

图5-2　集体行动转变的阻碍因素分析

注：虚线部分为来自不同域的阻碍因素。

---

① 蒂莫·J.海迈莱伊宁、里斯托·海斯卡拉：《社会创新、制度变迁与经济绩效：产业、区域和社会的结构调整过程探索》，清华大学启迪创新研究院译，知识产权出版社2011年版，第96页。

一、基础设施域的阻碍因素

社会基础设施包括硬件（交通、电力、城建等）和软件（法制规范、社会习俗等）设施。在此，结合上述问卷调查的结果，以交通和城市建设为例，本书集中讨论硬件基础设施对个体低碳行为转变的制约效应。

从上海居民的问卷调查和南昌居民的问卷调查结果比较可以看出，城市居民对出行方式的选择存在被动现象，他们的绿色生活方式在实践中受到交通设施和城市道路规划建设等诸多方面的限制。目前我国城市公共交通基础设施不够完善，密度不够，使用不便利，致使市民偏好使用私家车。这在一定程度上影响了城市居民低碳生活的深入开展。统计显示，我国大城市的公交分担率平均在40%以下，中小城市的公共交通出行分担率不足10%。[1] 这是由于私家车对消费者的出行方式具有"锚定效应"[2]，随着城市私家车保有量的快速增加，过度使用甚至依赖私家车出行的现象会进一步加剧。[3]

此外，非机动化出行方式，如步行、骑自行车等也正在日益减少。在交通体系中，步行和骑自行车是衔接公共交通的必要通行方式，然而，我国城市居民的出行方式正在向机动化方向发展。一方面，大量的机动交通工具上路，加剧了城市道路的容载量，甚至发生挤占非机动车道行驶或停车，造成本来已经缩减的自行车和步行道路少之又少。如一些城市道路和交通管理部门已经采取了一系列措施，将原有的非机动车道改为机动车道，在原本狭窄的道路两侧设置机动车付费停车位等，由此进一步衍生出城市居民非机动车出行时无路可行的困难和路面公共交通的拥堵、车辆行进速度缓慢、公共交通车辆换乘环境差等不利因素。因此，即使居民具有较高的低碳意识，但大多数人会从自身利益最大化的角度，选择更为安全便利的出行方式。另一方面，目前城市规划的功能布局较为分散，造成居民的就业、居住、教育等地点往往相距较远，加剧了居民对机动交通工具

<hr>

[1] 徐建闽：《我国低碳交通分析及推进措施》，《城市观察》2010年第4期。
[2] 所谓锚定效应，是指自居民购买了私家车后，私家车自身的商品属性从奢侈品转变为生活必需品，且驾驶的感觉会随着时间增强。因此，一旦居民从公共交通系统转向使用私人交通工具，那么几乎会永久性地减少对公共交通工具的使用，这种转向具有单向性。
[3] 王光荣：《城市居民低碳出行研究》，《城市观察》2011年第2期。

的依赖，而居民选择步行或骑自行车的方式不得不进一步减少。由此可见，即使居民具有较高的低碳意识，但大多数人会从自身利益最大化的角度，选择更为安全便利的出行方式。

再以城市垃圾分类为例。为促进城市生活垃圾分类，我国对居民已经进行了较长时间的宣传教育，但城市居民的行为鲜有改变。一方面，与发达国家不同，它们在经济发展的基础上已经整体进入了后物质主义社会，社会的主体价值观已经发生了转变，公民责任意识较强，而我国公民对公共环境和低碳社会发展的认知以及个人责任观相比发达国家尚不成熟，自觉的环境保护行为缺失；另一方面，尽管有小部分居民有意识愿意参与低碳行动和垃圾分类的环境友好行为，但由于目前我国大部分城市垃圾分类设施不全，居民即使在家中进行了分类投放，但公共场所垃圾分类箱的缺失，使得居民的低碳行动缺乏动力。

二、社会技术域的阻碍因素

社会技术域的阻力是指社会技术系统具有一定刚性，很难变革。社会—技术系统演化出设计系统、行动者和制度三个维度之间的六种互动机制。社会—技术系统的功能并不能自动实现，而是行动者活动的结果。人类行动者嵌入在拥有相同的角色、责任、规范和感知等特征的社会群体之中。从社会技术域来看，低碳社会的发展依赖于低碳技术在社会—技术系统中被广泛地应用和采纳。低碳技术是指涉及电力、交通、建筑、冶金、化工等部门，旨在降低其对化石燃料消耗、相对温室气体排放的技术。一般主要包括三类技术：除碳技术、减碳技术和无碳技术。① 目前我国以煤炭为主的能源结构形成的高碳技术支撑体系，使得我国的工业生产和基础设施建设呈现出高碳的特征，几乎所有常规用能技术都是在以高碳能源为主体的历史条件下产生的，这种高碳技术的大量存在使得我国企业和居民在技术应用和选择的决策中陷入"锁定效应"和"路径依赖"。而这种"锁定效应"和"路径依赖"是由三种社会规则决定的。

一是技术范式的"路径依赖"。社会—技术系统是一个具有正反馈机

---

① 除碳技术主要指碳捕获和封存技术；减碳技术是指提高能源效率和节能减排的技术；无碳技术是指利用现代生物质能、太阳能、风能、水能、地热能等可再生能源的技术。

制的随机非线性动态系统，系统一旦为某种偶然事件所影响，就会沿着一条固定的轨迹或路径一直演化下去，即使有更好的替代方案，既定的路径也很难发生改变。[1] Arthur（1989）认为技术具有收益递增的特点，也就是技术被采用的越多，积累的经验就越多，技术就会越完善。一种或一类技术一旦首先发展并投入应用，将不断获得规模经济和边际报酬递增效应，并且会以一种良性循环使自己在市场上的地位不断强化，形成"解决一类技术经济问题的一种模式"，即"技术范式"。其最典型的现象是"学习效应"和"网络外部效应"。所谓"学习效应"，是指随着技术应用的次数增加，获得的该技术经验增多，经验的增多又促进了该技术的发展，从而使该技术更加先进和完善。"网络外部效应"是指应用某项技术或者产品的消费者的收益与消费者的数量呈正相关，即产品使用的人越多，消费者获得的收益越大。企业现有技术随着投入增加给企业带来更多的收益，这种利益优势是社会系统对高碳技术具有"路径依赖"的主要原因。因此，一种技术范式一旦形成，不管其当前是否先进，都会在一定时期内持续存在并影响其后的技术选择，技术变迁更容易按照这种范式走下去。如果某种技术范式一旦达成将很难退出，技术系统不得不走入一个特定的路线而难以再返回，形成对技术系统的锁定。[2]

中国以煤炭为主的能源结构决定了中国的能源利用范式的"高碳"特征，能源利用技术范式和传统的工业化经济发展模式均处于"高碳"的锁定状态。以电力系统的锁定效应为例。2020年我国电力需求可能增至2009年的2~3倍多，在充分考虑非碳火力发电的能力基础上，这相当于到2020年，燃煤发电的比例（65%~79%）甚至还可能高于2009年的79%的比重。如果是这样，电力部门对我国2020年的碳排放目标的贡献将会很小甚至为负数，燃煤发电的其他负面效应将更为突出，更大的外部环境的压力削弱了高碳高煤的电力体制的稳定性。[3] 从中国能源基础设施的技术供给侧来看，尽管近年来通过技术引进、消化吸收等途径，低碳技术发展迅速，但能源技术和低碳技术水平落后的状态仍未改变。问题不在于技术本身，而在于能源效率较低的技术所沉淀的大量资本投入。火电、钢

① 胡卫：《论技术创新的市场失灵及其政策含义》，《自然辩证法》2006年第10期。
② 陈文剑、黄栋：《我国低碳技术创新的动力和障碍分析》，《科技管理研究》2011年第20期。
③ 陈卓淳、姚遂：《中国电力系统低碳转型的路径探析》，《中国人口·资源与环境》2012年第2期。

铁、化肥等大耗能行业的资本密集度非常高。一旦投入，其使用周期长达30年甚至更久，这种能源基础设施投资的"高碳锁定"，势必极大地阻碍新能源等低碳技术的研发和扩散。因为采用新技术，意味着将原有技术的资本投入全部抛弃。这对于企业来说，几乎是不现实的。因此，旧技术的淘汰或能源效率的提高，需要一个过程。①

二是制度锁定。在技术创新的过程中，技术创新存在外溢性，即创新的成果部分或全部被他人无偿使用，使得技术创新者的私人收益率和社会收益率之间存在一定外溢差距，创新者的积极性在一定程度被削弱。因此，市场需求激励引致的创新不一定是社会最优水平的创新，需要政府的制度规制在产业的技术创新过程发挥作用。但往往具有约束力的协议、技术标准、政府补贴等更偏好和保护现有的技术。最好的案例是目前低碳技术专利主要由发达国家企业所掌握，并且成为发达国家企业获取超额垄断利润的工具；其产权属性阻碍了低碳技术向发展中国家转让的进程。②

三是认知锁定。所谓认知锁定，是指消费者因使用现有产品而积累了丰富的消费经验，若使用替代产品，这些经验发挥的作用将减少，因此，这种使用替代产品导致认知成本增加的可能性会使消费者在竞争中选择重复使用现有产品。③认知锁定是以技术为基础的使用习惯。这种习惯作为目标自动地激励着行为，这种行为是重复经验导致的结果。只要消费者的消费目标与使用这些产品的消费习惯还是一致的，当具体运用到一种替代产品或服务上时，这种以技能为基础的习惯就能构建一个转换成本开关，对消费者的决策产生影响。因此，在企业提供低碳产品时，消费者基于转换成本的考虑，有可能会放弃使用新产品，这会导致企业面临失去顾客及市场的风险。认知锁定与技术范式的路径依赖相比，前者是能源需求侧的锁定效应，而后者是社会技术供给侧的锁定效应。

---

① 潘家华等：《低碳经济的概念辨识及核心要素分析》，《国际经济评论》2010年第4期。
② 周元春等：《低碳技术如何迈过知识产权门槛?》，《环境保护》2010年第2期。
③ E.J. Johnson, S. Bellman and G.L. Lohse, "Cognitive Lock-in and the Power Law of Practice", Journal of Marketing, vol. 67, No.2, 2003, pp. 62-75.

三、社会文化域的阻碍因素

社会文化域可以理解为一定社会系统中各种能够反映文化价值内涵的事物集合，它既表现为社会本体中的某些有形环境，也表现为隐藏在社会本体中的某些无形环境，如社会成员的认知模式、价值观念、信念信仰、道德规范等。[①] 社会文化可以对社会成员产生重大的影响，我国居民的生活习惯、习俗、消费理念以及低碳价值观等都会对温室气体排放产生很大的影响。

任何经济现象和消费行为都是某种相对应的文化沉淀的结果，也就是说，一定区域内人类所生存的文化与习俗的沉淀会形成某种价值观念、传统文化、公民科学素养等社会文化形态，而任何消费行为都是众多消费主体的思维方式所产生的结果，人文环境是其发展深化的深层内因。

首先，从价值观看。价值观是人对事物的属性满足人的需要或人的需要被事物满足的总体评价，是对好与坏、是与非、应该与不应该的总看法，是推动并指引人确定目标、做出决定和采取行动的内心导向原则和选择取舍的评价标准。它决定、制约着人的需要、动机、愿望、信念、态度、意志等。低碳价值观是低碳文化最核心的要素。Vinson 等（1977）从心理学和消费者行为学的角度提出了价值观—态度系统模型，认为消费者的购买或消费行为取决于对产品的态度和对产品属性的评价，而态度又取决于个体信念系统，即价值观系统（包括一般价值观和具体领域价值观）。根据该模型，低碳消费行为的最终决定因素是对低碳消费的态度，更间接、更深层次的决定因素则是绿色消费的具体价值观和对环境问题的一般价值观。与价值观—态度系统模型相类似，Stern 等（1999）提出了价值观—信念—规范理论模型。价值观—信念—规范理论融合价值观理论、规范—行为理论和新环境范式视角，通过五个变量之间的因果关系作用来解释环境行为的形成。这五个变量依次为：个人价值观、新环境范式、负面后果认识、个人能力感知和环保行为个人规范，如图 5-3 所示。该理论主要指出，环境态度变量受个体的价值观系统影响，并通过实证验证提炼出个体价值观体系中与环境行为最相关的三种价值观：生态、利他和利己价值观。

---

① 朱杏珍：《人文环境对低碳消费的影响分析》，《技术经济与管理研究》2013 年第 1 期。

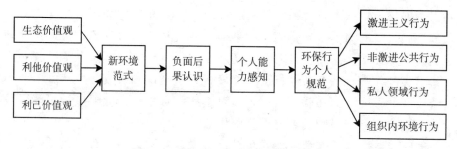

图 5-3　价值观—信念—规范理论模型

资料来源：Stern P.C., "Toward a Coherent Theory of Environmentally Significant Behavior", Journal of Social Issues, Vol.56, No.3, 2000, pp.407-427.

其次，从传统文化看。我国传统的消费观可以概括为节俭观和"面子"观，其对我国低碳行为具有正向和负向的影响作用。如我国传统的儒家文化中强调"宁俭勿奢，惠而不费"，主张节俭，反对奢侈浪费。传统的节俭观对发展低碳消费，应对环境资源的短缺、环境紧张具有现实意义。特别是中国的中老年人群，在家庭和个人消费上强调节欲勤俭，主张精打细算，量入为出，反对奢侈浪费。但与节俭观相比，中国传统文化的"面子"观与低碳文化背道而驰。迪布瓦和迪尤肯（Dubois & Duquesne）（1993）认为，"面子"是解释中国等东亚国家居民消费行为的关键。通过奢侈品消费，人们维护自己的"面子"，强化他人对自己的看法，并维护自己的社会地位。而很多人购买和消费奢侈品是一种彰显自我价值的极端方式，即通过奢侈品消费凸显个人身份和地位，并视其为区分阶层的标志性符号。例如，随着人们生活水平的提高，有一大部分人开始追求"面子"消费、奢侈消费。就汽车而言，我国的高档车、大排量车越来越多。国内人们无节制地使用私家车成了炫耀型消费生活的嗜好。与此相对照，不少发达国家都愿意使用小型汽车、小排量汽车。提倡低碳生活方式，并不一概反对私家车进入家庭，而是提倡有节制地使用私家车。例如，去附近的超市、菜市场可以用自行车代替私家车。显然，"面子"消费是以大量消费能源、大量排放温室气体为代价的，居民的低碳行为在这种文化环境中存在显著的消极态度。

最后，从消费观念来看。低碳消费方式体现人们的一种价值和一种行为，其实质是消费者对消费对象的选择、决策和实际购买与消费的活动。消费者在消费品的选择过程中按照自己的心态，根据一定时期、一定地区低碳消费的价值观，在决策过程中把低碳消费的指标作为重要的考量依据和影响因子。根据消费者购买行为心理研究，认知只是消费者产生购买行为的基础，只有当消费者全面了解某种产品或某种消费确实能极大化地满足其生理需要时，才能产生积极的购买行为。但是，根据调查结果显示，有相当大的一部分消费者对低碳消费模式只是在认知阶段。虽然基本上消费者对"低碳"一词知晓度较高，但对于如何真正进行低碳生活了解得较少，所以这不利于对消费者推广低碳生活。

低碳消费作为新的消费模式正在被越来越多的人接受，但是低碳消费始终不是主流消费模式，大多数人对于"低碳消费"的理解不够深入，了解对于影响居民形成低碳消费概念的心理因素，能够更快、更好地将这一概念灌输给普通消费者，促进低碳消费行为的发生。当然，居民形成低碳消费行为可能与个人需要层次、从众心理、利他主义与生态价值观有关，但是居民形成低碳消费习惯则需要政府、企业和社会组织发挥一定作用：政府引领低碳消费方式、企业主导低碳消费方式、社会组织积极推进低碳消费方式，这样才能让居民稳定地参与低碳消费方式。[1]

据估算，约有20%的排放量可以通过公众的行为方式进行削减，尤其是人们的交通出行方式、节能产品的选择，对减排的效果非常显著。[2] 目前我国公民在观念中已经对低碳发展有了较为深刻的认识，但低碳意识向公民的低碳行动转化之间还存在一定的差距，这些差距主要表现在消费层面，包括在穿衣、饮食、居住、出行、家用和办公室消费文化等多个方面。如随着居民收入水平的提高，在衣着选择上，不仅人们购买服装的数量增加，而且服装制作加工的工序也在增加，从而令生产服装的碳排放也随之增加。在饮食方面，随着农业结构的调整，中国人的饮食结构也在潜移默化地发生着改变，出现了粗粮在饮食结构中的比重越来越小，而动物性蛋白和油的摄入量越来越多的现象。这种饮食结构的变化，蕴含着饮食的高碳化的发展趋势。[3] 中国人口基数庞大，每个人生活习惯中浪费能源和碳排放的数量看似微小，一旦以众多人口乘数计算，就是巨大的数量。在居住方面，一方面，随着城镇化水平的不断提高，人口不断向城市中心集聚，居住建设面积正在以每年 2000×10^4 平方米的速度增加，城市建筑

① 赵中：《影响居民低碳消费的心理因素探究》，《人民论坛》2013年第26期。
② 史东明：《中国低碳经济的现实问题与运行机制》，《经济学家》2011年第1期。
③ 吴文盛、吕建珍：《低碳消费的路径选择与实现机制》，《当代经济管理》2011年第2期。

用地向外围不断扩展，相应的公共服务设施及配套建设规模也将增大，加大了生活能源消耗；另一方面，随着居民收入水平和购买力的提高，城市人对居住空间的需求得到逐步释放，人均居住面积也在不断增加（以上海为例，如图 5-4 所示），并与城市人口总量增长因素结合，进一步推动了城市建筑面积的上升和城市建筑的能源消耗。在家庭消费方面，从电视机、电冰箱、洗衣机、空调的普及到升级换代，再到个人电脑、手机的普及，家用电器消费出现了电器化、智能化、网络化的趋势，但这一趋势的背后伴随着用电量和能源消耗、二氧化碳排放的大幅增加。据统计，家庭中 75% 的用电都耗在电视、电脑和音响等保持待机状态上。在办公文化方面，随着办公条件的不断改善和办公自动化的普及，办公用纸和用电量也在不断攀升。尽管节约用电和节约用纸的宣传使得越来越多的人认识到低碳办公的重要意义，但"下班后关闭电脑及显示器"、"用过的打印纸背面重复使用"等低碳行动依然被大多数白领所忽视。从关于居民低碳行动的问卷调查结果中也可以看到，我国居民的低碳行动还只是停留在认知阶段，还未进行完全深入的了解，且对低碳消费还存在很多认知上的误区。

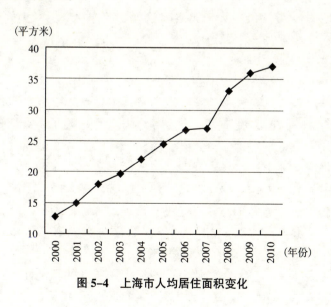

图 5-4　上海市人均居住面积变化

四、社会心理域的阻碍因素

引导与强制功能并非法律规范的特有属性，虽然社会文化，如习俗规范、伦理规范、宗教规范、社交规范、团体规范等社会规范的引导、强制功能没有法律强制力作为保障和后盾，但却同样具有约束主体行为的强制性，即行为人生活在一定的社会群体中，当行为人在做出违反这类社会群体的准则规范时，必须要思考清楚他与这类社会规范团体之间的联系，如果与主体所在社会团体规范背道而驰，那么这种责任主体就会逐渐被社会团体疏远、排斥和抛弃。因此，群体中的行为者往往选择与群体主流文化相一致的行为方式。社会习俗和文化正是通过这种非强制性的心理引导，对公众的低碳行动产生正向或负向的促进作用。而本书的研究对象"社会心理"更多是指受他人和群体制约的个人的思想、感情和行为，如人际知觉、人际吸引、社会促进和社会抑制、顺从等以及某一特定社会群体本身特有的心理特征，如群体凝聚力、社会心理气氛、群体决策等。

关于居民低碳行动的问卷调查结果很好地证明了"破窗心理"和"从众心理"在社会群体环境友好行动中的作用。心理学家 Myers 认为从众（Conformity）是个体在真实的或想象的团体压力下改变行为与信念的倾向。人们的实际消费行为往往受到从众效应的影响，也就是说人们的消费行为有时并非全由个人意愿决定，社会因素也起着一些作用。[1] 孟艾红（2011）通过问卷调查发现从众心理影响着高碳消费低碳化行为以及对低碳产品的购买及使用行为。从问卷调查可以看到，当公众的低碳和环境友好行为尚未在社会形成主流意识时，个体并不会受到来自社会资本，如荣誉、归属感等非正式规范的限制，而采取理性经济的行为选择，即对个人最为有利或者最为方便的行为方式。相反，当群体中越来越多人倾向于接受"低碳消费"、"低碳生活"等概念，并可能更有意识地进行低碳行动时，这一批人将会影响周边群体，特别是当该种行动及认知逐渐与社会主流文化相一致时，"低碳消费"、"低碳行动"将被模仿。

目前在我国，社会大众自觉采取环境保护行动的积极性还很不够，大多数人正是存在这种"从众心理"和"搭便车心理"，总是"事不关己，

---

① 赵中：《影响居民低碳消费的心理因素探究》，《人民论坛》2013 年第 26 期。

高高挂起"，或者"看看周围的人怎么做，再决定自己应该怎么做"。研究的问卷调查结果也表明，"看到有人乱扔垃圾"，只有10.7%的人会站出来劝阻和制止。大部分人都会选择"忍气吞声"或者"视而不见"。这些数据有力地证明了我国社会大众在环境保护行动中的消极被动、等待观望的普遍"搭便车心理"。

五、政策制度域的阻碍因素

政府可以通过法律手段、行政手段和经济手段，成为企业实施低碳生产转型的主要推动者和公众低碳行为转变的行为引导者。诸多学者的实证研究结果表明，政策环境规制对企业低碳生产等环保行为有显著的激励作用。如Saarikoski（2006）认为政策压力是决定企业环境管理意愿的决定性因素之一。Arimura等（2008）通过研究发现，地方政府提供的援助方案可以推动企业以资源方式采纳ISO14001体系。而合理的资金供给可以使企业有动机预先购买先进技术，以适应未来政府实施强制性环境管理政策后可能更严格的环保要求。政策制度也是一种基础设施，包括民主法治、公平参与、社会规范等内容，政策制度在低碳发展中的促进作用已经在国际上形成一种共识。但不恰当的制度结构和规制手段会适得其反，反而限制了企业和社会公众对低碳发展的认可。

首先，从环境正义的角度看，不恰当的政策措施可能给穷人或低收入人口带来不利影响。个人是低碳发展进程中的主要参与者，各种刺激低碳发展的政策与法规对不同收入者的影响也不同。碳减排主要是通过清洁能源和节能产品的使用来实现，但用清洁能源代替传统化石能源，会导致电力或其他商品的价格上升，并最终由消费者承担。各种节能产品由于新技术的采用、原材料的替换也会导致产品消费价格的上涨。如我国《节约能源法》规定："国务院有关部门制定交通运输营运车辆的燃料消耗量限值标准，不符合标准的，不得用于营运。"依据该规定，用于交通运输的车船如果不符合燃料消耗标准，必须另行配置合格的车船才能继续运营，这必将导致乘客交通费用的上涨。在电器消费方面也同样具有这种成本转嫁的问题。2009年我国启动的"节能惠民工程"通过财政补贴方式对能效等级1级或2级以上的空调、冰箱、平板电视、洗衣机等十大类高效节能产品进行推广应用。从长远来看，尽管一些补贴措施如"以旧换新"等促进消费者使用高能效电器的政策，为消费者节省了部分支出，但家用电器的置换仍需要提前支付额外费用，甚至可能超出低收入群体支出的可承受范围。因此，由于缺乏支付能力来换购节能电器或其他高能效的生活用品，低收入群体不仅将被排除在减碳行动之外，甚至在未来强制实施碳减排和碳中和的规制时，将只能更多依赖碳补偿方式取得碳中和的结果，从而可能在未来承受更大的经济损失。可见，目前个人低碳行动主要遵循自愿原则，但如果碳中和的相关政策措施中忽视了环境正义的问题，那么低收入者由于缺乏应对能源价格上涨和高能效产品的高价格的能力，将导致生活水准的下降，会感到遭遇不公平待遇，从而降低自愿合作的积极性。

其次，政策制定和管理的失灵。政策制定的失灵是指政府为了达到节能目的，而制定的法律法规和政策，这些政策和法律法规有普适性，在某些方面不能完全合理地对环境资源等进行使用和配置，损害了用能企业的基本利益，甚至还会损害社会财产。如政府的节能产品补贴和行业补贴制度，其制定的目的是促进节能产品的推广和促进新能源和节能环保资源综合利用，但由于政策设计和制定缺乏科学数据依据，很难确定补偿资金是否能对消费者产生足够的激励作用，而政策执行的程序和监管的缺位也无法保障补贴真正到达节能产品消费者和节能企业的手中。如我国给清洁能源汽车每辆车 3000 元的经济补贴，但补贴金额的设定依据缺乏说服性。一辆车的市场价格要在十几万元上下，3000 元对消费者的吸引力有多大，多少额度的补贴能够改变消费者的选择，是补贴政策激励效用的关键。此外，我国以节能为目的的节能财政补贴，多是直接补贴给生产企业。如《高效照明产品推广财政补贴资金管理办法》规定："生产企业是节能高效产品推广的主体。中央财政对高效节能产品生产企业给予补贴，再由生产企业按补助后的价格进行销售，消费者是最终受益人。"该规定赋予生产企业财政资金的发配权，如果在缺乏有效监管和合理补贴流程的条件下，企业会存在"投机心理"而冒险钻法律空子，而消费者不能享受补贴的实际效用，政策对低碳消费的激励效用将被大打折扣。

最后，松散或不能"一视同仁"的政策环境规制容易导致"劣币驱逐良币"的现象，从而使得有低碳行动意愿的企业也逐渐放弃减排行动。如目前我国环境管制松散，地方政府与企业之间存在"经济关联"。高能耗企业是地方低碳治理的重点，但往往这些企业也是地方经济发展的主要支柱，而且越是经济落后的地区，对能耗型企业的依赖性越大。地方政府要关闭这些高能耗企业，无疑等于切断了财政来源，并增加了相应的社会成本（包括居民就业、企业拆迁成本等）。因此，地方政府对企业的环境管制往往"无关痛痒"，或是为应付上级政府的检查和考核，而开展的一系列"表面工程"。当企业违法的罚款比节能降耗的成本还要低时，企业将寻求污染成本的外部化。正如我国各地方征收的"扬尘费"、"污水费"，但并未形成激励环境友好行为的补偿机制，反而导致企业一边交费一边排污的现象普遍存在。

总而言之，根据诺斯的定义，制度是指约束人们行为的一系列行为规则。沿着既定的制度变迁路径，经济和政治制度的变迁有可能进入一种良性循环，也有可能沿着原有的错误路径发展，甚至被锁定在一种低效的状态下，陷入制度变迁的恶性循环中。我国政府制定和执行低碳激励的诸多政策中，存在现行法律和制度的限制，特别是地方政府决策和执行力不足造成的政策执行走样等现象，阻碍了集体低碳行动的改善。

第四节　社区维度内的低碳行动能力评估

集体行为的低碳化转变会遭遇来自多个域的阻力，其中包括规制性、制度结构性、社会文化和习俗、技术的系统刚性、行为内生性障碍等。因此，集体行为转变的发生需要一个"小生境"（Niche）的保护与孵化，以避免市场选择和现有制度安排的影响。[①] 而社区发展恰恰满足了这种"小生境"的特质。中国香港社会服务联合会社区发展部在 1986 年发表的《社区发展立场书》中，将社区发展定义为："一个提升社会意识的过程，以集体参与鼓励居民识别和表达本身需要，并因而采取适当行动。"[②] 而社区系统化的低碳转变，可以提高节能降耗的集体行动能力，从而促进个人

---

① 孙启贵：《社会—技术系统的构成及其演化》，《技术经济与管理研究》2010 年第 6 期。

② 贾志科：《社会资本与社区发展》，社会网暨社会资本论坛，http://www.hnshx.com/Article_Show.asp?ArticleID=4651，2008 年 7 月 25 日。

行为的转变。[1] 社区系统化的低碳转变和社区集体行动的能力被称作"低碳社区能力"。

一、社区低碳行动能力的分析框架

社区参与的低碳行动治理其理论基础是"社会资本"。前人研究认为，较高的社会资本和社会凝聚力有利于培育出更多环境友好行为，提升社区居民的环境意识和参与意愿，激励环境友好的集体行为。[2] 社会资本被认为是一种有效解决集体行动问题的方式，也是集体行动能力的重要组成部分。社会资本有三个主要要素：关系网络、规范和信任。[3] 这三个因素融合在社区的文化、物质资源（如公共基础设施）和组织资源中。如"信任"和"默会知识"成为促进社会信息扩散的关键要素。社区通过现有的社会网络扩散信息，能有效开展诸如能源基础设施保护等项目。[4] 这些基本的影响因子在社区向可持续发展和低碳集体行动转变的过程中起到关键的作用。通过制定和实施合理的基层单元尺度的碳减排项目，组织个人加入相邻的基层单元项目，再通过政府或非政府组织的组织联合，加强基层单元的"社会资本"作用，促进低碳集体行动在一定范围（社区）形成主流文化，并逐步向外扩散影响。本书拟将低社区的集体行动能力进一步细分为：社区文化、组织资源、制度规制和基础设施[5]（见图5-5）。

① Oscar J. Cacho, Robyn L. Hean and Russell M. Wise, "Carbon-accounting Methods and Reforestation Icentives", Australian Journal of Agricultural and Resource Economics, Vol. 47, No.2, 2003, pp. 153-179.

② Nikoleta Jones, Julian Clark and Georgia Tripidaki, "Social Risk Assessment and Social Capital: A Significant Parameter for the Formation of Climate Change Policies", The Social Science Journal, Vol. 49, No.1, 2012, pp. 33-41.

③ Kelly J. Wendland, Miroslav Honzak, Benjamin Vitale, et al., "Targeting and Implementing Payments for Ecosystem Services: Opportunities for Bundling Biodiversity Conservation with Carbon and Water Services in Madagascar", Ecological Economics, Vol. 69, No.11, 2010, pp. 2093-2107.

④ Walker G.P. and Cass N., "Carbon Reduction: The Public and Renewable Energy: Engaging with Socio-technical Configurations", Area, Vol. 39, No.4, 2007, pp. 458-469.

⑤ Robert J. Chaskin, "Building Community Capacity a Definitional Framework and Case Studies from a Comprehensive Community Initiative", Urban Affairs Review, Vol. 36, No.3, 2001, pp. 291-323.

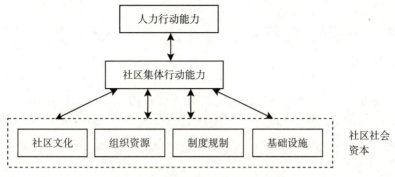

图 5-5　低碳社区行动能力的关系图

社区文化是社区的地域特点、人口特性以及居民长期共同的经济和社会生活的反映，具体可表现为社区居民大体一致的价值理念、生活方式、习惯、行为模式等。社区文化对居民的价值观、行为方式、用能习惯具有越来越明显的影响力。一方面，社区可以通过文化活动、教育、宣传等途径对居民的素质和低碳行为进行非正式的规范；另一方面，社区文化可以增强居民的社区意识，使人们对所在社区产生认同感、归属感和参与感。在社区发展中，当社会凝聚力不断增强，任何背离社区文化的行为必然会遭到社区居民的反对，这对人们的行为无疑是一种约束力。

组织资源是指组织拥有或者可以配置的各种要素，包括资金、信息、关系、形象、人力等资源。此外，由于人们对不同社区组织的信任程度不同，导致了人们参与社区行动的意愿不同，从而使集体行动的组织成本存在差异。因此，对社区组织的信任不仅是一种社会资本，也是重要的组织资源。

制度规制指社区内的正式规范，包括法律、排放标准、节能指标等。

基础设施主要是指导致社区资源利用、生活能耗产生差异性的公共设施供给情况。如社区是否设置垃圾分类设施；社区是否使用太阳能等清洁能源以及建筑节能环保材料；社区供暖方式、温度可调节性、废水处理和水循环利用等。社区的能源供应结构在很大程度上决定了家庭的燃料选择。

二、低碳社区行动能力评估：基于三种社区建设的实践案例

近年来，低碳社区的实践行动较为活跃。根据设计原则的不同，低碳社区的典型样本包括英国贝丁顿的"零能耗社区"、德国弗班的"学习型规划社区"、瑞典韦克舍的"绿色城市"。[①] 根据低碳社区的建设途径和内容，其典型案例包括曼彻斯特"基于区域空间的社区"、芬兰"基于行业空间的社区"、匈牙利"基于利益导向的社区"、圣弗朗西斯科"基于虚拟空间的社区"。[②] 本书拟根据社区低碳行动的组织形式不同，将低碳社区的实践活动归纳为三种模式：政府引导型、企业引导型和 NGO 引导型。研究目的是评估不同组织形式下的低碳社区行动能力。

（一）政府引导的公共建筑节能改造项目

长宁区作为上海市低碳发展实践区之一，积极探索低碳示范区建设。该低碳示范区以虹桥地区为重点，通过申报世界银行全球环境基金（GEF）项目的方式开展。长宁低碳社区模式为"政府主导+公司运作+国际项目合作"，示范区以虹桥地区 3.15 平方公里范围为重点，主要涉及 100 幢公共建筑，总面积 396.75 万平方米。实践区低碳节能范围涵盖：①既有建筑节能改造和新建建筑低碳节能；②低碳能源集成与结构优化；③区域性分布式供能；④可再生能源在建筑中的应用；⑤交通和行为节能措施等。该案例呈现的社区行动能力表现出如下特点：

（1）组织资源。为推进实践区建设，2009 年开始，长宁区由区发改委牵头，采取合同能源管理的模式，即委托上海腾天节能技术有限公司着手建设实践区建筑能效监控平台，从而量化评价减碳目标。该平台不仅可以考量、监察、预测用能单位的能耗情况，评估能耗漏洞和节能潜力，而且可为楼宇业主、物业管理单位、合同能源公司等各类需求方提供基于分项计量数据分析的各种应用服务，引导和促进区域低碳节能服务产业的发展。

---

① Robert J. Chaskin, "Building Community Capacity a Definitional Framework and Case Studies from a Comprehensive Community Initiative", Urban Affairs Review, Vol. 36, No.3, 2001, pp. 291–323.
② Heiskanen E., et al., "Low-carbon Communities as a Context for Individual Behavioural Change", Energy Policy, Vol. 38, 2010, pp. 7586–7595.

（2）制度规制。在政府主导下，长宁社区对主要大型公共建筑的用能情况调查，编制了虹桥地区用能情况调研报告和分布式供能发展规划，并制定《长宁区节能减排工作实施方案》。此外，长宁区发改委设立节能减排专项资金，对建筑节能、交通节能、社区节能、合同能源管理节能技术、节能统计基础等分别给予补贴奖励。

（3）基础设施。在长宁区 102 栋建筑物内安装分项能耗计量装置，采用远程传输等手段实时采集能耗数据，实现对区域建筑用能总量、能耗指标、能效指标等全方位监管；同时实现对重点建筑能耗的在线监测、动态分析和节能运行调节。通过数据分析，分项计量平台会生成一份"体检报告"，业主和物业公司很快就能知道能耗漏洞在哪里，节能潜力在哪里。知道了"身体"哪里"生病"，"专家医生"就会及时对症下药，提出合理化、个性化的节能改造方案。

（4）社区文化。长宁区建筑节能不仅推广了分项计量和能效监管的相关知识和技术应用，在一定程度上也影响了居民的用电意识和用电习惯。如长宁区有关部门表示，有些居民原先不愿选择节能灯，但通过观察社区里公共部位用电量的变化后，接受了节能环保的生活方式，有意识地把白炽灯换成节能灯。但总体来讲，该项目是一个自上而下的节能项目，社区居民的直接参与度较低，社区文化在节能行动中的作用要远远弱于制度规制的作用。

（二）企业引导的社区垃圾分类项目

有数据显示，中国 70% 的城市陷入垃圾围城的困境，如上海日产垃圾14000 吨，周边被 3000 多个垃圾厂包围。如果城市生活垃圾得不到有效的处理，将对城市生态环境造成严重的污染，而且造成垃圾中大量有用资源的浪费。生活垃圾一般可分为四大类：可回收垃圾、厨余垃圾、有害垃圾和其他垃圾。垃圾分类时在源头将垃圾分类投放，通过分类投放回收使其重新变为资源，减少二氧化碳的排放。如垃圾分类收集后，每利用 1 吨废纸，可造纸 0.8 吨，相当于节约木材 4 万立方米或少砍伐 30 年树龄的树木 20 棵。

万科物业主导的垃圾分类项目，鼓励居民首先将"可回收物"分出，其余垃圾分门别类投放。该项目对厨余垃圾收集后，利用生化处理设备就地消化，以达到无害减量的目的；对有害垃圾和玻璃等分别收集后，积存到一定数量，联系环保部门收纳处理；剩余垃圾在收集后统一运至垃圾压缩站，经过分拣后压缩处理。万科物业垃圾分类的效果显著。目前的分类垃圾减少量高达46%，平均每个社区都实现了25%以上的垃圾减量，每年将减少超过7000万吨垃圾。业主环保意识和低碳行动均发生明显转变。该案例呈现的社区行动能力表现出如下特点：

（1）社区组织资源。万科物业为社区提供的组织资源除物资、资金等外，还包括关系资源，即蕴含在政府组织、商业组织、业主、非政府组织的关系网络中的一种社会资本。万科物业的垃圾分类需要业主自行分类、物业公司辅助分拣清运和后端处理三个环节的衔接和配合。物业公司和业主、物业公司和地方政府（如负责后端处理的环保部门）、物业公司和社区外的社会资源之间的网络联系强弱和信任程度，直接影响利益相关者的参与意愿、项目的运营成本等。可见，关系网络中利益相关者之间互动需求的强弱和信任关系，决定了社区集体行动的凝聚力强弱。

（2）制度规制。为了督促居民进行垃圾分类，万科建立了垃圾分类工作管理体系。根据万科物业建立的《垃圾清运管理制度》，万科物业的品质管理部或者总经理办公室负责垃圾分类的统筹工作；社区物业服务经理负责垃圾分类的推进工作；每栋楼设置专门负责垃圾分拣的岗位，由专人负责，并把居民垃圾分类纳入每栋楼管理员的绩效考核指标。此外，负责人对垃圾分类的结果进行完整的数据监测，并形成包括分类准确率、减量效果、社区活动等详细信息的月报，据此开展垃圾分类上的改进。

（3）基础设施。万科物业为社区免费配置分类垃圾桶、分类运输车、垃圾分类手册等，鼓励业主自行开展垃圾分类。除此之外，万科物业还投入大量资金，支付二次分拣房等硬件的经费、更新费用，以及宣传活动和清运人员的维护经费。社区的基础设施得到良好的改善，为居民低碳化行为模式的转变奠定了"硬"环境，但依靠企业投入的该模式较难被复制和推广。为促进社区的低碳行动，政府应从现金、厨余设备、宣传品、厨余垃圾清运等多方面给予社区资金补贴或物资补贴。

（4）社区文化。该案例中，社区文化对促进业主行动能力至关重要。万科小区积极开展推广活动，如赠送户内分类垃圾桶、再生资源换积分、垃圾分类小使者、"低碳进行曲"系列活动、业主恳谈会等，这些丰富的节能宣传教育活动在社区营造了节能减排的社会氛围，引导居民的节能意识，并将这种意识逐步转化为行为习惯。2006~2009年三次对业主的垃圾分类调查问卷结果显示居民参与程度：认知率50%，参与率70%，办公场所分类投放准确率 80%；小区公用容器分类投放准确率 60%。

（三）NGO 引导的绿色办公室项目

中国香港商界是最大的能源消耗者。在对抗气候变化问题方面，中国香港商业界的节能降耗行为将扮演关键角色，其节能意愿和行为可有效减少中国香港整体的碳足迹。2009 年 10 月，世界自然基金会（WWF）在中国香港启动首个低碳办公室计划（Low-carbon Office Operation Program，LOOP）。该项目提倡通过改变个人的"办公习惯"或者通过调整公司的管理模式来提供低碳型、环保型的商业社区运营方案，帮助减少办公室的碳排放。采用广义社区定义，中国香港商界可视为具有内在关联的"大社区"。该社区项目通过四个环节实施：第一个环节，自我节能评估。WWF 开发和提供一系列网上工具（如"GHD-easy"计算工具），帮助企业了解自身办公室的碳排放情况，实现企业自我的节能监督，并寻找节能的优化方案。第二个环节，第三方节能评估。企业申请第三方的能源审计服务，开展减排评估并形成评估报告。第三个环节，WWF 评估。WWF 对第三方的能源审计报告进行复审，并根据公司的整体表现，评定公司可获得的 LOOP 标识级别。第四个环节，WWF 授予企业 LOOP 标识，并通过颁奖等仪式授予优秀企业奖励。其特点如下：

（1）社区组织资源。WWF 作为非政府组织，其提供的组织资源主要体现在信息资源和形象资源上，而这些组织资源是帮助企业认识能耗情况，形成减排内动力的关键。从信息资源方面看，WWF 开发的"GHD-easy"计算工具，不仅记录企业温室气体的排放情况，而且根据公司的基本设施、办公室设施技术以及管理模式，为企业提供具有针对性的低碳运营范本。此外，WWF 也为企业设计自我评估问卷，帮助其评估自己的碳排放表现。从形象资源方面看，一方面，在企业内部，企业主往往期望通过降低办公能耗来减少生产成本，但公司员工缺乏内在动力。WWF 作为非营利的绿色组织介入，通过鼓励企业员工选择低碳办公设备，减少商务旅行，将节能降耗的理念融入企业文化，从而影响员工的工作态度、办公习惯和减排行动的参与感。另一方面，在企业外部，对于获得 LOOP 标识的参与企业，WWF 将公司的减碳个案发布于媒体加以宣传，可以在客户、供应商等利益相关者中树立环境保护的良好形象，从而提升企业的市场竞争能力。

（2）制度规制。LOOP 项目设置明确的低碳办公室评级指标，其包括办公室的燃烧活动和商务车辆的燃油排放导致的直接排放（办公室的照明、电脑及办公设备等）、能源使用引致的间接排放，以及其他排放，如商务交通和旅行排放的温室气体、食物和废水处理的耗电排放等。该评级指标已经成为企业和企业员工转变行为模式的参照指标。

（3）基础设施。LOOP 计划中的"低碳化"基础设施投入较低。参与企业在设备购买中，往往采纳使用有能源标签的产品，或选择低碳电器等，如使用水帘空调、节能灯管、太阳能热水系统等。但是如果节能产品明显增加企业的运营成本，参与企业则会放弃该种低碳运营方案。

（4）社区文化。LOOP 计划中参与企业采取赋权与奖励机制相结合的方式，激励全体员工的减排参与，使得该案例中的低碳文化塑造较前两个案例更具内动力。如参与企业通过制定绿色战略规划和设置"绿色委员会"，明确公司的年度减排目标和责任监管人。往往"绿色委员会"的成员从员工中选出，并对员工赋权，使得员工参与减排方案的制定、计划的实施和监督等；公司也通过开展节能减排的竞赛活动、现金奖励等方式激励员工的节能行为转变。2011 年的 LOOP 项目评估报告显示，参与 LOOP 计划的企业员工年均减碳量为 3.52 吨/人，其中减排的主要领域集中在电力能耗、商务旅行和员工通勤的温室气体排放，这三部分的减排量占总减排量的 90%。

（四）社区系统低碳化转变的效用分析

基于以上案例分析，社区系统的低碳化转变促进了社区集体低碳行为的转变，但不同的利益相关者主导的低碳社区建设有各自的优劣。

（1）政策规制因素。长宁区政府引导的低碳社区建设，在政策、基础设施和技术三个域方面取得实质性成果。这是因为，政府部门主导的低碳社区行动，在资金支持、政策引导和制度体系建设方面具有优势。如具有强制性规制效力的能效监测平台、《长宁区节能减排工作实施方案》、节能减排考核等制度体系的建设，以及节能专项基金的设立等。尽管其他两种低碳社区实践也注重"制度规制"的能力建设，但主要为非正式的制度规制。万科物业垃圾分类项目的政策规制主要针对垃圾分类的科学管理。为了保证社区居民的广泛参与，万科物业只能通过在每一栋楼安排一位垃圾分拣员，对不配合的业主"动之以情，晓之以理"。此外，由于企业主导的低碳社区缺乏具有强制性的政策规制，万科物业相关人士表示，在推进社区垃圾分类时，遭遇的最大阻力就是"如果分类过细，居民产生逆反情绪，则项目失败"。WWF 的 LOOP 项目评估中，设置有"减排制度"评估一项。据评估报告显示，参与企业在"减排制度"方面的表现一直存在回落趋势。

尽管长宁区的低碳建设采取了"政府+企业"的运营模式，但由于该项目缺乏有效的公众传导机制，社区低碳文化的建设能力偏弱，社区居民在低碳文化认同、信任和互惠基础上的行为转变呈现弱显性。相比而言，企业和 NGO 引导的低碳社区建设中，更注重对社区社会资本的培育，促进社区成为一个真正的低碳共同体。

（2）社会资本因素。驻社区企业和 NGO 可在政府与社会之间发挥桥梁和纽带作用，从不同角度引导公众参与，促使公众形成节能理念，并通过社区信息、文化和社会关系等社会资本构成舆论监督机制。在万科物业案例中，万科物业发挥企业的资源优势，积极推进社区公共服务社会化的运作，建立了多层次、多方面合作的社区垃圾分类体系，该体系的相关参与者包括社区居民、资源化垃圾处理企业、万科物业和城市环卫部门等。作为该体系的核心，万科社区的居民在参与垃圾分类的活动中，逐渐形成普遍共识、集体认同和集体归属感，甚至形成行为惯性时，这种"信任半径"[①] 将通过社会网络向外辐射，从而促进垃圾分类体系的相关绿色产业和低碳技术的市场化发展。

WWF 作为 NGO 组织，引导的绿色办公室建设，注重通过技能传播（如提供低碳办公室运作模式范本、为企业设计自我评估问卷等）、行为示范和形象宣传（如标识认证等）等方法将低碳发展的理念和方法传递给参与企业。但其关键不是让企业主"自上而下"地传播这些理念和方法，而是使企业员工成为 LOOP 计划的主角，成为企业低碳发展的决策者、监管者和执行者，从而激发他们的低碳行为热情，增加社会资本的存量。作为绿色办公室的主要利益相关者，企业员工在这一过程中，往往产生强烈达成认知共识和行动的同质性，提升个体坚持低碳行为的成就感。

（3）能效监测和碳盘查体系建设因素。目前，我国的低碳社区建设面临的最主要问题就是社区能效评估和碳盘查体系的缺失。社区碳盘查和能源监测平台的主要目的包括：一是社区基础设施节能改造的科学基础；二

---

① Ashish Tewari and Pushkin Phartiyal, "The Carbon Market as an Emerging Livelihood Opportunity for Communities of the Himalayas", ICIMOD Mountain Development, Vol.49, 2006, pp. 26-27.

是帮助公众获知自身的碳排放量；三是碳基金、碳补偿和碳交易的运行基础；四是树立商业社区的企业形象。缺失能效评估和碳盘查的低碳社区建设就如同"盲人摸象"。在本书的三种低碳社区实践中，碳盘查体系的建设成为促进集体低碳转变的关键。长宁社区通过建立能效监测平台，委托第三方核算社区家庭能源、建筑能源、个人交通、公共交通等的使用情况和碳排放量，从而分析碳足迹和优化减排的能源管理体系。长宁社区的碳盘查是政府主导的强制性盘查，分类核算详细且盘查范围广泛。万科社区主要通过自查的方式核算社区垃圾分类的排放情况，因此其碳核查的规模和核查范围较小，属于自愿性盘查。WWF引导的绿色办公室项目，采取"自查+第三方盘查"相结合的方式。首先通过WWF向企业提供"GHD-easy"排放计算器和评估问卷，除了记录温室气体的排放情况，帮助企业获知自身的碳排放量外，还根据公司的基本设施、办公室设施技术以及管理模式，评估公司在减少碳足迹方面的表现。自查程序后，参与企业可以自愿选择"是否要"、"何时要"第三方介入的能源审计和碳排放核查，但参与企业只有通过了第三方的碳盘查，才可以获得WWF认证的LOOP标识。WWF将获得认证的公司减碳案例发布于媒体加以宣传，加强节能企业的品牌形象。

（4）组织资源因素。三种模式的低碳社区发展中，政府主导的低碳社区发展，在资金、技术和强制性政策规制方面具有丰富资源，但"自上而下"的垂直管理不利于社区社会资本的培育，社区系统的低碳化多停滞在基础设施的"暂时减碳"而非行为模式的根本转变。企业主导的社区低碳转型，也具有社会资源多的优势，但其关键在于社区企业要有低碳意识，并愿意承担社会责任和投入相应资金。如果企业自我规制能力较强，则可以在社区低碳化转变中发挥积极作用；反之，则难成功。此外，企业主导的低碳社区发展存在局域性，即受限制于企业的经营行业或兴趣领域。如万科物业主导的低碳社区发展仅局限于垃圾分类的减碳活动。NGO主导的社区发展对公众的低碳意识影响力广泛，但由于NGO引导的低碳社区行动缺乏人力、财力、物力的支持，NGO在低碳社区发展中只起着"催化剂"作用，即社区具备一定低碳发展的条件时，NGO组织的介入才能发挥增加社区社会资本的推助作用。在WWF引导的LOOP计划里，参与企业多为不同商业行业的领头企业，这些企业具备良好的财力、物力和低碳领导力（这里指企业领导者的低碳认知水平较高）。一方面，WWF通过

LOOP 计划，帮助参与企业实现低碳转型；另一方面，WWF 对获得 LOOP 认证的企业进行宣传，树立参与企业的低碳形象，促进了领头企业在整个行业中的带动作用。

社区系统的低碳转型，可以消除四种低碳行为困境：集体行动的困境、社会习俗的困境、社会—技术的系统刚性和社会心理困境。但是低碳社区发展需要建立在政府、企业和 NGO 组织的协同构建上。政府要充分发挥政策引导、制度建设作用，形成可以影响个人低碳意识和用能习惯的外部环境；要运用法规制度等强制性手段和设立社区专项基金，构建社区的能源监测平台和碳盘查体系，孵化和推广低碳技术在社区基础设施和家庭能耗产品中的应用，即社区的社会技术域、基础设施域、政策规制域的低碳化需要政府占主导地位。

另外，社区文化域、社会心理域的集体行动能力提高，需要企业和 NGO 占主导地位。随着社区功能的发展和完善，政府要对社区赋权，收缩政府对社区的直接规制，并通过激励企业和 NGO 的参与，培育和积累社区社会资本存量，促进公众在低碳社区中形成利益共识、组织信任和互惠合作的 "依存感"。社区个体在低碳社区建设中的依存度和信任度高，则当个人低碳行为转变获得社区其他成员的 "广泛认同" 时，个人低碳行为转变产生成就感，消除了 "无助"、"孤立" 的抵触情绪；反之，当个人用能习惯违反了社区文化、社会范式时，其他成员会对其构成惩罚机制，从而克服 "搭便车" 的行为困境。因此，企业和 NGO 主导的低碳社区发展，可以增强社会资本存量，增强集体行动的能力。

第六章 低碳治理的选择性激励机制

从前几部分的激励问题分析来看，单纯依靠政府行政手段推动低碳经济发展，执行成本较高，且在公众低碳行为转变中缺乏推动力。市场机制的低碳激励正在被越来越多的国家在发展本国低碳经济的过程中所实践，但无论各个国家采取怎样的市场激励机制，其市场机制运行的前提是完成政府确定的碳排放总额。而在既定的低碳经济发展模式中，政府发展低碳经济的理念、企业生产的社会责任以及社会公众对低碳发展的认知程度和低碳消费习惯都对低碳治理起着直接影响和制约作用。因此，在政府设定的碳排放强度下，什么样的激励机制更能有效地引导企业和公众行为主体的低碳行为转变，从而使政府顺利完成减排目标，并实现经济发展与碳排放之间的平衡？不同模式的激励作用机制又会给微观经济主体的企业和社会公众带来什么样的影响？这些都是中国发展低碳经济过程中亟待解决的问题，也是本部分的主要研究目的。

奥尔森（1995）的集体行动逻辑理论认为，集团中的成员在进行集体行动时，仍旧是一个有血有肉的真实的"理性经济人"，仍旧会把个人利益放在最为重要的位置，从而把成员的抽象的集体理性还原为真实的个体理性。正是因为这种个体理性，使得成员在为集体物品而行动时，总是会对其行动进行成本—收益权衡比较后才做出选择。但是，在集体行动中，这种成本—收益是集团规模的一个递减函数，"集团规模越大，增进集团利益的人获得的集团收益的份额就越小，有利于集团的行动得到的报酬就越少；同时，成员获得的收益份额越小，而其所支出的成本就越大。往往收益不足以抵消他的成本；而且，集团规模越大，组织成本越大，获得集体物品前需要跨越的障碍也越大"。这种形式极大地影响了成员采取集体行动的积极性。此外，通过集体行动而获得的最终成果——集体物品还具有一个不同于私人物品的最大特征即消费的非排他性。集体物品一旦提供，每个成员都毫不例外地获得消费，即使成员不行动，他也不能被排斥在集体物品之外。这两个原因使得理性的集体成员在为集体物品行动时总是会持观望态度等待别人行动，即"搭便车"。"搭便车"的结果就是集体无法通过集体行动来满足每个成员都需要的集体物品，而且集团越大，越是如此，甚至是许多代表最普遍公共利益的集团如地方政府都变成了忍气吞声的集团。这正是集体行动的困境所在。要解决这种困境，奥尔森认为只能依赖不同成员、不同集体规模来设计选择性激励机制。

所谓"选择性激励"，是指针对集团中对集体物品做出不同贡献的成员有选择性地做出激励，激励既可以是积极的正向激励（如奖励或补偿），也可以是消极的负向激励（如惩罚）。针对不同的集体规模，激励机制的制度安排与演进路径存在差异。

第一节　激励相容和选择性激励政策假设

从各领域的激励问题分析来看，无论激励的对象是地方政府、企业还是公众；无论激励的政策工具是政府主导的命令控制型规制政策、碳交易市场的市场型政策还是对公众进行激励的参与型政策，激励过程所遭遇的激励困境本质都指向利益相关者不同利益诉求的协调问题。

根据现代经济学理论，市场经济中的每个经济行为主体均是"理性经济人"，即会根据自身利益最大化规则指导自己的行为。根据机制设计理论，由于不同行为主体（如委托人和代理人）的目标函数存在非一致性的可能，当委托—代理人之间面临信息不对称或缺乏有效监管与约束等问题，则将会出现代理人损害委托人利益的行为，并最终造成逆向选择或道德风险。在低碳发展过程中，中央政府（委托人）和地方政府（代理人）之间，政府（委托人）与企业、公众（代理人）之间一旦出现利益目标的非一致性问题，各地方政府和其他利益相关者在自身利益最大化目标的驱动下，往往对触动其既得利益的政策进行抵制，甚至"逆向选择"，导致政策执行失去效用。因此单一的或以某一方利益为出发点的制度安排，都无法实现激励目标，甚至一些逆向选择或集体行动过程中的"搭便车"行动反而会严重损害制度的供给能力。因此，低碳经济发展政策的激励效能不仅在于减排路径的成本—效益分析，更主要取决于政策规制目标与集体

（公众和企业）行为动机的激励相容性。假设能设计出一种制度安排，使得代理人追求个人利益的最大化行为正好与委托人低碳经济发展最大化目标函数相吻合，这就是所谓的"激励相容"的制度安排。因此，在低碳经济发展中，作为委托人的政府，需要设计一种创新的制度安排，以使其所期望实现的利益与代理人从低碳经济发展中获取的利益实现有效"捆绑"，以激励代理人采取最有利于委托人的低碳行为方式。[①] 如图 6-1 所示。

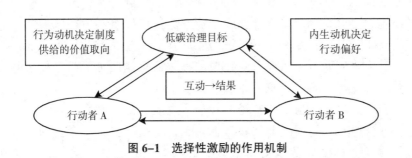

图 6-1 选择性激励的作用机制

在低碳发展的过程中，主要涉及政府、生产企业和社会公众。企业和社会公众作为理性经济人，会追求自身利益的最大化。研究选择对环境最有影响，也是占最大部分的集体行动成员——企业组织为例。企业采取低碳经济的发展模式会增加当期生产成本，且低碳经济虽然能给企业带来溢出收益（如声誉溢价、需求增长收益等），但低碳经济的经济效果具有一定的滞后性，给企业带来的收益不一定是当期所得，从而将导致企业当期的利润减少。而企业对自己的生产技术和能源消耗所造成的环境影响拥有私人信息，出于自身利益的考虑，企业往往会选择与政府要求不相一致的行为。而对政府而言，作为社会公共利益的代理人，不仅追求税收等经济利益收入，还关注社会效益和环境效益。而政府所拥有的信息大部分是公开的。因此，在低碳经济发展的过程中政府与企业和社会公众的信息存在不对称现象。政府属于信息劣势的委托人一方，而企业和公众则是拥有私人信息的代理人一方。

研究以分析政府和企业之间博弈行为和激励相容为主要对象，通过构建激励相容模型来分析相关的政策假设变量。激励相容模型的构建基于以

---

① 蒋长流：《多维视角下中国低碳经济发展的激励机制与治理模式研究》，《经济学家》2012 年第 12 期。

下几个方面的假设前提：①假设企业是理性经济人，追求自身利益的最大化。②假设环境资源的产权明晰，对环境资源的消耗和破坏计入企业的生产成本。③对于企业而言，企业有发展低碳经济和不发展低碳经济两种策略选择。选择发展低碳经济，在初期将因加大技术、设备、管理等方面的投入而产生专属成本，同时将因为技术进步等因素而减少对环境资源的消耗和温室气体的排放。如果在政府监管的情况下，政府将给予减排企业一定的激励措施，如补贴等。当企业不选择发展低碳经济或节能减排，在政府强化规制时会受到惩罚。④假设企业发展低碳经济和节能减排能够获得一定的减排收益，且随着低碳经济的发展，低碳产品的社会需求会逐渐增加。⑤对于政府而言，政府有强化规制和放松规制两种策略选择。政府强化规制时将支付一定的管理成本。

基于以上假设，当企业选择低碳经济发展，即主动实施较严格的能效监控和减排措施，此时企业的收益主要来自三个部分：①企业的基本生产收益，或企业不采取低碳发展模式下组织生产的企业收益 R_0；②企业因发展低碳经济而建立良好的企业形象，并获得声誉溢价 $B_1(\delta)$，比如企业升值的股票价格或者品牌价格提升等，其与公众对低碳产品的认知度和接受程度 δ 相关；③因为被更多顾客所信赖而带来的市场产品销售增长所产生的收益价 $B_2(\delta)$，其同样与社会低碳认知度 δ 相关。企业的成本主要包括四个部分：①企业的基础成本。由于本书直接用基本生产收益 R_0 建立模型，不再单独列出。②企业发展低碳经济初期的一次性投入成本 C_0，比如更换设备、改进工艺、改善管理的费用。③政府采取激励措施时，基于企业的成本补贴为 $\theta_1 C_0(p)$，其中政府补贴率 θ_1 的值域为 $(0, 1)$，且政府给企业的成本补贴还与政府监管的概率 p 相关。④由于企业采取低碳生产方式，提高能源使用效率，减少了对环境资源的消耗，为企业节约生产成本 $\theta_2 C_0$，其中 θ_2 的值域为 $(0, 1)$。因此企业选择发展低碳生产的净收益 $R(0)$ 可以表示为：

$$R(0) = R_0 + B_1(\delta) + B_2(\delta) - (C_0 - \theta_2 C_0) + \theta_1 C_0(p) \qquad (6-1)$$

对于不选择发展低碳生产的企业，企业将不会获得发展低碳的声誉溢价收益和低碳产品的增长性收益。而在政府强化监管的情况下，企业将受到政府的惩罚 $F(p)$，该惩罚成本与政府监管的概率 p 相关。因此企业选择不发展低碳节省的净收益 $R(1)$ 可以表示为：

$$R(1) = R_0 - F(p) \qquad (6-2)$$

在企业选择低碳生产模式的条件下，假设委托人政府的效用为 U（y，c），其中，y 为委托人的收益，c 为委托人的成本。委托人的目标是通过监管和相应的激励机制使得企业选择低碳生产模式，从而实现效用最大化。在以上基本假设下，委托人政府和代理人企业之间的委托代理模型可以表示为：

$$\max EU(y, c) \tag{6-3}$$

$$\text{s.t. } R(0) = R_0 + B_1(\delta) + B_2(\delta) - (C_0 - \theta_2 C_0) + \theta_1 C_0(p) > u_0 \tag{6-4}$$

$$R_0 + B_1(\delta) + B_2(\delta) - (C_0 - \theta_2 C_0) + \theta_1 C_0(p) \geq R_0 - F(p) \tag{6-5}$$

其中，式（6-3）为委托人政府的期望效用；式（6-4）为企业参与低碳生产的约束条件，其中，u_0 为企业的保留效用；式（6-5）为企业参与低碳生产的激励相容约束条件。

建设该模型的目的是研究激励相容的决策机理，因此，重点分析激励相容条件。基于企业追求利益最大化的假设前提，企业低碳生产的激励相容条件为 $R(0) \geq R(1)$，即企业低碳生产的收益大于企业不采用低碳生产模式的收益。

假设 $B_1(\delta) = \delta b_1$，$B_2(\delta) = \delta b_2$，$\theta_1 C_0(p) = \theta_1 p C_0$，$F(p) = pf$，则式（6-5）转化为：$R_0 + \delta(b_1 + b_2) - (C_0 - \theta_2 C_0) + \theta_1 p C_0 \geq R_0 - pf$，即：

$$\delta(b_1 + b_2) - (C_0 - \theta_2 C_0) + \theta_1 p C_0 + pf \geq 0 \tag{6-6}$$

当式（6-6）被满足时，理性的企业将选择实施减排措施和发展低碳生产，而当企业的生产成本超过声誉效应、监管惩罚和增长性收益时，非低碳生产成为企业的选择。从式（6-6）可以看出，企业的低碳选择与社会对低碳的认知程度、监管强度、惩罚力度和政府补贴强度成正比，而与低碳生产的初期投入成本成反比。以下通过固定其他变量，分别分析政府监管力度和社会低碳认知程度对企业是否选择低碳生产激励相容条件的影响。

由式（6-6）可知，政府惩罚力度加大，可以有效增加企业不采取节能减排的违约成本，促进企业低碳生产。而处罚与政府监管力度正相关。以政府监管概率为影响因素，由式（6-6）可以得出其影响企业低碳道路选择的临界值：

$$P = \frac{1}{\theta_1 C_0 + f} [C_0(1 - \theta_2) - \delta(b_1 + b_2)] \tag{6-7}$$

由式（6-7）看出，政府监管概率的临界值与社会对低碳认知度成反比，与低碳发展在市场上给企业带来的声誉价值和增长性收益价值成反比。即社会公众对低碳的认知程度越高，对低碳产品的需求逐渐增加时，政府及时放松监管，企业仍会将发展低碳经济作为理性选择。而当极端情况 p = 0 时，即政府完全不进行监管，则 δ $(b_1 + b_2) - (C_0 - \theta_2 C_0) \geq 0$。也就是说，此时企业是否自愿进行低碳生产完全取决于低碳生产所能带来的市场激励 δ$(b_1 + b_2)$。如果激励不足，即低碳生产的溢价不高，或者社会对低碳认知尚未成熟，则不选择低碳生产方式是企业的理性选择。此时，满足激励相容最低要求的低碳生产溢价为 $b_1 + b_2 = \dfrac{C}{\delta}(1 - \theta_2)$。

如果社会对低碳发展高度认知，即企业通过低碳发展不仅可以节约成本，而且可以通过低碳标识、企业社会责任公报等有效生态责任评估途径得到完全认可，从而获得声誉溢价和增长性收入，此外，δ = 1，则式（6-6）变形为：

$$(b_1 + b_2) - C_0(1 - \theta_2) + (\theta_1 C_0 + f)p \geq 0 \tag{6-8}$$

此时，$(b_1 + b_2) - C_0 (1 - \theta_2) \geq 0$，即企业的声誉溢价和增长性收入之和大于企业初期的生产成本时，即使没有政府介入，监管概率 p = 0，在市场激励的条件下，企业仍然会主动选择低碳生产的发展模式。当 p > 0 时，即政府实施监管时，生产企业的收益将随着 $p\theta_1 C_0$ 和 pf 的增加而增加，即监管强度越高，惩罚力度越大，生产企业选择低碳模式生产的概率就越大。

当社会对低碳发展的认知程度较低，低碳产品尚未成为市场消费的主流产品时，由于非低碳生产的产品中没有因技术创新而产生的沉没成本，反而在销售价格上更具有优势。则在利益的驱动下，企业的生产会逆向选择不采取低碳生产模式。假设社会对低碳发展的认知为空白，即 δ = 0，则式（6-6）变形为：

$$(\theta_1 C_0 + f)p - C_0(1 - \theta_2) \geq 0 \tag{6-9}$$

此时，市场激励的效应消失，企业是否会选择低碳发展的模式完全取决于政府的强化规制，且只有当 $fp \geq C_0(1 - \theta_2) - \theta_1 C_0 p$ 时，才能使企业选择低碳生产模式。因此，当社会对低碳发展具有较高认知度，如已经形成低碳文化、低碳消费习惯、企业上下游采购的低碳意识等时，通过有效的分离机制，生产企业将获得更高的市场产品溢价，进而使企业选择低碳生产模式的激励相容条件也更容易被满足。相反，当社会对低碳缺乏系统认知时，激励相容条件的达成将更多地依靠监管惩罚，对政策规制的强度要求也必然上升。

总体来看，企业选择低碳生产受生产利润的驱动，其内在动力可以分为市场机制及政策规制机制（如惩罚等），市场激励机制的发挥在于完善的产业环境，如产业创新带来的低碳生产成本的降低、市场对低碳产品的需求增加、社会低碳文化对消费行为和上下游企业采购行为的影响，以及政府监管营造的公平市场竞争环境等。为了达到激励相容条件，激励企业采取低碳生产模式，在监管强度较弱的条件下，必须改善产业条件，加大市场激励的力度，而在产业环境不完善的条件下，必须加大监管力度。

特别是，从以上分析来看，市场激励政策要协调好利益相关者的利益矛盾，要注意处理好以下两个利益冲突：一是成本与收益的利益冲突。发展低碳经济，会使企业的初期成本显著增加，使得企业在短期的经营周期内减少了利润空间。如何处理好成本与利益的共生，是推进低碳发展模式的关键。特别是在竞争的市场环境中，低碳发展企业由于具有较高的运行成本，产品竞争力会受到影响，反而容易造成低碳创新企业与传统企业之间利益分割的不平等，导致在完全利润导向的机制下，产生逆向选择，淘汰低碳创新企业。这种"劣币驱逐良币"的竞争显然不利于低碳经济发展模式的推进。因此，激励机制的设立必须处理好企业经营成本和社会成本与收益之间的矛盾冲突。二是利益链的传导性。如分析结果显示，居民的低碳消费和低碳认知会对低碳产品的需求性收益增长产生积极的驱动作用。因此，政府在制定政策推进低碳发展的过程中，不仅要关注企业的即期利益，还应该营造如同日本广泛参与低碳发展的社会氛围。

第二节 生态补偿的内涵与气候变化生态补偿的特殊性

要兼顾各利益相关者及利益集团的利益诉求，可以通过生态补偿制度实现各方利益协调的激励目标，从而促进市场激励机制更好地发挥作用，而非目前主要依托的政策规制型低碳发展激励机制。生态补偿不仅是一种使外部成本内部化的环境经济手段，更是一种调节环境损害和保护生态环境的主体之间利益关系的一种制度安排。[①] 这种制度安排不仅包括对生态环境破坏者和受益者征费，从而对保护资源环境的行为或对生态保护利益牺牲者进行经济补偿，而且要建立环境修复治理和生态环境保护的约束机制和激励机制。本书将基于生态补偿理论和制度机理构建激励多方利益相关者参与的低碳发展选择性激励机制。

生态补偿，即对生态系统和其服务功能的补偿，包括流域服务的补偿（水质、水量和洪水管理）、生态功能区的补偿（生态林、生物多样性、碳捕捉与储存）、矿山生态补偿和气候变化生态补偿。因此，分析气候变化生态补偿的概念及其基本要素，需要从"生态补偿"的内涵开始。

一、生态补偿的内涵

生态补偿是一种使外部成本内部化的环境经济手段，其定义至今尚未明确。总体来看，生态补偿包含两种含义：一是自然生态补偿（Natural Ecological Compensation）。《环境科学大辞典》（2002）将其定义为"生物有机体、种群、群落或者生态系统受到干扰时，所表现出来的缓和干扰、调节自身状态使生存得以维持的能力，或者可以看作生态负荷的还原能力"，或是自然生态系统对由于社会、经济活动造成的生态环境破坏所起的缓冲和补偿作用。二是指对损害环境的行为进行收费，加大该行为的成本以激励损害行为的主体减少因其行为带来的外部不经济性，或对保护资源的行为予以补偿或奖励从而达到保护环境的目的。本书所称的生态补偿在第二种意义上使用，即作为调动生态建设积极性、促进资源环境保护的一种经济手段。[②]

随着全球经济与社会的迅速发展，资源与环境问题已经成为各国经济可持续发展的关键。因此，在近十年中，各国纷纷针对生态系统服务制定补偿计划。拉丁美洲正在对各种生态补偿系统进行大量试验；亚洲和非洲

---

① 谢剑斌、何承耕、钟全林：《对生态补偿概念及两个研究层面的反思》，《亚热带资源与环境学报》2008 年第 3 期。

② Jack B. Kelsey, Carolyn Kousky and Katharine R.E. Sims, "Designing Payments for Ecosystem Services: Lessons from Previous Experience with Incentive-based Mechanisms", Proceedings of the National Academy of Sciences, Vol. 105, No.28, 2008, pp. 9465-9470.

对生态补偿的认识则相对落后。[1]

补偿计划中最常见的是生态服务功能补偿，即 PES 系统（Payments for Ecosystem）。PES 是指生态系统服务的受益人对生态系统服务管理者或提供者给予的经济补偿。其主要有四种方式：①最主要的一种是公共支付（Public Payment Schemes），即政府运用公共财政或基金、国债等国家金融渠道购买生态环境服务，再提供给社会成员。[2] 如美国于 1985 年实施的保护性储备计划（Conservation Reserve Program）和 1991 年德尔塔水禽协会承包沼泽地计划。[3] ②私人交易补偿，也称为"自愿补偿"或"自愿市场"。除了非营利性组织或营利性公司取代政府作为生态系统服务的购买者之外，私人通过直接支付所产生的补偿功能与上面所说的公共支付十分相似。这些补偿交易往往是在没有任何强制性动机的情况下进行的交易。私人交易补偿常见于生态环境服务的受益方和提供方较少且容易明确的交易情况，如小的流域上下游之间和森林生态服务功能交易。20 世纪 80 年代法国的皮埃尔法特矿泉水公司为保持水质量而对上游愿意改良土地经营措施的农户进行经济补偿，最终达到生态环境服务的交易双方的共赢。③配额交易补偿。政府或管理机构首先为生态系统退化或一定范围内允许的污染量设定一个界限（"总量"或"基数"）。相关公司或个人可以选择通过直接准售这些规定或标准来履行自己的义务，或通过资助其他土地所有者进行保护活动来弥补自己造成的环境负面影响。体现这种补偿的"信用额度"可以用来交易并形成市场价格。配额交易补偿（Cap-and-Trade Schemes）主要针对被政府明确为可交易商品的，且其本身能够别标准化为一定计量额或基数量的生态功能服务，如"碳汇市场"（Carbon Markets）、"生物多样性市场"（Biodiversity Markets）、"水分蒸发信贷"、"湿地舒缓银行"（US

① Yonghong Bao, Wenliang Wu, Mingxin Wang, et al., "Disadvantages and Future Research Directions in Valuation of Ecosystem Services in China", International Journal for Sustainable Development & World Ecology, Vol. 14, No.4, 2007, pp. 372-381.

② S. J. Secherr and M. T. Bennett, "Developing Future Ecosystem Service Payments in China: Lessons Learned from International Experience." A Report Prepared for the China Council for International Cooperation on Environment and Development (CCLCED) Taskforce on Eco-compensation, 2006.

③ Saddey Wunder, "Payments for Environmental Services and Poor: Concepts and Preliminary Evidence", Environment and Development Economics, Vol. 13, No.3, 2008, pp. 216-223.

Wetland Mitigation) 等①。④生态认证计划。生态认证计划(Eco-Certification Programs) 指消费者通过在市场上支付较高价格来购买经独立的第三方认证的生态产品，间接地对履行生态保护义务的生产商提供补偿的一种自愿性制度。在欧洲市场非常盛行的绿色标志就是典型的生态认证计划，其不仅出现于林业产品、绿色食品，还常见于能源节约、废气排放和噪声排放环保型产品中。在四种 PES 补偿形式中，后三种补偿方式，即私人交易补偿、配额交易补偿和生态认证计划，均属于市场导向的补偿手段。

可以看出，国外对生态补偿的探索主要有以下几个特点：

（1）以生态环境提供的服务功能价值为补偿的核心和补偿标准确立的依据，补偿的主体和客体比较明确。

（2）政府主导的生态补偿和市场导向的补偿为两条平行线，相辅相成。生态环境服务的提供者和受益者较多且不容易明确的大江大河等跨区域性补偿由政府主导，一对一交易或容易明确受益方和提供方的由市场手段自行完成补偿，从而使生态补偿在法制化的同时又具有积极的市场推动力。

（3）生态补偿的目的是保护生态环境，尽量避免资源利用行为对生态环境及其服务功能的破坏，其具有事前补偿的特点。

国内自 20 世纪 90 年代起开始了大量的生态补偿实践和立法，一些地方也初步建立起生态补偿制度，但理论研究还很薄弱，何谓生态补偿，至今尚未达成一致。概括起来主要有以下几种观点：

（1）以吕忠梅（2002）为代表的观点认为，狭义的生态补偿是指对人类造成的生态系统和自然资源的破坏及环境污染的经济补偿、恢复和综合治理。广义的生态补偿则还包括对矿区居民因环境保护而丧失发展机会的经济、技术、实物上的补偿。其中包括环境保护的教育支出和资源型城市转型的经济和技术支持。其主要强调了生态补偿的核心是对环境的恢复治理。

（2）以毛显强等（2002）为代表的观点认为，生态补偿是一种保护资源环境的经济手段，是指"通过对损害（或保护）环境资源的行为进行收费（或补偿），提高该行为的成本（或收益），从而刺激损害（或保护）行为的主体减少（或增加）因其行为带来的外部不经济性（或外部经济性），

---

① Anne Gouyon, "Rewarding the Upland Poor for Environmental Services: A Review of Initiatives from Developed Countries", World Agro-forestry Centre (ICRAF), Southeast Asia Regional Office, Bogor: Indonesia, 2003.

达到保护资源的目的"。

（3）遵循"污染者付费"原则，强调环境破坏者对生态破坏和环境污染的补偿义务。[1]

（4）强调"受益者负担"原则，认为生态补偿是自然资源使用人或生态受益人对自然资源所有权人或对生态保护付出代价者支付相应费用的一种制度安排。如王金南（2006）认为生态补偿的基本含义应该是一种以保护生态服务功能、促进人与自然和谐相处为目的，根据生态系统服务价值、生态保护成本、发展机会，运用财政、税费、市场等手段，调节生态保护者、受益者和破坏者经济利益的制度安排。

不同的观点从不同的角度阐述了生态补偿的内涵，但与国外生态补偿定义相比（见表6-1），我国对生态补偿的定义是以"生态环境破坏"为核心的，它们强调的补偿都是针对遭受了破坏的生态环境损害价值，而非生态环境在未来能够提供的生态服务价值。我国的生态补偿具有一定的事后补偿特点。因此，我国的生态补偿定义运用了"Eco-compensation"，这是由我国法制体制和国家特定发展阶段决定的。

表6-1　国内外生态补偿比较

	国内生态补偿	国外生态补偿
补偿的定义	Eco-compensation	Payments for Ecosystem
补偿的核心	遭受了破坏的生态环境损害价值	生态环境在未来提供的生态服务价值
补偿的特点	事后补偿	事前补偿
补偿的方式	政府补偿主导，市场补偿滞后	政府与市场补偿相结合，市场补偿为主

但无论是国外的生态服务功能补偿定义还是国内对生态补偿的界定，其要表述的核心内涵基本趋于一致。即生态补偿法律制度的实质是通过补偿机制使利益相关者之间的权利义务进行重新分配，协调和平衡它们之间的利益关系，实现环境公平和分配正义。具体讲，生态补偿的内涵包括以下几方面的内容：

（一）生态补偿是对生态服务非市场化价值的实现

近20年来，尤其是20世纪90年代，对生态系统服务功能，尤其是对其价值评估的研究发展迅猛，备受人们瞩目。不同的研究者对生态系统

---

[1] 杜群：《生态补偿的法律关系及其发展现状和问题》，《现代法学》2005年第3期。

服务功能的概念和内涵有不同的描述和表达。目前最为广泛引用的是，生态系统服务功能是指生态系统与生态过程所形成及所维持的人类赖以生存的自然环境条件与效用。它不仅为人类提供了生态商品，如食品、草料、木材、纤维、燃料、医药资源及其他工业原料等，还创造与维持了地球生态支持系统，形成了人类生存所必需的环境条件，提供了诸如气候调节、养分循环、废物处理和美学文化方面等的功能。

Daily[1]（1997）和 Constanze[2]（1997）分别介绍了生态系统服务的功能和类型。生态系统服务的功能划分为四个主要类型，它们包括调节功能、栖息功能、生产功能和信息功能，并认为由于前两个功能对于维持自然过程和组成是必不可少的，因而是后两个功能产生和维持的前提条件。此外，我国学者在这方面也做了大量的研究工作。如董全（1999）将生态系统服务总结为几个类型：自然生产，维持生物多样性，调节气象过程、气候变化和地球化学物质循环，调节水循环和减缓旱涝灾害的产生，控制病虫害的暴发，维护和改善人的身心健康，激发人的精神文化追求等。欧阳志云等[3]（1999）则将生态系统服务功能的内涵概括总结为有机质的合成与生产、生物多样性的产生与维持、气候的调节、营养物质贮存与循环、土壤肥力的更新与维持、环境净化与有害有毒物质的降解、植物花粉的传播与种子的扩散、有害生物的控制、自然灾害的减轻等方面。

总而言之，从不同的角度出发，生态系统就有不同的分类方式和不同的分类结果。但总的来看，其主要有四大功能：①自身功能（或称供给功能），是指生态系统提供食物、纤维、燃料、木材等资源的功能；②调节功能，是指从生态系统中获得空气调节、气候调节、水质调节、自然灾害调节等收益；③文化功能，是指通过精神满足、认知发展、消遣和体验美感而使人类从生态系统获得的非物质收益；④支撑服务功能，是指对其他生态系统服务产生所必需的服务类型，它对人类的影响往往具有间接性或者能持续较长时间，如土壤的形成、养分循环、水循环、碳储备等（见表6-2）。

---

① Daily G.C., "Natare's Services: Societal Dependence on Natural Ecosystem", Washington D. C.: Isiand press, 1997, p.98

② Gostanza R., Degrout R., Farber S, et al., "The value of the world's Ecosystem Services and Natural Capital", Nature, 1997, pp.252-260.

③ 欧阳志云、王如松、赵景柱：《生态系统服务功能及生态经济价值评价》，《应用生态学报》1999年第5期。

表6-2　生态服务功能类型

提供功能	内容
自身功能	生态系统提供的淡水、木材、燃料、食物等资源
调节功能	生态系统提供的在调节气候、涵养水源、净化空气、避免极端灾害等方面发挥的作用
文化功能	生态系统提供的良好景观，能愉悦身心，并具有文化服务功能
服务功能	土壤的形成、营养物质的循环、初级产品的生产、碳储存

生态补偿是对生态系统服务的补偿，而且是生态服务非市场化价值的实现。生态服务的自身功能提供市场性商品（如淡水、木材、食品等资源），而生态服务的调节功能、文化功能和服务功能不能直接进入市场（如对洁净空气的供给、生态多样性等），造成这些类型的生态服务功能长期被无偿消费，并直接导致自然资本和生物多样性等供给能力的逐步衰退。生态补偿是针对生态服务中不能通过制度设计或者还没有通过制度设计实现市场化价值转化的那部分价值而实施的经济激励措施。

（二）生态补偿是生态服务功能消费外部性的内部化

从微观经济学角度，社会产品可以大体划分为：公共产品和私有产品。所谓"公共产品"，就是指那些在消费上具有非抗争性和非排他性的产品。非抗争性指对于任意给定的公共产品产出水平，增加额外一个人的消费后该产品不会引起产品成本的任何增加，即消费人数的增加所引起的产品边际成本为零。而非排他性指只要某一社会存在公共产品就不能排斥该社会的所有成员消费该种商品。由于公共产品的这两种特性，产生了"公共地悲剧"问题。"公共地悲剧"简单地说就是人们为了使个人利益最大化，而无限度地使用公用资源，导致该资源的过度消耗以至最终枯竭。

生态服务是一种典型的公共产品。生态补偿要解决的核心问题就是该种公共产品在其供给和消费过程中所产生的外部性问题，即如何让生态服务的供给者因为正外部性所做的努力（或牺牲）而获得应有的收益（或补偿）。或者如何让生态服务的使用者对恢复生态服务功能的成本和因破坏行为造成的发展机会成本损失进行补偿和付费。如果生态系统的使用者支付一定的费用给生态系统的保护者，让生态服务系统的保护者在生态保护活动中获得收益，或者使用者的付费，超过生态系统管理者选择替代土地利用方式所产生的负外部性，这样生态服务系统的保护者和使用者就可以达成双赢。

此外，生态补偿是让生态服务的消费者为其使用的生态服务而付费。人们对生态系统服务的消费分为资源型供给型服务消费和生态调节型服务消费。资源供给型服务消费是指使用者直接开发利用生态系统提供的有形服务，如水、森林、矿产资源等自然资源和水、空气等环境容量。资源供给型服务消费在开发利用过程中往往因为产权界定模糊而不可避免地产生负外部性，但这部分负外部性不应计入生态补偿的范围，而是通过资源的极差地租（如资源费）、污染排放权的区划（如排污费等）以及影子价格等方式反映其经济价值，从而实现生态资源资本化，并使得环境外部性内部化。生态调节型服务消费包括两种形式：一种是由于排污行为造成区域环境质量下降而导致的生态功能减退；另一种是资源破坏行为导致资源所承载的主体生态调节功能衰退或者丧失。[①] 这部分的外部性内部化是生态补偿的主要内涵。气候变化的生态补偿正是属于调节型生态服务在消费和生产过程外部性的内部化方式。如表 6-3 所示。

表 6-3　生态服务系统消费的外部性内部化方式

服务类型	消费形式	法律管制	评价标准	外部性内部化
资源供给型	自然资源供给	减少破坏	资源级差地租	资源费
	污染物排放	减少污染	污染物排放量	排污费
调节型生态	超过承载能力的开发	缺位	生态功能评价	生态补偿
	超过环境容量的排放	缺位	环境质量评价	生态补偿

资料来源：彭丽娟：《生态补偿范围及其利益相关者辨析》，《时代法学》2013 年第 11 期，第 37 页。

（三）生态补偿是生态保护活动中对利益相关者之间利益分配的协调与再分配

生态系统服务的公共物品属性和其生产消费中的外部性远离，解释了为什么要补偿和什么利益需要补偿。那么，哪部分人的利益需要得到补偿呢？这就是生态补偿的主体如何确定的问题。

根据利益相关者理论，生态补偿存在多个不同层次的利益相关主体。通过对相关文献的梳理和分析，可以将生态补偿的利益相关者进行四种分类：①从生态补偿影响涉及范围角度，分为影响者和被影响者，这种分类反映的"影响"可以是主动的或是被动的，也可以是正面影响或负面影

[①] 彭丽娟：《生态补偿范围及其利益相关者辨析》，《时代法学》2013 年第 11 期。

响。②从行为作用的负面影响特征角度，可以分为破坏者和受害者。这种分类强调生态环境问题的负外部性，侧重于主体行为对生态环境系统产生的破坏作用，同时这种行为的利益相关主体成为生态环境破坏的利益受损者。③从生态环境保护角度，可以分为保护者和受益者，这一分类强调生态环境保护行为的正外部性，体现了生态保护行为收益与成本的非对称性。④从生态补偿涉及主体的直接性或间接性特征角度，分为直接利益相关者和间接利益相关者。这种分类体现了利益相关主体的层次性，也意味着利益相关主体的利益具有不同的重要性程度。因此，在实施生态补偿时，不同利益相关者的利益诉求是不同的，存在利益诉求相互矛盾的情况。需要将不同利益相关者的利益进行先后排序，为生态补偿机制提供决策依据。

二、气候经济学范式内的生态补偿

根据生态补偿的内涵，生态补偿的承载对象要具有生态服务功能价值、公共产品属性以及外部性特征。气候变化作为典型的气候环境问题，其气候资源具有生态服务的价值、公共产品属性以及外部性特征。

(一) 气候资源具有生态服务价值

随着社会生产力的不断提高，人类改造自然的能力空前增强，各种资源开发的规模远远超过工业革命初期。人类的活动对地球的影响在不断加深，从而引发了全球气候变暖、动植物灭绝速度加快等一系列生态环境问题。人类赖以生存的生态系统在不断地变弱，系统的自我调节能力、发展和演绎能力受到影响，一些局部性生态系统遭到了破坏，甚至出现了气候灾难。可见，气候资源所提供的生态服务具有一定特殊性，这种特殊性在于气候资产是依附于植被、土地、森林、水资源等地表附着物共同构成的一个完整的生态系统并以自然形态的形式存在，发挥着生态服务的功能，这种存在本身就是一种价值。这种价值可以通过气候容量评价进行评估，即一个地区特定气候资源所能承载的自然生态系统和人类社会经济活动的数量、强度和规模。气候容量包括天然容量和衍生容量，天然容量包括温度、光照、降水、极端气候事件等因子，衍生容量包括水资源、土地资源、生态资源、气候灾害风险等要素。① 原本不为人们所注意的生态系统潜在的服务功能的重要性逐渐为人们所认知到，并作为一种稀缺的生产要素，随着环境自然资源总量（碳空间）、环境自净化能力（气候容量）等气候资产逐渐衰退，生态资本存量逐渐减少，气候资产作为一种生态资产的稀缺性日益凸显。

（二）气候资源具有公共物品属性

气候资源附着的生态服务在被开发利用时具有典型的"公共产品"特征，如区域内的树木、草地、各种生物等组成的生态系统发挥着涵养水源、制造氧气、减少温室气体排放等作用，为农业、工业生产和社会生活的气候容量和碳排放空间提供系统支持。这种生态系统的服务具有消费的非排他性和非抗争性，任何一个生活在该区域的人都在享受着这种生态服务，没有任何人能够阻止别人分享；同时也具有非抗争性，在该区域增加任何一个人分享时，该生态系统并没有增加服务的成本。② 但在过度能源消耗造成碳排放超过气候容量时，就成为一种"次公共产品"。"次公共产品"是指，从经济技术角度讲是公共产品，但却可以采取私人支出的方式进行补偿或者恢复。因为，在能源消耗发生碳排放时，存在着一个个实体，它们在社会生产和消费过程中造成了依附于气候资源之上的生态服务系统功能的降低或者丧失，这些生产者和消费者就是过度碳排放的主体或者责任人。

（三）碳减排和气候适应行动具有典型的外部性特征

气候变化的主要原因是人类温室气体排放。要将大气中温室气体的浓度稳定在防止气候系统受到危险的人为干扰的水平上，减少温室气体排放是重要的途径。③ 可见，气候变化具有明显的外部性，使用化石燃料等人类活动排放温室气体导致气候变暖形成气候变化的负外部性，而减少温室气体排放以及提高气候风险的适应能力是形成气候变化的正外部性。这些外部性所产生的成本或收益不能在市场交易中获得充分体现，导致造成气候变化负外部性，如化石能源的过度开发利用、无偿的碳排放空间使用等行为不需要承担任何社会成本，而应对气候变化的减缓和适应行动所带来

---

① 潘家华、郑艳、王建武等：《气候容量：适应气候变化的测度指标》，《中国人口·资源与环境》2014年第 2 期。
②③ 彭本利、李爱年：《气候变化生态补偿的路径选择及制度构建》，《时代法学》2013 年第 11 期。

的收益和正外部效应却因具有非排他性，而容易形成"公共地悲剧"和"搭便车"的心理，使得低碳发展和气候适应行动难以达到帕累托最优。

综上所述，气候资源具有生态功能的服务价值，且碳排放空间和气候容量作为一种稀缺生态资产，因其非竞争性和非排他性，使得气候资源具有公共物品的特征。因此，气候变化的生态补偿机制具有可行性和必要性。气候资源作为支持社会发展的生态屏障正在被极度弱化，整个社会拥有的社会气候资产也正在相应大幅度减少，对人们的生存环境构成了威胁。建立气候变化的生态补偿机制，就是要实现建立生态服务的市场平台，通过制度安排实现生态服务消费的有偿化，以及生态服务供给的补偿化和长期化。

三、气候经济生态补偿的特殊性

尽管气候变化生态补偿是生态补偿在气候变化领域的应用，生态补偿的理论基础和制度机理等可以适用于气候变化领域的生态补偿，但由于气候资源本身生态服务功能的特殊性，其生态补偿特点也具有一定特殊性。

（一）补偿客体的特殊性

人口与经济生活的增长都降低了生态系统提供其服务的功能，但也因此提高了生态系统服务的价值。目前越来越多的政策制定者和商业集团都已经认识到了生态系统给社会经济带来的生态效益。生态补偿的目的就是通过补偿手段达到经济效益与生态效益之间的平衡。因此，生态补偿的客体主要包括两个方面的内容：一是生态系统的生态效益；二是直接受害者或者直接生态效益生产者。一般生态补偿中所讲的生态效益比较抽象和概括，如森林生态效益的补偿包括吸收二氧化碳、涵养水源、防风固沙等；矿产资源生态效益的补偿则包括土壤修复、水源地保护、生物多样性保护以及矿产资源本身价值等。对人的补偿主要是直接受害者损失的直接经济成本和发展机会成本，以及生态效益的直接生产者因创造生态价值而获得的补偿和激励。而气候变化生态补偿的客体不是抽象和笼统的生态效益，而是具体的应对气候变化的行为，包括气候减缓行为、低碳发展行为和气候适应行为。气候变化的生态补偿客体突出了对人的补偿，特别是对落后地区和生态脆弱地区及脆弱人群遭受气候变化影响的补偿。如对直接减少温室气体排放行为的补偿、为避免温室气体排放而实施的碳封存行为的补偿、低碳发展补偿和为应对气候敏感和脆弱而实施的适应性补偿等。这些补偿往往是指对减缓或低碳技术、低碳能源开发和利用、产业发展、适应性工程和发展机会损失等方面提供的经济与制度支持和鼓励。

（二）补偿主体的广泛性

气候变化的补偿，特别是低碳发展补偿主要集中在国际层面，因此，气候生态补偿的主体不仅包括国内层面的地区之间，还包括国际层面的国家之间，如发达国家和地区是二氧化碳的主要排放者，发展中国家和落后地区对气候变化的影响较小。尽管近几年发展中国家的碳排放不断增加，但也存在发达国家和地区向落后国家和地区转移排放的因素。国际层面的低碳发展补偿主要是发达国家对发展中国家的补偿。而国内层面地区之间、行业之间、群体之间的气候变化生态补偿主体也具有广泛性特征，如每一个个体其实都是碳排放的实施者，虽然影响较小，但对气候变化影响都负有责任，因此都可以成为气候变化生态补偿的主体。

（三）补偿时空尺度的跨区域和跨流域性

一般环境污染和生态破坏造成的损害责任需要在因果关系上存在近因，因而生态补偿的理论与实践主要集中在区域补偿、流域内补偿，在跨流域、区域以及长实践尺度方面还尚难突破。气候生态补偿在时空尺度方面的扩展为生态补偿开创了一个新的模式。从时间尺度上看，作为最主要温室气体的二氧化碳一旦被排放到大气中去，短则 50 年，长约 200 年不会消失。因而气候变化与传统环境污染和生态破坏相比在因果联系上的时间尺度更长，确定气候变化补偿的责任者更为复杂。不仅是代内之间，而且需要考虑代际之间的补偿义务。从空间尺度上看，温室气体不论在哪里排放，气候变化的影响在全球范围内都是存在的，只是落后地区和气候脆弱地区更容易遭受气候变化的影响。气候变化生态补偿超出了行政区域和流域的限制，扩展到更大范围的气候功能区域，甚至从国内层次扩展到全球层次。[1]

---

[1] 彭本利、李爱年：《气候变化生态补偿的路径选择及制度构建》，《时代法学》2013 年第 11 期。

第三节 生态补偿的类型

一、生态补偿的类型

生态补偿类型是国家制定补偿政策的重要理论基础。生态补偿的方法和途径很多，按照不同的准则和目的有不同的分类体系。

（一）按利益相关分类

按照生态补偿发生的两大典型领域——资源开发和生态功能保护，生态补偿的主体关系可以呈现为四类补偿：国家补偿、资源利益相关者补偿、自力补偿和社会补偿。其中国家补偿、资源利益相关者补偿和自力补偿属于直接利益相关者补偿，而社会补偿属于非直接利益相关者补偿。

1. 国家补偿

国家补偿是指国家对生态建设给予财政拨款、政策优惠、技术支持、宣传教育等多种方式的补偿，其中中央政府给予的财政拨款补贴是最为直接和典型的生态补偿方式。国家补偿要求中央政府将国民收入的一定比例预算为生态建设拨款和补贴，一般按年度拨付。

2. 资源利益相关者补偿

资源利益相关者补偿是指生态保护的付出主体（贡献者）与生态保护利益获得者（受益者）之间通过某种给付关系建立起来的物质性补偿关系，主要有两种形态。第一种形态是自然资源的开发利用者对资源生态恢复和保护者的补偿，如采煤、采矿、水力开发等，开发利用受益者应给予当地生态利益牺牲者以物质补偿。资源输入地区对资源输出地区的补偿也属于这类补偿，如林木输入地对输出地的生态补偿。第二种形态的典型表现是下游地区对上游地区的利益相关者的生态补偿。

3. 自力补偿

自力补偿是负有生态保护义务的地方政府、资源利用者对当地直接从事生态建设的个人和组织，通过生态保护义务者的生态保护义务履行而实现的物质性补偿关系。

4. 社会补偿

社会补偿是指外国政府、金融机构、国际组织、民间组织、环保社团及个人通过物质性捐助和捐赠、技术输入、建立互惠关系等方式给予的非强制性补偿。

(二) 按空间尺度分类

生态补偿按照地理空间尺度可以分为国际补偿和国内补偿。

1. 国际补偿

国际补偿是多个国家面临一个共同的环境问题时，一个国家对另一个国家的补偿支付 (Side Payments)，其中包括经济补偿和技术转移 (Technology Transfer)。由于国际性的环境政策与管理不像在一个国家内部，可以通过有效的执行机构加以强制实施，因此国际补偿的一种最常见形式是国际环境协定 (International Environmental Agreements)，它是一种非强制性补偿方式。

2. 国内补偿

国内补偿根据地区尺度又可以细分为区域补偿、重要生态功能区补偿、流域补偿和生态要素补偿。区域补偿主要是指由国家对西部重要生态环境安全屏障区，以及曾经为其他地区输送大量廉价资源却承受严重生态环境破坏危害的西部和东北部地区的生态重建和经济补偿。重要生态功能区补偿主要是指国家通过公共购买或财政转移支付对保障国家生态安全具有重要作用的生态功能区进行的环境保护和生态建设。流域补偿主要是指国家以公共购买或市场交易的方法解决的大江大河、跨省界的中型流域和城市饮用水源的生态补偿问题。生态要素补偿主要是指根据开发者或破坏者负担原则，由矿产资源、水资源、土地资源等开采者对资源所有者进行的补偿以及对所破坏的生态要素进行的修复。①

(三) 按管理方式分类

根据补偿运行机制和管理方式的不同，把生态补偿分为政策型补偿、市场型补偿和参与型补偿三类。

1. 政策型补偿

政策型补偿是指由政府通过公共购买或制定环境标准、法律法规、优惠政策等规制性手段进行的生态补偿，包括制定生态补偿的立法规划，编制生态补偿行动计划，推行生态补偿公报制度，制定生态补偿核算标准、

---

① 杜群:《生态补偿的法律关系及其发展现状和问题》,《现代法学》2005 年第 3 期。

区划标准和评估标准，发展援助政策和经济合作等。政策型补偿是市场型补偿和参与型补偿的运行基础，但目前也尚未在国家层面形成法律法规体系。

2. 市场型补偿

市场型补偿是指市场交易主体在各类生态环境标准、法律法规、政策规范的调控范围内，利用经济手段参与环境市场产权交易，从而自发参与生态环境改善活动的总称。它是一种市场激励式的生态补偿，其补偿的手段又可分为激励型经济手段、市场交易手段、生态标识制度等。激励型经济手段主要指通过生态建设和保护投入、财政转移支付、税费优惠、排污收费等方式筹集生态补偿费，或是开展目的在于减少资源消耗行为或是增加从事生态建设行为的补贴项目来激励企业和个人参与生态补偿建设。市场交易手段是通过建立配额交易制度、水权交易市场来实现受益区域向生态建设区域支付费用购买生态配额，或者水环境者获得利益相关补偿的一种市场手段。生态标识制度是对环境友好型、资源节约型产品授予生态标志，从而获得消费者、采购商等市场青睐，实现对生态建设和保护者的补偿。此外，通过环保基金、环境责任保险、环保产业的契约、生态彩票和生态补偿债券的发行来募集资金的补偿方式也在国内有较成熟的经验，其也属于一种市场化的补偿手段。

3. 参与型补偿

参与型补偿主要是指通过政府绿色采购、宣传教育等方式推动公众对生态标识、生态补偿政策的认知和对制度建设的参与，从而推进公众在生态补偿中的积极作用。

（四）以其他目的和标准为分类依据的生态补偿类型

由于目前学术界对生态补偿类型划分还没有统一的体系，根据政府介入的程度、补偿的效果、补偿的途径等不同分类标准，生态补偿的类型也大相径庭，如根据政府介入的程度不同，生态补偿可以分为强制性补偿和自愿性补偿。根据补偿的效果，可以分为输血型补偿和造血型补偿。输血型补偿是指政府或其他补偿者将筹集起来的资金定期转移给被补偿者，而造血型补偿的目的是增加落后地区的发展能力。根据补偿的途径，可以分类为直接补偿和间接补偿。直接补偿是指由污染者直接支付给受害者或者环境修复行动者的补偿；间接补偿是指由环境破坏者付款给政府有关部门，再由政府有关部门给予直接受害者或环境修复者以补偿的形式。生态补偿的分类体系如表6-4所示。

表6–4 生态补偿的分类体系

分类依据	主要类型	细分
利益相关者	直接利益相关者补偿	国家补偿
		资源利益相关者补偿
		自力补偿
	非直接利益相关者补偿	社会补偿
空间尺度	国际补偿（国家之间补偿）	—
	国内补偿	—
管理方式	政策型补偿	—
	市场型补偿	—
	参与型补偿	—
政府介入的程度	强制性补偿	—
	自愿性补偿	—
补偿的效果	输血型补偿	—
	造血型补偿	—
补偿的途径	直接补偿	—
	间接补偿	—

二、气候变化生态补偿的类型

根据生态补偿的分类系统，气候变化生态补偿可以分为以下几个层次：

（一）国际补偿与国内补偿

从补偿的空间看，气候变化生态补偿包括国际补偿和国内补偿。碳减排与很多其他资源和商品一样，成为国际流通的商品有个前提，就是发展中国家的减排成本会比发达国家更低。也就是说，碳减排在发达国家的"生产"成本高，而在一些工业化程度较低、森林碳汇资源丰富，或者清洁能源成本低、劳动力和土地成本低的发展中国家更容易以较低的成本"生产"。国际补偿是发达国家提供技术转让和资金支持，投资于发展中国家的节能减排项目，由此产生的温室气体减排量用于抵消其国内的碳排放。该种补偿机制也被称为 CDM 机制。发达国家以较低价格得到自己所需的碳信用额度，而发展中国家通过该种机制获得额外的资金和先进的减排技术，促进本国的低碳和可持续发展。国际补偿不仅是实现气候治理共同目标的需要，促进发展中国家尽快转变"技术锁定"效应下的高碳能源发展，更是发达国家对其挤占发展中国家排放空间的补偿。国际碳补偿制度构建的关键是确定如何建立有效的国际补偿资金的分配和使用机制。

我国地域广阔，气候条件复杂，各地区经济发展不平衡，温室气体排放贡献率不同。对于国内层面应对气候变化，构建公平的发达地区和落后地区之间的气候变化生态补偿机制同样具有现实的意义。第一，一个区域生态环境的保护、修复与重建需要大量资金投入；同时，一个区域为了保护生态环境，可能会丧失许多发展机会，付出机会成本；生态环境是一种公共资源，一个区域生态环境的积极变化会给相邻区域带来生态利益。在这种情况下，必须建立有效的生态补偿机制。从能源生态系统服务价值和生态足迹来看，我国西部地区的能源生态系统服务价值为 11969.4 亿元，占全国能源生态系统服务价值总量的 51.18%，生态足迹为 14969.6 亿公顷，占全国能源生态足迹的 25.23%；中部地区的能源生态系统服务价值为 8680.5 亿元，占全国能源生态系统服务价值总量的 37.07%，生态足迹为 20546.54 亿公顷，占全国能源生态足迹的 34.63%；东部地区的能源生态系统服务价值为 2797.4 亿元，占全国能源生态系统服务价值总量的 11.96%，生态足迹为 23819 亿公顷，占全国能源生态足迹的 40.13%。[1] 可见，东部地区和中部地区应该为西部地区的能源生态系统保护提供相应的补偿。第二，各区域的经济发展水平和产业结构差异很大，且不同区域的环境规制强度存在差异，这导致碳排放隐含在商品流中随着产品和服务的流动而在区域之间转移。如东部沿海地区、京津地区、北部沿海地区、东北地区采用严格的环境规制政策，而中西部地区却采用一般性环境规制。在环境规制级差下，碳排放由东部沿海地区、京津地区、北部沿海地区、东北地区向中西部地区转移。姚亮、刘晶茹（2010）对我国区际碳排放转移的分析结果表明：八大区域间的碳排放状况存在着明显的区域失衡，区域碳排放转移格局呈现出"北移"与"西进"的态势。东北地区、北部沿海地区、中西部地区已经成为区域产业转移中淘汰高能耗、高排放产业的"避难所"，而经济较为发达的京津地区、东部沿海地区、南部沿海地区是高能耗、高排放产业的转出地。如果要在全国范围内实现低碳发展模式，区域之间的碳转移问题应得到重视，否则，即使在某些地区成功实现了碳减排，也有可能在其他地区发生碳排放的增长和替代效应，从而使得全国

---

① 彭本利、李爱年：《气候变化生态补偿的路径选择及制度构建》，《时代法学》2013 年第 11 期。

碳减排的总任务无法实现。因此，应该建立区域碳转移的补偿机制，促进区域间碳排放责任的公平承担。

（二）政策型补偿、市场型补偿和参与型补偿

从管理的方式和补偿的运行机制看，气候变化生态补偿包括政策型补偿、市场型补偿和参与型补偿。政策型补偿是政府采取强制执行的法律政策以及强制执行的最低能效标准和工程安全标准对减缓和适应气候变化进行的直接管控。如以法律法规、生态标准、能效标准、气候移民等政策手段进行的补偿。如 2008 年我国制定 22 项高耗能产品能耗限额标准，这些高耗能产品能耗限额标准从新建项目的准入值、限额值、先进值三个层次对高耗能企业提出要求。新建项目的准入值就是国家标准新建项目时要求必须达到的能耗控制值，否则不会批准建设。2013 年江西、天津等 16 省市对水泥、氧化铝、钢铁产品等都制定了强制性的地方产品能效限额标准，这些标准甚至严于国家能效标准。此外，一些研究提出规范补偿，即根据征收气候变化生态补偿（税）费的法律规定，向从事温室气体排放的单位和个人征收一定数额的费用作为生态补偿资金的一个重要来源。[①] 如澳大利亚政府于 2011 年开始征收的碳排放税用于补贴居民，其中九成的中等收入家庭将获得政府补贴，以抵消碳排放税征收带来的影响。[②] 由于气候变化生态补偿税的征收主体是政府，且主要用于实现碳中和的环境公平性，该种补偿也属于政府政策规制补偿的范式。目前，我国一些地方开始征收生态补偿费，但我国生态补偿费主要以政府项目的方式征收，主要局限于退耕还林、保护矿区、流域生态环境修复等内容，且仅在江苏、福建、内蒙古等部分地区进行。气候变化生态补偿费的征收在我国尚处于空白阶段。

市场型补偿包括两种：一是政府可以通过经济政策激励手段对市场产品价格和企业生产成本进行间接干预，如通过对市场主体的行为或产品设置收费、征收碳税或者给予补贴、碳基金、低碳标识制度等来增加规避的成本。合同能源管理也是基于市场运行的一种节能机制。在合同能源管理

---

① 彭本利、李爱年：《气候变化生态补偿的路径选择及制度构建》，《时代法学》2013 年第 11 期。

② 由于澳大利亚政府执政党的变动，2014 年该国和碳排放税相关的政策法规都已经取消，碳排放税的征收也被终止。

领域，我国政府出台了一系列财政、税收、融资等方面的优惠政策。[1] 或者通过设定责任准则，如果市场主体违反了准则，就要承受相应的经济损失，包括违约金、押金偿还计划和履行保证金等。二是政府首先为生态系统退化或一定范围内允许的污染量设定一个界限（"总量"或"基数"），市场主体（企业和个人）在这个总量（配额）下进行限额交易。该种补偿是通过碳交易实现气候功能的量化和可交易化。市场补偿是协调生态补偿空间选择和分配的重要且有效手段。从补偿的产业空间来看，生活及工商业空间、交通产业空间的碳排放强度较高，而农业、渔业与水利业等产业的碳排放强度较低。[2] 而从区域看，我国地域广阔，气候条件复杂，各地区的资源禀赋和经济发展水平均存在较大差异。中部地区多为资源大省，资源输出和城市基础设施建设造成碳排放强度较大，而西部地区经济发展较落后，工业化程度较低，西部经济的发展主要依赖农业和初级产品的生产，碳排放强度相对较小。[3] 可见，不同产业、地区和企业之间的减排成本和减排难度存在差异，把生态补偿和碳交易联系起来，实施补偿性碳交易，可以达到激励相容的目的。如牛文元（2008）在《中国碳平衡交易框架研究》报告建议的碳平衡交易也属于通过市场机制实施的补偿性碳交易。碳平衡交易是指以省为单位推行"碳源"（向大气中释放二氧化碳的过程、活动或机制）—碳汇（从大气中清除二氧化碳的过程、活动或机制）交易的制度，建立"生态补偿金制度"。若某省碳源总量高于碳汇总量，需按照超出部分的比例支付补偿金，用于补偿碳汇贡献大的地区，以推行清洁能源计划、节能减排技术等；若某省碳源总量低于碳汇总量，则可以获得补偿金。根据"碳源—碳汇"交易制度，云南、青海和西藏等西部地区可以获得碳汇补偿金，其余各省均应该按比例上缴碳基金，上缴前三名为中部省份山东、山西和河北。

参与型补偿是政府补偿的重要补充，可以广泛调动社会公众参与应对气候变化，提高公众的气候保护意识，为推进低碳生产、生活和消费起到

---

[1] 2010 年中央共安排了 20 亿元资金支持合同能源管理项目，奖励基金由中央财政和省级财政共同负担，中央财政奖励 240 元/吨标准煤，省级财政奖励不低于 60 元/吨标准煤。部分经济条件好的区域会根据自身经济条件提高合同能源管理的奖励标准。

[2] 赵荣钦等：《中国不同产业空间的碳排放强度与碳足迹分析》，《地理学报》2010 年第 9 期。

[3] 贾峻博：《我国碳排放轨迹呈现库兹涅茨倒 U 型吗——基于区域的碳排放分析》，南京财经大学出版社 2011 年版，第 66 页。

示范作用。参与型补偿是为了鼓励环境友好行为的可持续效用，政府或私人对企业和个人自发的节能减排和环境保护行为相应给予一定的补偿，包括私人直接补偿、自愿性行业协议和自愿性能效标志等。如深圳的低碳认证制度、中国香港非政府组织的 LOOP 计划和低碳制造计划等（见附录4）。以欧洲自愿性行业协议为例。欧洲自愿性行业协议主要是介于政府与行业之间，通过行业自愿参与节能计划，政府提供必要的财力和技术支持，实现行业与社会利益的双赢。目前欧洲自愿性行业协议涉及电视机、电冰箱、洗衣机、洗碗机、电动汽车、热水器等多个家电行业。这不仅促进了行业内部的低碳技术创新，而且推动了自愿性能效标示在公众中被广泛接纳。此外，地方政府的示范教育作用和非政府组织的媒介作用可以通过外部信息的提供与传导机制为企业低碳责任的普适化提供信息平台。例如：地方政府通过绿色采购、低碳示范（如公共建筑节能项目）、信息引导（如节能预警调控、产业结构调整指导目录等）、生态补偿的教育宣传等措施对企业低碳行为产生信息导向作用，其也属于生态补偿的参与型政策范式。

（三）强制补偿和自愿补偿

强制补偿与强制减排相联系，减排主体可以适用一定质量和数量的补偿信用来降低其强制性减排任务。随着我国政府宣布自主减排承诺，并将减排纳入经济社会发展规划而成为约束性指标，节能减排在各个地方的分解也成为必要。目标责任制逐级分解减排目标，但这一传导体系往往将节能压力累积在县一级的基层政府和企业。如果这些减排的主体能够获得一定补偿作为激励，则可以促进地方基层的减排内在动力。这种补偿对应的是强制性减排目标的完成，因此也属于强制补偿的范围。该种强制补偿可以通过转移支付的形式实现。

自愿补偿是指减排主体不存在强制性减排义务，出于环保目的、社会责任和声誉价值的提升等因素，自愿参与气候变化生态补偿。2008 年 12 月，中国首个官方碳补偿标识——中国绿色碳基金补偿标识发布。公众自愿捐资到中国绿色碳基金进行"植树造林吸收二氧化碳"的活动，就可以获得碳补偿标识。2009 年 8 月 5 日，天平汽车保险股份有限公司成功购买奥运期间北京绿色出行活动产生的 8026 吨碳减排指标，成为第一家通过购买资源碳减排量实现碳中和的中国企业。[1] 2010 年 3 月，北京市直机关工委启动了市直机关党员干部参与林业碳汇行动，领导干部带头购买"零碳车贴"。每出资 1000 元的捐款可赠一张"碳汇车贴"，可贴在汽车挡风玻璃上，表明购买者已购买 5.6 吨碳汇，通过碳补偿消除该车一年的碳排放。上海世博会是中国碳补偿行为最大的试点。公众参与的资源减排行动是世博会"碳补偿"项目的重要一环。其中活动中发行的 7 万张低碳交通卡除了具备普通交通卡的支付功能外，每张卡还内含一吨碳指标，即购买一张交通卡通过绿色出行就能减少一吨二氧化碳的排放。此外，世博园内的很多参展方也积极参与自愿碳减排，如伦敦零碳馆通过场馆设计及各类低碳技术应用，实现零排放；联合国馆和万科馆通过上海能源环境交易平台，购买场馆建设和运营过程中的碳排放。[2]

（四）减缓补偿、适应性补偿和低碳发展补偿

从补偿内容来看，气候变化生态补偿包括减缓补偿、适应性补偿和低碳发展补偿。减缓补偿又称为碳补偿、碳抵消和碳中和，是指减排、避免排放以及封存一定数量的二氧化碳当量用于抵消其他地方发生的温室气体排放量。减缓补偿不仅针对直接减少温室气体排放的行为，还包括避免温室气体排放以及封存一定数量的二氧化碳当量的行为，后者由于经济和技术等方面的原因而需要通过补偿的方式予以支持和鼓励。

适应性补偿是为降低特定地区或特殊群体的脆弱性，提高其适应气候变化能力实施的补偿。相对于减缓补偿，对适应气候变化的补偿往往容易被忽视。根据 IPCC（2001）的定义，所谓"适应"（Adaptation）[3]，就是自然或人类系统为应对现实的或预期的气候刺激或其影响而做出的调整，这种调整能够减轻损害或开发有利的机会。潘家华和郑艳（2010）将适应的方法分为工程性、技术性、制度性三种类型。工程性适应活动主要包括修建水利设施、环境基础设施，跨流域调水工程等；技术性适应包括研发农

---

① 刘画洁：《个人碳中和法律制度的环境正义问题探究》，《山东社会科学》2012 年第 9 期。

② 吴育文、张骏立、陈静等：《碳补偿机制在构建低碳城市进程中的意义——以北京零碳车贴为例》，《价值工程》2011 年第 25 期。

③ IPCC 将"适应"分为三种类型：预防性（主动）适应：是指在气候变异所引起的影响显现之前启动；自主性（自发性）适应：不是对气候影响做出的有意识的反应，而是由自然系统中的生态应激，或人类系统中的市场机制和社会福利变化所启动的反应；计划性适应：针对未来可能发生的气候风险预先制定政策、规划进行防范，是政府决策的结果，建立在意识到环境已经发生改变或即将发生变化的基础上，采取一系列管理措施使其恢复、保持或达到理想的状态。

作物新品种、开发生态系统适应技术等；制度性适应指通过政策、立法等制度化建设，促进相关领域增强适应气候变化的能力，如碳税、流域生态补偿、科普宣传提高公众对气候变化的相关认知等措施。一直以来人们对减缓气候变化给予了高度关注，却对适应气候变化重视不够。现有的气候治理机制侧重于温室气体的减排，注重采取减缓方式的行动计划，适应问题缺乏具体的行动计划和时间表。

低碳发展补偿是指为低碳技术、低碳能源开发利用、低碳产业的发展和公众低碳行为转变提供资金和技术支持，从而减少温室气体的排放，提高社会经济系统应对气候变化的能力。低碳发展的实质是指通过技术创新和制度创新，来降低能耗和减少污染物排放，建立新的能源结构。低碳发展的核心是低碳技术，其目标是通过能源结构、产业结构、生活方式和消费模式的低碳化调整，降低发展过程中的碳排放。如政府通过低碳技术创新补贴等补偿措施对低碳技术创新的组织和个人进行物质帮助，以降低低碳技术研发与创新的成本，促进低碳技术的创新与应用。

第四节 低碳发展的生态补偿激励机制框架

一、低碳发展的生态补偿机制原则

低碳发展的生态补偿激励制度建立应该遵循以下原则：①以促进实际节能减排和集体减碳行动为目标。通过生态补偿等利益协调机制，促进集体减碳行动，激励非政府主体参与到低碳治理中来，吸引多元社会主体和多渠道社会资本加入低碳经济发展的治理结构。生态补偿机制虽然可以协调多元主体的低碳行动积极性，但也存在一定弊端。如随着碳排放市场的逐渐成熟，交易规模逐渐增大，碳信用价格会逐渐降低，企业或个人会更愿意通过购买碳信用来抵消碳排放行为，而非实际的节能减排行动。②以政府主导，市场传导为主要原则。中共十八大报告提出，加快转变经济发展方式的关键是全面深化经济体制改革，而经济体制改革的核心问题是处理好政府和市场的关系，必须更加尊重市场规律，更好发挥政府作用。碳交易的"总量与交易"机制（Cap and Trade），很好地诠释了政府与市场之间对立统一的辩证关系：有效运行的市场，应该是政策规制与适度监管下自主运作的市场，既非计划统制，也非自由放任，而应该是政府目标与市场机制的融合。"政策规制→政府与市场联合作用→集体行动"是低碳发展的渐进过程。在我国现行经济发展现状下，激励机制仍以政府为主导。政府应根据区域低碳意识、社会经济发展状况、行业经济规模的演变，不断调整治理模式及相应的市场激励措施。③生态保护与经济发展统筹兼顾的原则。低碳发展的激励政策在改善城市生态环境的同时，也会影响到城市社会经济的发展；此外，社会经济的发展程度也直接关系着地方政府的政策供给持续性和社会参与低碳治理的持续性。因此，低碳经济发展的生态补偿激励机制应兼顾生态效率和经济效率的耦合作用。④"污染者付费"原则。"受益者付费"和"污染者付费"原则都是通过对损害（或保护）资源环境的行为进行收费（补偿），提高该行为的成本（或收益），从而激励损害（或保护）行为的主体减少（或增加）因其行为带来的外部不经济性（或外部经济性）。[1] 但"受益者付费"原则是市场环境主义原则，其从生态功能保护的角度出发，更能体现生态环境保护产生的生态价值，但缺点是根据该原则，容易造成受益人的重复负担，相应的生态补偿资金不易核算。"污染者付费"原则是非市场环境主义原则，其由温室气体排放者通过对碳中和的实施者给予相应补偿或者购买碳信用的方式承担环境保护责任，该原则兼顾公平与效率。

二、低碳发展的生态补偿激励路径

（一）政策型低碳发展生态补偿

基于目前我国低碳发展的治理模式，政府不仅是经济社会发展战略和政策的制定者，也是低碳发展的规划者和推动者，即激励主体。在目前我国的低碳治理结构中，由于市场交易机制尚待完善，政府主导的激励机制主要集中在通过强制性的法律政策对企业和公众直接进行管制和激励（如图6-2中的①）。法律政策是引导企业和社会公众行为的最基本也最有效

---

① 陈挺：《生态补偿中市场环境主义与非市场环境主义的争论——基于斯科定理的质疑》，《财政研究》2013年第11期。

的行政政策工具，其具有权威性与强制性。法律政策按其制约强度可以分为强制执行政策与自愿参与政策。强制执行的法律政策包括节能法律以及强制企业执行的最低能效标准、生态标准和标识制度。如低碳示范区的规划和建设、建筑物节能标准、淘汰高能耗照明设备、绿色或白色认证等。目前我国主要的强制性法律政策激励主要包括：①源头控制。即通过政策导向和资金支持来调整资源能源利用结构，减少对能源结构中仍占主导地位的化石燃料的依赖，鼓励开发新能源，使用清洁能源，从资源能源需求的源头对碳排放进行控制。②碳减排技术的创新。市场是驱动技术创新和企业节能减排的重要动力，但由于低碳技术创新成果和技术知识具有公共性与外部性效应①，单纯依靠市场作用无法使低碳研发达到社会最优，所以政策规制成为弥补市场失灵的关键环节。政府可以通过 R&D 投入、直接资助低碳技术创新者等方式弥补技术创新的外溢价值损失，从而达到低碳技术研发和应用的激励效用。

强制性政策法规在我国的低碳治理激励中发挥着主导作用，其是低碳规制制度的顶层规划和设计。但强制性政策法规发挥其应有的作用，需要与其他激励手段形成有效的组合。例如：美国的新能源推广不仅出台了多部具有强制性且细化的法律政策，还出台了 13 亿美元的个人节能消费优惠预算方案，即消费者购买家用太阳能设备开支的 30% 可用来抵税，在住宅中使用节能玻璃和节能电器可减免税收，甚至在家中更新室内温度调控设备，更换节能窗户都可以获得全部支出 10% 的减免税收优惠；生产者方面，政府将向能源企业提供总额达 146 亿美元的减税幅度，对提高能效和开发可再生能源相关企业给予财政补助。② 东盟国家如越南等为鼓励新能源发展，提出企业的新能源项目在 10~15 年内可以持续免除所得税，并且可以永久地免除自然资源税。③ 近年来，我国也陆续出台了一系列的政策法规来激励新能源的发展，如《可再生能源法》、《国家中长期科学技术发展规划纲要（2006~2020 年）》、《可再生能源中长期发展规划》等 10 余部政

---

① 技术创新的公共性和外部性是指新研发技术一旦投入使用，将发生技术创新的溢出，这种溢出效应不仅能为研发企业带来收益，还能被整个行业所共享，从而提高整个产业和社会的福利水平。但由于外溢效应产业创新的成果将被他人所无偿使用，因此技术创新者的积极性会在一定程度上被削弱。
② 钱龙、廉同辉：《美国奥巴马政府新能源政策及对我国的启示》，《价格理论与实践》2013 年第 9 期。
③ 刘晓佳、安海忠、丛琳等：《东盟国家新能源政策及启示》，《资源与产业》2013 年第 6 期。

策法规。但问题是新能源发展法律和政策体系仍不完善，相关法律之间缺乏协调，特别是法律和政策规定过于宽泛，总体上偏重原则化，可操作性方面存在一些不足。例如在风能、太阳能的产业体系和产品标准等方面仍处于空白状态。这种顶层设计的缺失，不仅会造成市场产品鱼目混珠，也为地方发展新能源和转变能源结构的政策创新和市场监管造成困难。如我国对新能源开发和利用提供相应的政策保障和补贴，通过补贴来降低新能源产业的创新成本和市场推广成本。如 20 元/瓦的光伏发电装机补贴对于我国推动太阳能光伏技术的市场化有着积极效用，但由于缺乏相应的产业标准，补贴的供给操作比较复杂，本应给予有潜力的光伏技术研发的补贴，最终只能成为市场推广为目的的补贴行为，其对技术创新的激励作用不大。

此外，节能认证和能效标准也是节能领域中一项十分有效的措施。节能产品认证是依据相关的标准技术要求和认证程序，经具有资质的第三方节能产品认证机构确认，并颁布节能产品认证证书和给产品粘贴节能标志，证明某一产品为节能产品的活动。节能认证能够体现出产品或技术的性能指标，目的是为用户和消费者的购买决策提供必要的信息，以引导和帮助消费者选择高能效节能产品，从而影响耗能产品设计和市场销售，以促进产品能效的提高和节能技术的进步，节约能源，减少污染物排放，最终达到全社会节能的目标，创造一个和谐的生态环境。[①] 目前很多国家都采用了能效标准和节能认证的激励手段，如欧洲推行能效电器集团（Group of Efficient Appliances，GEA）标识[②]、EU 能源标识认证和白色标识机制[③]；美国建立的"能源之星"认证[④]、能效配额制度（EEPS）[⑤] 和节能量认证等。这些国家的节能认证制度都具有强制性政策规制与市场交易相结合的

---

① 陈安国：《论能源新形势下的我国节能认证活动》，《当代经济管理》2010 年第 7 期。
② 能效电器集团（GEA）标识主要用于在待机模式下具有低耗点亮的家用电子产品和办公设备。
③ 白色认证是与可再生能源的绿色认证相对应的一种制度。即政府为能源供应商制定节能目标，能源供应商必须在制定实践段内对能源用户实施能效政策以实现节能目标。
④ 1994 年美国设立《节能法案》，为各种各样的节能产品制定能效标准，并通过"能源之星"认证法案。美国所有的联邦机构必须采购具有"能源之星"认证的高能效产品。目前高能效产品的市场份额已经超过 25%。
⑤ 美国能效配额制度是由州政府或联邦政府制定的，要求电力和天然气供应商在规定时期内必须完成一定的节能量，该制度是节能量认证制度的基础。其中，节能量目标的制定是能效配额制度实施的关键。

特征。节能量认证制度（白色认证）中的节能目标具有强制性法律效应，但同时额外完成且获得证书的节能量又享有市场交易的权利。其参与主体包括政府管理机构、节能目标的被监管企业（如电力供应商、工业企业、商业企业、交通部门等）、节能服务公司（ESCOs）以及消费者。该种政策手段不仅抓住了节能工作的源头，而且可以在一定程度上激励微观市场的多维主体行为。1999 年我国依据《节能法》颁布了《中国节能产品认证管理办法》和节能产品认证标志，标志着我国节能认证制度的正式建立。但由于认证制度采取自愿参与的原则，且缺乏明细和具有强制性的最低能效标准，节能产品认证存在所涉及的行业范围较小、市场认知程度不高等不足，其尚不能对能效提高产生明显作用。而可交易的白色认证制度也由于设计困难而迟迟未在我国建立。

通过行政手段进行总量控制并向地方、行业进行强制性分解减排目标（如图 6-2 中的②和③）。总量控制制度一直是我国污染减排的一项基本制度，并已经写入法律。目前西方发达国家很少直接提出能源消耗总量控制的目标，而是通过节能量认证制度和碳排放权交易制度等市场机制来间接达到能源消耗控制的目的。[1] 因为，中央基于总量控制直接给地方政府和行业企业分配排污指标，在减排技术没有重大突破的前提下将构成地方经济发展的硬约束，影响地方与国家整体的经济绩效，甚至可能对微观主体的经济行为产生过度冲击，并产生增长波动。特别是中国正处于工业化和城镇化高速发展期，而节能降耗势必在短时期内提高市场生产成本，降低地方和市场主体的生产收益，从而影响到地方的经济增长与居民就业。另外，从前面的研究分析看，通过行政手段进行碳排放的总量控制，在实施过程很难兼顾公平与效率。基于以上分析可见，政策型低碳发展生态补偿手段应主要以细化的法律法规、能效标准的制定等顶层设计为主，并要与市场型激励政策形成组合。政府的政策型低碳补偿应该通过完善节能量和碳排放权的交易市场，促使经济发达的地区通过购买经济欠发达地区的碳排放权来调动这些地区通过碳技术创新和生产工艺的转型升级等方式提高能源利用效率的积极性，也可以通过给予技术补偿，如技术转让、技术援助等方式提升经济欠发达地区的低碳节能技术，从而降

---

① 何小钢、尹硕：《低碳规制、能源政策调整与节约增长转型——基于发达国家经验的比较研究》，《现代经济探讨》2014 年第 3 期。

低社会节能减排的总成本，促进区域之间的均衡协调发展。此外，根据"污染者付费"原则，区域之间也可以建立转移补偿支付制度，即东部沿海、京津地区、北部沿海地区等能源输入地区对其额外的碳排放量支付费用，这些费用将通过财政转移的方式支持西部地区对能源生态系统保护进行补偿。

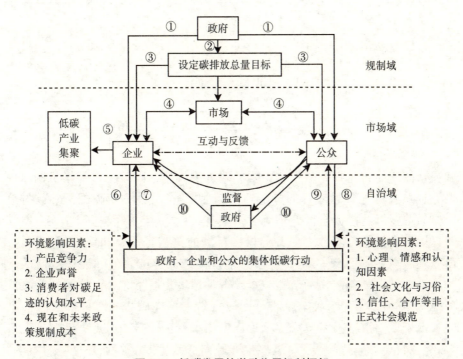

图 6-2　低碳发展的激励作用机制框架

注：①法律政策；②政府作为低碳发展的规划主体设定减排目标（或碳排放强度）；③减排目标通过行政手段分解到各个行业和企业；④通过市场机制和经济激励机制促进企业完成减排目标；⑤技术创新；⑥企业通过购买能效设备，提高能效技术等手段实现节能或者自愿购买碳信用；⑦企业节能减排收益；⑧公众行为习惯的转变和对生态足迹的支付意愿提高；⑨公众节能减排收益；⑩政府示范、教育等信息导向型政策。

（二）市场型低碳发展生态补偿

20 世纪 80 年代以来，欧美等市场经济国家认识到不同利益主体对于市场信号的反应远远优于对强制性法规的响应。因此，强制性的能源政策如能源价格管制等逐渐转向经济型规制和市场制度规制政策，以激发企业

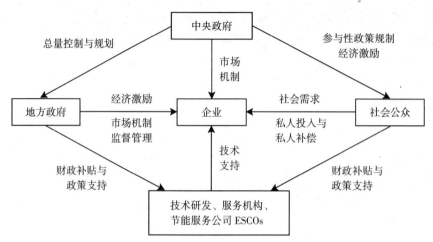

图 6-3　低碳发展中利益相关者之间的规制关系

和公众的节能自觉性。其中，主要的政策工具包括财政支付补偿机制（税费、补贴及其他金融融资的资金补偿）、限额交易计划（碳配额、碳排放权交易等）以及能源合同管理等。

从企业的角度看，企业开展低碳行动的关键是开发和使用低碳技术，而企业参与低碳治理的内在驱动力来自生产成本的降低和能源效益的增加。第一，在日益严格的节能减排政策和环境规制下，企业通过履行减排责任来规避行政管制成本，或是回应贸易市场在碳排放方面的要求。第二，由于一些清洁技术具有提高生产率的特点和优势，愿意主动以利润最大化为目标的企业将自发将高碳生产转向低碳生产。特别是，随着石油、矿产等自然资源逐渐稀缺，能源、原材料等价格逐渐上涨，企业可以通过改善节能技术，提高能源效益和减少电费，节约生产成本，提升营运效益。但是企业改进工业和生产技术，往往需要企业在研发、固定资产等方面进行大量的资本投入，这种投入对于企业而言是一种沉没成本。如果企业低碳产品的早期市场需求不足，再加上生产前期缺乏规模效应、协同效应，生产成本难以下降。成本下降刚性与收入不确定性导致投资见效不明显，会对企业产生一种负向激励效应。此外，受到低碳技术研发投资额度相对较大所导致的高风险以及环保设施投入较大所带来的资产高度专用性的影响，企业如果通过减少产量或者增加环保投入来减少碳排放，就会压缩自己的利润空间，因此企业往往缺乏主动减少碳排放的积极性。当前我国的低碳技术创新尚处于孕育期，科技水平转化为现实生产力存在不确定性，节能技术的市场扩散需要政策规制政策的作用。第三，在政府及公众对气候变化适应和减缓的日益关注下，企业特别是行业中的领导型企业期望通过积极的低碳行动履行社会责任，提升品牌知名度及公司形象，并凸显市场的领导地位。企业通过提高品牌知名度不仅可以获得较高的品牌溢价，而且如果该厂商所强调的单一品类靠近消费者的终极利益形态时，消费者选择该品牌的概率增加，从而增加厂商的期望收入。品牌溢价在带来资金的同时会增加企业的技术研发资金，并从两个途径降低产品的碳排放量：一是产品生产的低碳技术研发，可以直接降低产品对环境的污染和单位产品的二氧化碳排放量；二是提高产品使用寿命或质量的技术研发，可以降低产品的折旧率，延缓消费者更新换代的速度，进而从另一个层面减少了生产过程的二氧化碳排放。[1]但企业低碳生产的品牌声誉要建立在市场消费者对低碳具有普遍的认识度和接受度上。第四，企业通过碳排放交易市场、生态标识等获得减排收益，或为碳金融市场交易奠定竞争优势。

　　因此，企业低碳行动的激励机制由政府经济激励型规制和市场激励型机制共同作用。①经济激励型规制机制。一方面，政府可以通过运用税收工具来增加企业消耗能源的成本，而被征收的能源税、碳税、环境税、气候变化税等税收收入又通过专项投资补贴项目、碳基金、税收减免等途径返还给企业，以促进企业开展低碳技术的创新、研发和使用（见图6-4）；另一方面，政府通过财政激励的方式促进企业开展低碳技术创新，如贷款、补助、融资优先权、绿色信贷、利息优惠、补贴以及免费提供技术咨询与能源审计服务等方式。如英国的碳基金通过向企业提供咨询和金融产品来促进企业实施减排措施，通过贷款、赠款等方式促进低碳技术的研发和创新；澳大利亚、挪威、美国等国都设置了专门的能源审计和咨询机构，通过向企业提供非货币形式的技术信息、金融融资等服务来帮助企业降低能源消费和减少化石能源使用，降低获得能效技术的交易成本[2]（见图6-3）。此外，也可以通过税收减免和投资补贴返还等方式激励企业开

① 孙日瑶、沙楠：《品牌信用度降低碳强度的作用机制分析》，《山东经济》2011年第3期。

② World Energy Council, "Energy Efficiency Policies and Indicators", World Energy Council, London: United Kingdom, 2001.

展节能技术的研发与利用。如瑞士政府对碳排放削减企业提供碳税税率减免的优惠；丹麦根据企业低碳技术应用和减排达标程度，给予 30%~50%的能源审计和核查费用的返还。②市场激励型规制机制。企业的节能降耗和生态足迹的降低可以通过市场机制作用得到补偿，如碳汇交易、可交易的认证制度、生态标识制度以及合同能源管理市场等（见图 6-4）。碳交易具有保护环境和市场效益的双重优势。但引入碳交易本身就是一个系统的规制建设过程：首先，要有可交易的产品，碳是怎样的产品？谁来认证？其次，要有制度设置，谁有碳排放权？谁来买？谁来卖？最后，要有立法保障市场健康发展，通过恰当的总量目标和分配方法优胜劣汰，实现节能减排目标和产业结构升级；通过建立企业层面的碳排放监测、报告和核查体系，支持企业建立与碳排放报告适应的数据体系，建立完善的基础数据库；通过市场规则设计、创造兼具流动性与稳定性的市场；培养专业技术人才，为管理机构、第三方机构、交易机构等各方面的能力建设提供保障。合同能源管理市场则为节能服务公司和能耗企业的双赢提供了平台。节能服务公司（ESCO）与能耗企业签订节能服务合同，向客户提供能源审计、节能项目设计、设备采购、施工、运营管理等一条龙服务，并通过分享能耗节约成本来获取收益。此外，以绿色认证、白色认证为代表的可交易认证制度也是有效的市场激励手段。

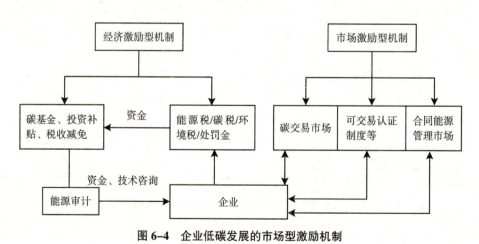

图 6-4 企业低碳发展的市场型激励机制

从我国目前利用市场手段激励企业参与节能减排的效果来看，激励机制建设存在"一长两短"的制约。"一长"是指我国促进企业参与低碳发展的驱动机制形式单一，主要依靠政府的财政补贴、税收减免或者以奖代补的形式。如 2007 年《节能技术改造财政奖励资金管理暂行办法》规定，对属于节能技术改造项目，且节能量在 1 万吨标准煤以上的东部地区按节能量给予 200 元/吨的奖励，中西部给予 250 元/吨的奖励；2009 年《高效节能产品推广财政补助资金管理暂行办法》对符合我国能源效率标识管理的高节能产品给予资金补助；2010 年，我国通过《合同能源管理项目财政奖励资金管理暂行办法》积极推动能源服务产业的发展，对合同能源管理项目给予一次性奖励资金。但政策在地方的实际执行中，由于补贴申请的程序烦琐，企业对"补什么"、"什么时候补"等政策缺乏了解，以及受补贴资质门槛过高等因素的影响，并未能对企业的节能行动产生有效的激励作用。2010 年，合同能源管理的 20 亿元基金预算甚至只使用了 12 亿元。此外，尽管我国出台了《企业能源审计技术通则》和《节能监测技术通则》等技术标准，但能源审计缺乏权威性和强制性，标准的执行缺少配套的监管机制。政府给予企业的补贴、税费减免等缺乏与能源审计政策的衔接，从而导致企业对能源审计工作处于"视而不见"、"得过且过"的状态。

所谓"两短"是指：一方面，我国低碳发展的市场化补偿机制尚未形成，企业的节能降耗行动无法获得市场收益，企业节能行动缺乏内在驱动力；另一方面，我国的低碳政策体系重激励轻约束，特别是对企业的高能耗行为、对高碳产品的购买和使用等缺乏税收与能源审计的约束，无法对企业高能耗、高污染和高排放的行为形成外在"威慑"压力。我国尚未建立有效的能源税体制和环境补偿性的公众效益收费体系。虽然现有的税收体系中已经涵盖资源税、矿产资源补偿费、探矿权采矿权价款等多个和自然资源相关的税种，但它们都是以矿产资源所有权为征收对象的，其主要征收目的是为保护自然资源合理开发与利用，调节资源级差收入，而非对能源消耗和环境损害的补偿。因此，企业的能源消耗和碳排放差异并未在税收环节得到体现。对能源产品征税是目前被很多国家采纳用以激励企业节能减排的政策工具。与之相对应的正向激励是税收优惠。由于缺少能源相关税收种类，我国实施税收优惠的主要税种是企业所得税和增值税，但由于这两个税种在整个税制中的纵向和横向联系相对复杂，导致企业申报程序烦琐，享受优惠政策比较困难，且缺乏灵活性，使税收减免的优惠政策对企业节能行为的正向激励效用有限。

从公众的角度看，市场激励对公众集体低碳行动的主要作用途径是：①以财政补贴的方式激励公众提高对低碳产品的认知程度。补贴的对象既可以是生产者（如对节能技术改造的补贴项目），也可以是终端的消费者（如对高效节能产品推广的财政补贴）。对生产者的补贴较容易操作，但从激励效果来看，直接补贴给消费者远比补贴给生产者更能够激发消费者对某些产品或服务的认可程度，并最终通过引导消费者的消费行为间接引导生产者改进生产方式和投资方式，从而实现激励目的。直接补贴给消费者的政策要得到有效执行，必须具备一定的实施条件，如政府自身的行为规范，能真正做到依法行政、对资金的有效监督，制约制度与体系能够真正建立起来。目前，我国的低碳补贴仍然以对生产者的补贴为主，补贴对消费者认知和使用低碳产品或服务的激励作用存在明显不足。其主要原因是政府对补贴实施和监管的制度缺失，直接对消费者进行补贴的财政转移支付项目仍然较为有限。此外，补贴金额的确定缺乏科学依据，往往存在补贴力度不能抵消公众购买和消费低碳产品所增加的生活成本。在我国公众的低碳意识尚有待提升的背景下，公众是否能转变消费模式的关键仍然取决于其对成本与效益的短期衡量。②建立个人碳排放交易体系并逐步将其纳入企业碳市场。个人碳排放市场的建立可以运用市场的作用对个人碳排放足迹的减少进行有效补偿，从而逐渐激励集体低碳意识的提升。但这需要解决好三个制约个人碳排放交易体系建设和可持续运营的困境。第一，个人必须有购买补偿的动机，即如何激发个人或家庭产生购买碳补偿的动机至关重要。碳补偿零售的消费需求不是由法律要求或者经济刺激驱动的，而是社会动因引起的，即个人能够通过碳中和获得个人的、社会的规范生成利益，如个人声望提高等。因此，应该在我国尝试设立家庭碳信用账户，记录其碳足迹和碳中和实施的状况，对达到碳中和的家庭予以公布，提高其社会声望。第二，碳补偿必须真正导致碳减排。实现温室气体减排的方式多种多样，代价各有不同。如果实现碳减排的成本更高，或者给生活带来巨大不便，个人易选择付费通过别人实现碳减排。建立个人碳补偿交易市场，可以激励社会个体通过节约或者使用节能产品和清洁能源，以较低成本实现碳减排，并将自己多余的碳排放信用额度在碳补偿市场上进行交易，以获得补偿。但是，往往以碳补偿方式实现碳中和的主体越多，碳补偿的价格就越高。当该价格高于实施碳减排的行为成本时，碳补偿即失去存在价值，则碳减排成为唯一的实现方式。第三，如何降低个人碳排放交易体系的交易成本。由于个人碳补偿交易规模过小，会带来交易成本过高的问题，这是个人碳中和纳入碳交易市场的最大障碍。碳补偿交易成本包括宣传成本、碳补偿的计算成本、手续费、保证购买者的资金用于预定目标的成本和资金转移的成本。减少交易成本有三条有效途径：首先，减排量以固定值计算。其次，在市场交易机制中引入中介机制减少交易成本。最后，经济规模化也有助于降低交易成本。大零售商的参与以及通过网络吸引更多的个人或家庭参与同一个项目，将小额度碳补偿捆绑销售，可以有效减少交易成本。①

（三）参与型低碳发展生态补偿

参与型低碳发展生态补偿是在社会自治模式中，为了鼓励环境友好行为的可持续效用，政府或私人对企业和个人自发的节能减排和环境保护行为给予一定的补偿，如自愿协议、碳标识制度、私人直接补偿以及政府信息导向性补偿（如绿色采购、教育宣传）等。

1. 自愿协议

自愿协议是行业组织或企业在自愿的基础上，以节能和减排温室气体为目的，与政府签订的一种协议。行业组织或企业承诺在一定时间内达到节能减排的目标，政府则给予企业一定税费优惠的补偿政策。如美国"能源之星"项目、澳大利亚"温室气体挑战"项目、荷兰"长期协议"项目、德国"工业气候保护宣言"项目等，均是各国自愿协议实践的探索与尝试。节能自愿协议根据激励设计的原理不同，可分为松散式自愿协议和捆绑强制式自愿协议。松散式激励设计主要是指政府通过提供能源审计、能源效率信息培训等服务，帮助参与企业达到节能减排的目的，而企业能够获取公众认可、提高市场声誉是其参与自愿协议的一个很大的动力。该种自愿协议的制度设计具有正面激励、协助、吸引企业的主要特征。如瑞典国家能源局对参与节能自愿协议的企业免费提供能源审计；澳大利亚、加拿大政府的"温室气体挑战"项目为参与企业提供技术指导手册、提供相关技术和政策法规信息、免费开展管理培训等，而参与企业则可以在产品和公众信息公开中使用温室挑战成员的标志；丹麦政府为参与自愿协议

---

① 董战峰、王金南、葛察忠等：《环境自愿协议机制建设中的激励政策创新》，《中国人口·资源与环境》2010 年第 6 期。

项目的企业提供节能减排潜力评估、推荐最佳使用技术服务等。而捆绑强制式激励设计是指政府对履行协议的企业给予税费减免，而一旦企业出现违约行为，则相应的税收机制复位，其具有负面激励的特征。捆绑强制式的节能自愿协议制度多发生在已经开征能源税和碳税的国家，因为高额的能源税、碳税和气候税等是悬在企业头上的利剑，因此政府给予的税收减免能够很有效地吸引企业参与自愿协议项目。如丹麦政府根据企业用能类型、能效目标设置水平等因素，对参与节能自愿协议的企业给予不同程度的碳税税率减免。此外，丹麦要求参与工业能效自愿协议的企业必须进行能源审计，达标企业可享受能源审计和核查费用 30%~50% 的补贴；英国对按期完成协议减排目标的企业给予 80% 气候税减免的政策优惠。而德国则允许参与自愿协议的企业不再开展具有法律约束的能源审计。[①] 可见，企业很少主动参与自愿协议制度，其参与的主要动机取决于参与项目是否能给自身带来市场利益以及能带来多大的利益。因此，自愿协议的实施依赖于配套激励政策的支持。其途径有两个：一是利用现有政策框架下已有的政策资源；二是设计创新型的激励政策为节能自愿协议的实施提供配套和支持。

我国各地方也在积极尝试实践自愿协议制度，如 2009 年工信部与中国移动公司签订节能自愿协议，中国移动公司自愿承诺节约用电 118 亿度；山东淄博已经分别实施了四批节能自愿协议的签订，全市签订节能自愿协议的企业已经达到 73 家。此外，广州、上海、四川等地方也纷纷试水自愿协议制度。[②] 但目前我国的自愿协议多为地方政府公共政策的探索，尚未上升到国家法律的层面，因此较为零散不成体系。此外，我国自愿协议项目的实施缺乏多样化的、灵活的激励政策作为配套和支持。目前试点中地方可选用的配套激励政策资源主要是政府为企业提供技术支持和指导，提供免费宣传介绍服务，基于企业荣誉称号、相关环保专项资金优先扶持企业开展清洁生产等，即松散式的自愿协议项目居多。但由于市场对节能标识的认知程度不高，虽然一些地方的自愿协议项目将低碳标识制度

① 董战峰、王金南、葛察忠等：《环境自愿协议机制建设中的激励政策创新》，《中国人口·资源与环境》2010 年第 6 期。
② 魏旭、邓敏贞：《节能减排自愿协议制度研究——以"低碳广州"为依归》，《江苏大学学报》（社会科学版）2014 年第 4 期。

引入作为配套支持，但市场对标识制度的消极反应并不能对企业参与自愿协议项目形成有效激励。此外，捆绑强制性自愿协议的实施在我国也缺乏相应配套政策，税收激励政策对自愿协议机制的支持力度不足，不仅优惠手段和形式比较单一，受益企业的范围有限，而且由于申请程序复杂，企业享受优惠政策比较困难。此外，碳税、能源税、气候税等主要配套实施节能自愿协议的税类在我国尚未开征，这些因素都影响了自愿协议对企业减排行动的激励作用。

2. 碳标识制度

碳标识制度是指将产品生命周期各阶段所排放的二氧化碳以及其他温室气体以标签的形式予以表述。其包括碳足迹标志、碳削减标识和碳等级标识等。碳标识制度也可以像生态标识制度一样成为强制性政府规范手段，但目前各国所采取的碳标识制度都是基于企业自愿参与的原则。行业的领头企业往往把碳标识制度作为提升企业形象、获取市场声誉和培养企业核心竞争力的战略举措。而实力较弱的企业，客观上不具备实施碳标识的条件，如果强制其执行和遵守，则会造成企业抵制或滥用碳标识的现象。因此，在碳标识制度实施的初期，碳标识制度主要被视为一种自愿的参与型低碳发展政策，且主要选择技术和市场能力较强的企业或行业作为合作方。碳标识制度是否能够吸引企业参与，取决于以下几个方面的条件：一是消费者具有较高的低碳认知水平是碳标识制度成功实施的重要社会因素。只有消费者自愿选择低碳产品和低碳服务，才能促进低碳产品的市场需求结构，从而激发企业的低碳发展内生动力。二是政府多元化的配套政策鼓励、吸引企业参与低碳标识制度，这是碳标识制度实施初期的先决条件。具体措施包括：国家成立专门的碳标识服务或管理的非营利机构；出台具有法律效用的碳足迹测算标准和碳标识管理制度；配套财政补贴、税收优惠等政策降低企业参与低碳发展的成本；政府通过绿色采购，将具有碳标识的产品纳入政府采购目录，并通过强制性法律政策手段强化能效标准，从而提升具有碳标识的产品的市场占有率和公众对低碳产品的认知水平。[①] 目前我国尚未开始实施碳标识制度，其主要的障碍在于：一是公众低碳认知水平有限，对碳标识的认识度不高，低碳消费尚未成为主流文化。公众对消费品的选择首先考虑的仍然是产品的性价比，而非产品

---

① 杜群、王兆平：《国外碳标识制度及其对我国的启示》，《中国政法大学学报》2011 年第 5 期。

的碳足迹，即公众对碳足迹的购买意愿仍然偏低。二是法律保障缺失。我国目前尚未建立具有法律效应的能效标准体系和碳足迹测算标准，碳标识制度的建立仍为空白。三是配套的财政补贴、税收优惠等经济政策不足，企业对参与碳标识项目不仅积极性不高，甚至存在抵触情绪。

3. 绿色采购

在节能行动中，政府机构的节能行动可以在公众和企业中起到率先垂范的作用，带动各种节能行为和推动社会节能集体行动。政府机构等公共部门通过率先使用高效终端用能产品（节能型设备、办公用品、建筑物等），强制推广使用节能产品和建筑物，可以提高节能产品的市场占有率，促进节能技术进步。如美国《采购法》明确规定：联邦政府采购的能耗产品必须是"能源之星"认证或联邦能源管理项目组制定的节能产品。但政府机构的绿色采购对社会集体低碳行动的引导作用需要两个关键的条件：一是政府要制定和完善节能产品政府采购目录，并通过法制化全面推行政府节能采购；二是要加大节能产品认证和能效标准的强制化和法制化，这是实施政府绿色采购工作的前提和基础。此外，政府机构应该制定和实施政府机构能耗使用定额标准和用能支出标准，实施政府内部日常管理节能细则，制定政府节能采购产品目录，减少纸质文件，减少公车专车出行，减少简化各式典礼，减少一次性用品消费等，要厉行节约，反对浪费，从自身做起，从点滴做起。从姿态延伸到行动，从理论演化为生活方式，形成低碳生活文化。

此外，要充分发挥各类社会资本的力量，引导社会实行低碳消费方式。各类社会组织或环保组织也是现代多元治理结构中的重要主体，对促进全社会低碳消费方式的实现具有不可替代的作用。如企业在低碳消费过程中应发挥主导作用，通过低碳技术创新和低碳营销引领低碳经济和低碳消费的发展。企业既是全社会推行低碳消费方式的"瓶颈"，也是"桥梁"，企业必须在生产和供应链的每一个环节进行绿色环保和低碳革命。需要通过技术创新降低企业单位能源消费量，最终在企业生产消费过程中实现低碳、节能、减排生产。此外，企业也是低碳消费产品的提供主体，是联系生产和消费的桥梁。低碳消费方式作为一种新的经济生活方式，给经济发展和企业经营带来新的机遇。只有企业提供了低碳节能的消费品，使公众在超市或其他商场购买产品时根据低碳化程度有所选择，才能有深入地推行全民低碳消费方式的物质基础。相关政府机构（包括各级政府和街道、社区等）以及 NGO 组织要通过各种方式的宣传，加强消费者的低碳意识，从而促进消费者向低碳生活方式进行转变。当企业和社会低碳文化逐渐成为主流文化时，信任、合作等非正式社会规范将推动公众低碳行动的自我规范。

综上所述，强制性法律政策规制、市场补偿机制和参与型规制三个层次的补偿机制之间不是相互独立的，而是存在嵌套关系。强制性法律规制、市场补偿机制、参与型规制和社会自治存在层层的依次"嵌入"关系，即下一层的治理受制于上一层的规则。此外，低碳发展的生态补偿机制体系应该是政策规制、经济激励机制、环境行为约束机制、技术创新激励机制、监督教育机制、环境信息公开机制等一系列制度创新的组合。低碳发展的生态补偿机制应该是一个动态的社会生态发展的激励机制，其应该是"政策规制→政府与市场联合作用→集体行动"的规制演变过程。政府应根据区域低碳意识、社会经济发展状况、行业经济规模的演变，不断调整治理模式及相应激励措施。

第七章 结论与展望

第一节 研究结论

　　研究围绕低碳发展的激励问题，分析了目前中国低碳发展中的三类行为主体：政府、市场和公众的低碳行动困境，以及产生行为困境的潜在原因与影响因素。作为经济快速增长的发展中大国，我国的温室气体排放已经跃居世界第一位，国内外学术界甚至政治界对我国温室气体减排问题的探讨愈加激烈。如何处理好经济发展与低碳减排的矛盾，如何协调多维利益相关者之间的利益冲突，是破解低碳行动困境和低碳政策激励困境的关键问题。研究从政府政策规制激励、市场型激励机制和公众集体行动激励三个层次分析我国低碳激励政策供给特点，以及政策供给与激励相容目标之间的拟合程度，并在此基础上探索低碳生态补偿机制的政策框架建设。具体来讲，研究主要完成的工作以及获得的主要结论包括：

　　（1）中央政府自"十一五"以来推出一系列以强制性规制手段为主、市场手段为辅的低碳发展激励政策。这些政策对促进我国"十一五"期间节能目标的完成起到了积极的作用，但不可忽视的是政策激励的效率较低，成本较高，且其中最主要的制约因素在于地方政府与中央政府减排目标的利益冲突。研究采用 S-CAD 分析模型、规制效率成本效益分析以及问卷调查研究相结合的方法，分析造成政策规制域激励效率低的主要原因，研究结果为：一是中央节能目标的顶层设计与地方经济增长发展的利益冲突。中央政府在节能目标的总体规划中，由于缺乏对地方能耗和节能能力的统计数据作为依据，节能目标向地方分解的过程并未体现出明显的差异性，造成部分地方的节能差异较大。此外，地方政府在经济发展与低碳发展的权衡中，偏离了中央顶层设计的初衷，低碳发展政策的执行不足，甚至实施了一些对碳排放有锁定效应的政策措施。以淘汰落后产能为例，不少地方政府成为落后产能的"保护伞"，用各种手段欺上瞒下，许多本应该关停并转产的企业继续开工生产。二是地方政府在本地低碳政策的创新上缺乏主动性。不同地方的不同行业和企业的碳排放量、碳减排空间都有较大差异。地方低碳的发展规划和政策应该具有"地方特色"，并根据不同企业的节能潜力设定不同的节能目标或分配节能任务，否则地方企业的低碳发展将缺乏动力，甚至阻碍地方的经济发展和社会发展公平。三是由于市场机制尚未完善，企业和公众的低碳自治意识薄弱，地方政府刺激低碳发展主要依赖于单一的财政补贴等经济激励手段，不仅激励效率较低，而且将大量资金和其他社会资源用于节能减排，可能导致社会福利的损失，甚至加重地方财政负担，因此，地方政府在政策执行过程中存在政策的"逆向选择"。四是政策规制模式的权力集中，虽然具有决策迅速、执行快捷的特点，但是政策的制定和政策执行的监督缺乏公众的参与。因此，政策规制域的激励设计，应该在遵循中央政府的低碳规制总体规划的前提下，增强地方政府保护环境、寻求低碳增长的激励。而地方政府应积极进行地方低碳治理的创新，通过实施短期单一激励性政策与长期系统性多元政策组合，不断建立资源有偿使用制度，将低碳规制的意图传递到企业，并结合市场化机制强化节能降耗的减排效果。

（2）政府在低碳发展中的定位应该在于：一是调整考核导向。节能减排和环境问题最大的症结在于，收益内部化、成本外部化，为此政府要把资源消耗、环境损害、生态效益纳入经济社会发展评价体系，建立体现生态文明要求的目标体系、考核办法、奖惩机制，使收益与成本同向并且均衡。

二是推动建立市场机制。具体说来包括以下内容：首先，确定排放总量等政策目标和分配标准，如管制对象的范围、时间跨度、配额分配方法、违约处罚措施；其次，建立起可测量、可报告与可核证的统计、监测与考核体系（MRV），包括作为碳排放配额分配和转移信息记录中枢的国家登记簿，作为确保总量控制目标实现的技术手段；再次，建立起市场机制的监管架构，即在前面两个条件确立的框架下对碳排放配额市场交易活动的监管措施，包括交易主体、交易场所、交易产品的资格审核（备案），同时建立稳定碳价的平准机制（包括配额的储备、拍卖和回购政策，以及碳排放配额的抵消机制等安排）；最后，通过立法将前述三方面的内容法制化，同时在相关法律的框架下对市场交易活动进行合规监管，依照法定程序对政策目标和实施标准进行适时微调，以适应宏观政经环境的变化。

三是允许适度的金融创新。市场机制的高级形态就是规模化和金融化的交易形态，欧盟碳排放交易体系的交易 70%~80% 是碳期货及期权交易，只有 20%~30% 是碳现货交易。金融机构如何参与碳市场，以及应该参与到什么程度，在美国和欧洲也是容易引起争议的问题。美国刚开始发展碳市场时，许多人也反对金融机构参与，担心它们会加剧市场的投机炒作。而从欧盟碳排放交易体系的实践来看，至今还没有发现碳市场比其他市场有更多的投机炒作行为，管理者更多关注的是碳排放交易体系的整体声誉。当然，欧美最大的问题是管制过于宽松导致金融创新过度，而我国金融管制相当严密，金融创新明显不足，我国社会主义市场经济体系应该建立多层次、多渠道和多样化的市场形态，允许碳排放交易等环境权益市场开展适度的金融创新，完善市场生态。

四是完善配套的支持政策。即使是传统意义上的财税补贴等行政手段，其实也完全可以成为推动市场机制建立和有效运作的一种外在激励措施。英国碳排放交易体系（UK-ETS）的经验显示，碳税（气候变化税）和碳交易其实也是可以互补的，前者所形成的约束力量，可以成为推动后者建立的一种外在激励手段。因此，政府在推出节能减排相关政策时，完全可以与市场机制结合，统筹考虑，从而实现更高层面的政策统筹与机制协同，取得更好的政策实施效果。

（3）在市场培育中的政策规制过度以及政府直接办市场是建立市场机制过程中很容易出现的一个重大偏差，原因主要在于政府对市场的理解出了问题，即不是将市场当成一种资源配置机制和公开、公平、公正的公共服务平台，而是将其视为政府的附属事业单位，甚至是部门权力寻租的变现途径。在中国这样一个从计划经济向市场经济转轨之中的发展中大国，行政管制手段非常强大，而市场机制仍处于培育和建立的过程之中。政府必须花大力气约束自己，着眼于宏观政策目标和标准制定，以及基于规则的市场交易体系的建立和完善，而不应该过多介入市场层面的微观运作，尤其是项目层面的管制和审批，否则有效运作的市场机制将始终建立不起来。此外，政策规制还存在风险管控过度。金融市场是市场机制的高级形态，金融市场交易的本质上都是风险产品，"与风险之狼共舞"是市场交易活动固有的特性之一。因此，要建立成熟和完善的市场机制，应当在坚守不发生区域性系统性风险底线的前提下，加强和完善金融监管，同时给予金融创新适当的空间，防止监管过细过严。风险管控过度，将阻碍市场机制发挥其应有的作用。

（4）近年来，尽管我国在政策层面上十分重视碳排放交易市场的建设，各地方也积极探索碳交易市场的交易产品、交易规则、分配机制等，为推动我国碳排放交易市场的建立奠定了良好的基础，但是我国的区域性碳排放权交易市场仍存在交易市场不活跃、市场标准不统一、市场运行规制不统一、交易规模较小、惩罚机制缺失等诸多问题。特别是碳排放统计体系建设的滞后和数据基础的缺失，各试点地区在确定排放分配的过程中缺乏有效的数据依据，因此配额分配的公开、公平成为碳交易市场建设的主要困境。

（5）地方和中央政府的低碳规制政策主要侧重生产领域或大型能耗企业的节能减排行动，对中小企业和公众的消费节能激励存在"忽视"，公众的集体行动存在困境。本书以上海公众为研究对象，通过问卷调查分析公众集体行动困境的潜在影响因素。研究结果表明：由于基础设施的高碳化、社会技术发展的"路径依赖"、制度框架下的"路径依赖"（其中包括规则、规范、习俗和文化认知）、公众行动中的"破窗心理"和"从众心理"作用，以及政策规制失灵等潜在因素的影响，我国公众低碳行动尚未成为社会主流文化的一部分，低碳行动没有在集体中形成可被模仿的聚众效应。此外，研究发现低碳行动意愿与低碳认知水平、年龄、月收入和教育水平分别呈现显著线性关系。其中，低碳认知水平越高，低碳行动意愿越高；由于气候风险的不确定性带来的"认知—行为断层"和"折扣心理"，导致随着年龄的增长，低碳行动的意愿会有所下降；教育水平越高、收入水平越高，低碳行动的意愿也越高。研究认为公众集体行动的转变需要一个"小生境"的保护和孵化，以避免市场选择和现有制度安排的影响。而社区作为社会单元，通过组织资源、社区文化、制度规制和基础设施等维度的低碳化建设，可以发挥社会资本的作用，促进公众的低碳集体行动。研究采取案例分析的方法，分别对政府引导的低碳社区、企业引导的低碳社区和NGO引导的低碳社区建设进行了比较分析。研究认为社区引导的低碳集体行动，可以消除四种低碳行动困境：集体行动困境、社会习俗困境、社会—技术的系统刚性困境和社会心理困境。但是低碳社区发展需要建立在政府、企业和 NGO 组织的协同构建上。即社区的技术域、基础设施域、政策规制域的低碳化需要政府占主导地位，社区文化域、社会心理域的集体行动能力提高，需要企业和 NGO 占主导地位，从而增强社会资本存量，增加集体行动的能力。

（6）研究以政府和企业之间博弈行为为研究对象，通过构建激励相容模型来分析政策规制与市场激励政策的假设变量。研究结果表明：企业选择低碳生产受到生产利润的驱动。市场激励机制作用的发挥在于完善的产业环境，如产业创新带来的低碳生产成本的降低、市场对低碳产品的需求增加、社会文化对市场消费行为和上下游企业采购行为的影响，以及政府监管营造的公平市场竞争环境等。为了达到激励相容条件，激励企业采取低碳生产模式，在监管强度较弱的条件下，必须改善产业条件，加大市场激励的力度，而在产业环境不完善的条件下，政策规制必须加大监管和惩罚力度。因此，激励政策要协调好利益相关者的利益矛盾，要注意处理好两个利益冲突：一是成本与收益的利益冲突，这是推进低碳发展模式的关键。特别是在竞争的市场环境中，低碳发展企业由于较高的运行成本，产品竞争力会受到影响，反而容易造成低碳创新企业与传统技术企业之间利益分割的不平等，导致在完全利润导向下，产生逆向选择，淘汰低碳创新企业。二是市场利益链的传导性。居民的低碳消费意识和低碳认知程度会对低碳产品的需求性收益增长产生积极的驱动作用。因此，政府在制定政策推进低碳发展的过程中，不仅要关注企业的即期利益，还应该提高公众对低碳产品和低碳消费的接受程度。

（7）研究基于生态补偿理论，构建低碳激励机制的框架。研究首先从生态补偿的内涵出发，论证低碳发展作为典型的气候环境问题，具有气候生态服务功能价值、公共产品属性以及外部性特征，即论证了以低碳发展为对象的激励措施适用生态补偿激励机制。但气候经济的生态补偿机制在补偿客体、补偿主体以及补偿的时空尺度和区域尺度上具有其特殊性。

（8）研究从低碳发展的规制型补偿、市场型补偿和参与型补偿三个层次分别分析我国低碳发展生态补偿的制度构建。研究认为政策规制型补偿的关键在于建立强制化的能效标准和政策支持体系。市场型补偿是经济激励规制和市场交易机制的共同作用，但我国对企业的市场型补偿机制存在"一长两短"的激励阻碍，对公众的补偿机制建立需要将个人碳排放交易体系逐步纳入企业碳交易市场，并通过财政补贴等经济激励方式提高公众对低碳产品的认知程度。参与型补偿是鼓励集体行动和公众自治的激励机制，其包括自愿协议、碳标识制度、绿色采购等，旨在通过非正式的社会规范和合作推动公众低碳行动的自我规范。三个层次的补偿机制之间不是相互独立的，而是存在"嵌套"关系。强制性法律规制、市场补偿机制、参与型规制和社会自治存在层层的依次"嵌入"，即下一层的治理受制于上一层的规则。此外，低碳发展的生态补偿机制体系应该是政策规制、经济激励机制、环境行为约束机制、技术创新激励机制、监督教育机制、环境信息公开机制等一系列制度创新的组合。

（9）"政策规制→政府与市场联合作用→集体行动"是低碳发展的渐进过程。政府应根据区域低碳意识、社会经济发展状况、行业经济规模的演变，不断调整治理模式及相应激励措施。

第二节　研究展望

随着研究的不断深入和发展，虽然本书的写作已经接近尾声，但自知仍存在诸多不足之处。尚需进一步深入研究的问题主要包括以下几个方面：

（1）研究的纵向发展展望。本书基于生态补偿理论构建了低碳发展的激励框架，但研究本身并没有对生态补偿激励机制的政策效用进行模拟检验和实证分析。未来研究将进一步利用社会生态系统框架，构建用于分析集体行动激励政策的多指标综合评价体系。研究拟从低碳激励政策的成本—效益性、（环境、经济和减排）协同性、（区域发展）公平性、（利益相关者）可接受性和响应程度（或者激励效率）5 个方面选择相关参数，用来评估规制型、市场型和学习型激励政策的实施效果和利益相关者的行为转变程度。基于该评价体系，可利用系统动力学的政策分析方法，模拟前 5 年内"什么都不做"或者"维持现状"情况下的模拟评估结果，并对比 5 年内"采取新政策"情况下的模拟评估结果。通过政策模拟结果的对比，来了解低碳政策在 5 个参数上的优劣。

（2）研究的横向发展展望。本书在对中央和地方政府、社会公众分别开展低碳发展的问卷调查时发现：不仅地方政府越来越关注气候灾害及其影响，而且社会公众对气候灾害预防和气候变化适应措施的需求也日趋强烈。气候变化通过不同层次影响人类社会，低碳发展（气候减缓）和适应行动可能在一些层面上是互补的，但在另一些情况下可能是冲突的，因此，需要对那些存在协同机会的行动进行辨识。如预防洪涝灾害的气候适应性工程可能增加城市的碳排放；而 Klein 和 Schipper（2005）认为能源、交通、居民/商业和工业部门的低碳发展措施对气候适应的[①]影响被大大地忽略了。因此，在今后的进一步研究中，项目组将会深入探究低碳发展与气候适应政策之间的协同效应和耦合作用机制。

---

① Klein R.J.T., Schipper E.L.F., Suraj Dessaid, "Integration Mitigation and Adaptation into Climate and Develovent Policy: Three Research Questions", Environmental Scicnce & Policy, Vol.8, No.6, 2005, pp. 579-588.

附　录

附录一　区域低碳发展的评价体系

由于城市空间规划、区域经济社会发展阶段、能源消费特点等的不同，使得不同城市的低碳发展历史基点、现状、节能减排空间（节能难度）、节能投入等多方面都存在较大差异。因此，本书拟在前人研究成果的基础上，综合考虑影响城市低碳发展的影响因素，并采用 DPSIR 模型构建低碳城市发展能力的评价指标体系。

本书将基于 DPSIR 模型构建低碳城市评价指标体系，并运用层次分析法对上海、江苏、浙江的 20 座长三角城市进行实证分析和综合性评价。具体方法如下：

（1）运用 DPSIR 模型，构建评价低碳城市发展水平的普适性指标体系。该体系由三级指标构成，其中，一级指标为低碳城市发展评价指标；二级指标有驱动力指标、压力指标、响应指标和影响指标；三级指标为二级指标的影响因子体系。

（2）运用因子分析法，对系统评价指标进行赋权。假设有 n 个准则层指标，每个指标有 m 个观测变量，分别为 x_1, x_2, $\cdots$, x_m，其中 x_i 是均值为 0、方差为 1 的标准化变量。则因子模型为：

$$
\begin{aligned}
&x_1 = a_{11}f_1 + a_{12}f_2 + \cdots + a_{1k}f_k + \mu_1 \quad (i = 1, 2, \cdots, k)\\
&x_2 = a_{21}f_1 + a_{22}f_2 + \cdots + a_{2k}f_k + \mu_i \quad (i = 1, 2, \cdots, k)\\
&\vdots \\
&x_i = a_{i1}f_1 + a_{i2}f_2 + \cdots + a_{ik}f_k + \mu_i \quad (i = 1, 2, \cdots, k)\\
&x_n = a_{i1}f_1 + a_{i2}f_2 + \cdots + a_{ik}f_k + \mu_i \quad (i = 1, 2, \cdots, k)
\end{aligned}
\tag{式1}
$$

其中，k < m，f_1，f_2，…，f_k 为公共因子，解释变量之间的相关性；a_{ik} 为因子载荷，是第 i 个原有变量在第 k 个因子上的负荷，其值小于或等于 1，且绝对值越接近 1，表明 f_i 与变量 x_i 的值越相关；μ_i 为特殊因子，表示不能被公共因子所解释的特征。该模型的矩阵形式为：

$$X = AF + \mu \tag{式 2}$$

其中，A 为载荷矩阵。

因子分析的步骤基本可以概括为：①因子分析的前提条件，即计算相关系数矩阵和 KMO 检验。如果相关系数矩阵中的大部分相关系数值均小于 0.3，则变量不适合做因子分析。如果用 KMO 检验，当 KMO 小于 0.5 时，不适宜做因子分析，大于 0.9 时，效果最佳。②求公共因子的特征值和贡献率。本书通过主成分分析法，选择特征值大于 1 的特征根和累计方差贡献率大于 85% 的因子，并确定初始因子载荷矩阵。③对初始因子载荷矩阵进行旋转处理，使因子更具解释性。④采取回归法估计因子得分系数，构建得分函数，并计算不同指数样本的因子得分。⑤计算综合因子得分。

一、低碳城市发展能力评价体系构成

(一) 发展能力指标

DPSIR 模型中的"驱动力"是指造成环境变化的潜在原因。本书定义其为影响城市低碳减排的行动能力和驱动力因素。根据"I=PAT"方程式[①]，环境影响（I）主要受到人口规模（P）、人均财富（A）和对环境带来污染的技术水平（T）的影响。因此，驱动力指标包括人口总数、人口增长率、人均可支配收入、人均工业增加值、城镇化率（城镇人口占总人口的比例）、能源结构（煤炭占能源结构的比重）、新能源比例等。其中后三个指标为技术决定的因素。

(二) 压力指标

压力指标是造成环境影响的直接原因。对低碳城市发展的压力评价包括两个方面：生产性能耗指标和消费方式的能耗影响指标。生产性能耗指标包括单位 GDP 能耗、单位 GDP 电耗、单位工业增加值能耗、单位 GDP

---

① 该方程式又被称为 STIRPAT 模型，由 Ehrlich 和 Holden（1972）首次提出，被广泛用于分析环境变化的决定性因素。

用水量、单位工业增加值用水量、工业用水重复利用率等。消费方式的能耗影响指标包括人均能耗/电耗/水耗量等、绿色出行比例（每百万人所拥有的公共交通辆数）、人均绿地面积、低耗能建筑比例等。

（三）状态指标

状态指标用来描述区域低碳发展的状态。研究选取大气污染排放状态和社会低碳发展程度作为衡量指标。大气污染排放指标包括二氧化硫排放量、二氧化碳排放量、化学需氧量排放量、单位 GDP 的二氧化碳/二氧化硫/化学需氧量的排放量等。社会低碳发展程度主要指污染物排放的人均情况，其指标包括人均二氧化碳/二氧化硫/化学需氧量的排放量等。

根据以上指标的描述和分析，设计如表 1 所示的低碳城市发展能力评价指标体系。该指标体系根据层次高低不同将指标逐层细化。目标层为城市低碳评价的综合指标。准则层由 DPSIR 模型的五个指标构成，是综合指标的分指标。方案层是对准则层的现状和发展趋势的描述和解释，是准则层的分指标。具体因子是方案层的细化指标和具体量度。为了使指标更具有实用性，本书对具体因子的甄选需满足两方面要求：一是指标要简化，使评价方法简便易行；二是因子的数据要易于搜集和计算。

表 1 低碳城市发展能力评价体系

目标层	准则层	方案层	具体因子	单位	指标趋势
低碳城市评价指标 A	节能能力 B₁	人口 C₁	城市人口 D₁	万人	-
		收入 C₂	人均可支配收入 D₂	元	-
		技术 C₃	城镇化率 D₃	%	-
			能源结构 D₄	%	-
	低碳发展压力 B₂	资源消耗 C₄	单位 GDP 能耗 D₅	吨标准煤/万元	-
			单位 GDP 电耗 D₆	千瓦时/万元	-
			单位工业增加值能耗 D₇	吨标准煤/万元	-
			单位 GDP 用水量 D₈	立方米/万元	-
		消费模式 C₅	人均生活用水量 D₉	立方米	-
			万人拥有公交车辆 D₁₀	辆	+
			人均生活能源消耗 D₁₁	吨	-
	低碳发展水平 B₃	污染排放 C₆	单位 GDP 的二氧化碳排放 D₁₂	吨/万元	-
			单位 GDP 的二氧化硫排放 D₁₃	吨/万元	-
			单位 GDP 的人均需氧量排放 D₁₄	吨/万元	-

续表

目标层	准则层	方案层	具体因子	单位	指标趋势
低碳城市评价指标 A	低碳发展水平 B₃	社会低碳程度 C₇	人均二氧化碳排放 D_{15}	吨	−
			人均二氧化硫排放 D_{16}	吨	−
			人均需氧量排放 D_{17}	吨	−

注：+表示指标与低碳城市评价总指标为正向作用趋势；−表示指标的作用趋势为负向。

二、实证分析：长三角城市低碳发展能力评价

（一）数据来源和整理

1. 数据来源

选择上海、江苏、浙江地区的 20 个长三角城市作为研究样本，包括：上海、南京、苏州、无锡、常州、扬州、镇江、泰州、南通、舟山、盐城、淮安、杭州、宁波、绍兴、嘉兴、湖州、台州、金华、衢州。样本数据主要来源于 2010 年度的《中国统计年鉴》、《中国能源统计年鉴》、《中国环境统计年鉴》、《各省、自治区、直辖市单位 GDP 能耗等指标公报》、《上海市统计年鉴》、《江苏省统计年鉴》、《浙江省统计年鉴》、《长三角统计年鉴》等。其中，各城市的二氧化碳排放量的统计数据，是先将各城市的煤炭、石油、天然气消费量分别根据国家统计局公布的《各种能源折标准煤参考系数》折算为标准煤，再分别乘以相应二氧化碳排放系数 S_i；其中，根据谭丹等（2008）搜集的有关能源消耗的二氧化碳排放系数，将能源消耗的二氧化碳排放系数界定为 $S_{煤炭} = 2.6873$，$S_{石油} = 2.0438$，$S_{天然气} = 1.5495$。

在本书中，由于 20 座城市的"影响"和"响应"指标存在大量数据的缺失，因此，低碳城市的评价指标体系的实证研究仅选择"驱动力"、"压力"和"状态"指标开展分析。

2. 数据处理

指标体系涉及范围较广，通常各层次指标对低碳城市的评价目标具有正向、逆向和定性等不同作用趋势，为此，需要采取一定方法将逆向指标转化为正向指标，对定性指标给予赋值，即数据的同趋势化。此外，各种指标具有不同的属性和单位，没有统一的度量标准，需要进行标准化，将所有变量数据转化为均值为 0、方差为 1 的标准化数值，以去除量纲的影

响。标准化的方法如下：

对正向指标：$X_i = \dfrac{x_i - \bar{x}}{s}$ （式3）

对负向指标：$X_i = \dfrac{\bar{x} - x_i}{s}$ （式4）

其中，$\bar{x}$ 和 s 为样本数据的平均值和标准差，计算公式为：

$$\bar{x} = \frac{1}{n} \sum_{i=1}^{n} x_i$$ （式5）

$$s = \sqrt{\frac{1}{n-1} \sum_{i=1}^{n} (x_i - \bar{x})^2}$$ （式6）

（二） 因子分析的前提条件

运用 SPSS 中的因子分析程序，分别对 D_1~D_4，D_5~D_{11}，D_{12}~D_{17} 三组原始数据（见表1）进行标准化，并通过相关系数矩阵对变量之间的线性关系进行检验，如表2所示。从相关系数矩阵表2看，人均可支配收入与城镇化率的相关性为 0.754，能源结构和人均可支配收入的相关性为–0.709，变量之间都存在较好的内在关联。从三组的 KMO 检验结果来看，"驱动力"、"压力" 和 "状态" 指标的 KMO 分别为 0.625、0.679、0.869。可见，尽管驱动力指标的四个指标的相关性较弱，但也满足 KMO 检测 0.625 大于 5 的要求。因此，该指标体系适合进行因子分析。

表2 驱动力指标相关系数矩阵

	总人口	人均可支配收入	城镇化率	能源结构
总人口	1.000	–0.300	0.048	0.072
人均可支配收入	–0.300	1.000	0.754	–0.709
城镇化率	0.048	0.754	1.000	–0.791
能源结构	0.072	–0.709	–0.791	1.000

（三） 因子分析

以系数相关程度最高、因子分析法检测效果最好的状态指标（第三组数据 D_{12}~D_{17}）为例。用 SPSS 软件对变量进行标准化处理，并对标准化后的数据进行主成分分析，得出公共因子的特征根、方差贡献率和累计方差贡献率，如表3所示。

表3 状态指标公共因子的特征根和贡献率

编号	初始因子解			提取因子解			最终因子解		
	特征根	方差贡献率(%)	累计方差贡献率(%)	特征根	方差贡献率(%)	累计方差贡献率(%)	特征根	方差贡献率(%)	累计方差贡献率(%)
1	4.004	66.733	66.733	4.004	66.733	66.733	3.069	51.144	51.144
2	1.443	24.052	90.784	1.443	24.052	90.784	2.378	39.640	90.784
3	0.345	5.747	96.532						
4	0.147	2.458	98.989						
5	0.045	0.752	99.741						
6	0.016	0.259	100.000						

在主成分分析列表中，第一主成分特征根为 4.004，它解释了 66.733% 的主变异；第二主成分特征根 1.443，解释了总变异的 24.052%；累计方差贡献率为 90.784%。提取主成分累计贡献率达到 85% 以上的公共因子，得到 2 个有效因子和初始因子载荷矩阵。因子表达式分别如式 7 所示：

单位 GDP 的二氧化硫排放量：$zx_1 = 0.904z_1 - 0.394z_2 + \mu_1$

人均二氧化硫排放量：$zx_2 = 0.883z_1 + 0.386z_2 + \mu_2$

单位 GDP 的碳排放量：$zx_1 = 0.857z_1 - 0.44z_2 + \mu_3$ （式 7）

人均需氧量排放量：$zx_1 = 0.857z_1 + 0.427z_2 + \mu_4$

单位 GDP 的人均需氧量排放量：$zx_1 = 0.834z_1 - 0.42z_2 + \mu_5$

人均二氧化碳排放量 $zx_1 = 0.493z_1 + 0.766z_2 + \mu_6$

该因子表达式（式 7）中，前 5 个变量与公共因子 1 的相关程度较高，而与第 2 公共因子的相关性较小，仅人均二氧化碳在第 2 公共因子上的载荷达到 70% 以上，说明第 2 公共因子对变量的解释不显著。为了使每个公共因子更具解释性，采取方差最大化正交旋转。从旋转后的载荷矩阵（如表 4 所示）可见，二氧化硫排放强度、碳排放强度、人均需氧量排放强度在第 1 公共因子上的载荷较高，且三个变量都是对"污染排放状态"进行描述，因此可解释为污染排放状态指标 Z_{s1}；人均二氧化碳、人均需氧量、人均二氧化硫在第 2 因子的载荷较高，可解释为社会低碳状态指标 Z_{s2}。

表 4　方差最大化旋转后的因子载荷矩阵

	公共因子 1	公共因子 2
二氧化硫排放强度	0.958	0.233
碳排放强度	0.949	0.167
人均需氧量排放强度	0.918	0.169
人均二氧化碳	−0.070	0.908
人均需氧量	0.425	0.858
人均二氧化硫	0.470	0.841

对旋转后的因子载荷矩阵，采用回归分析估算因子得分系数，求得单因子得分函数：

$$Z_{s1} = 0.355zx_1 + 0.345zx_2 + 0.342zx_3 - 0.223zx_4 + 0.014zx_5 - 0.008zx_6$$

（式 8）

$$Z_{s2} = -0.114zx_1 - 0.081zx_2 - 0.106zx_3 + 0.497zx_4 + 0.346zx_5 + 0.365zx_6$$

（式 9）

其中，zx_1 为标准化后的样本数据。根据因子得分函数（式 8~式 9），可计算出各变量的因子分值。如表 7（Z_1，Z_2 列）所示，以两个公共因子的方差贡献率为权重，建立综合因子计分模型：

$$Z_{状态} = 0.5114z_{s1} + 0.3964z_{s2}$$

（式 10）

其中，将标准化样本数据代入式 10，可以得到各城市低碳发展状态指数。如表 5（Z 列）所示。其中，状态指标排在前 5 位的分别为盐城、舟山、扬州、南通和泰州。

表 5　长三角 20 个城市低碳发展状态的因子得分

	城市	Z_1	Z_2	Z
1	上海	0.9051	−1.3594	−0.0758
2	南京	0.0820	−1.3687	−0.5001
3	苏州	1.4497	0.7146	1.0238
4	无锡	1.4847	0.9232	1.1243
5	常州	0.8441	0.3886	0.5852
6	扬州	−0.2431	0.3757	0.0246
7	镇江	0.1874	−0.9535	−0.2818
8	泰州	0.5489	0.2673	0.3863
9	南通	0.6526	1.2172	0.8155

	城市	Z_1	Z_2	Z
10	盐城	1.6005	0.2571	0.9196
11	淮安	−0.4250	0.9394	0.1548
12	杭州	0.7068	−0.9894	−0.0307
13	宁波	−0.4992	−1.4140	−0.8150
14	绍兴	0.4558	−0.5977	−0.0038
15	嘉兴	−1.3996	−1.6481	−1.3678
16	台州	−0.7877	−0.1507	−0.4622
17	舟山	−1.3086	−0.6584	−0.9294
18	金华	0.0051	1.5087	0.6000
19	衢州	−1.5696	1.2628	−0.3020
20	湖州	−0.8300	−0.3131	−0.5481

同理，采用与"状态"指标相同的因子分析方法和步骤，分别对驱动力指标和压力指标进行数据处理和分析。驱动力指标 $Z_{驱动力}$ 和压力指标 $Z_{压力}$ 的综合因子得分模型分别为：

$$Z_{驱动力} = 0.433z_{d1} + 0.314z_{d2} \qquad \text{(式 11)}$$

$$Z_{压力} = -0.430z_{p1} + 0.298z_{p2} \qquad \text{(式 12)}$$

其中，z_{d1} 表示"技术因素"指标，解释城镇化率、能源结构两个变量；z_{d2} 表示"社会经济"指标，解释人口、人均收入变量；z_{p1} 表示"资源消耗压力"，解释的变量包括单位 GDP 能耗、单位 GDP 电耗、单位工业增加值和单位 GDP 水耗；z_{p2} 表示"消费模式"，解释变量包括人均用水量、万人拥有公交车辆、人均生活能耗。

从三个指标的综合因子计分模型（式 10~式 12）来看，"技术"因素在"驱动力"指标中占较大权重，"资源消耗"因素在"压力"中占较大权重；"污染物排放"因素比"社会低碳程度"因素在"状态"指标中所占比重大。

（四）综合评价与比较分析

通过 SPSS 统计工具和综合因子得分模型，计算获得长三角城市的"驱动力"指数 $Z_{驱动力}$、"压力"指标 $Z_{压力}$、"状态"指标 $Z_{状态}$，如表6所示。在低碳城市发展能力评价中，很难评价驱动力、压力和状态指标的权重差异，因此，本书采取等权重处理，即 $A_i = \dfrac{Z_{驱动力\,i} + B_{压力\,i} + B_{状态\,i}}{3}$，可得到长三角 20 座城市低碳发展的综合评价指数和排序。

表6　长三角 20 个城市低碳发展综合评价与排名

序列	城市	驱动力指数 $Z_{驱动力}$	压力指数 $Z_{压力}$	状态指数 $Z_{状态}$	低碳城市发展评价指数 A	排序
1	上海	−1.5801	−0.8304	−0.0758	0.6093	20
2	南京	−0.3567	−0.9770	−0.5001	0.4481	19
3	苏州	0.2276	0.0929	1.0238	0.4337	3
4	无锡	0.5042	0.1774	1.1243	0.4185	2
5	常州	0.4687	−0.1042	0.5852	0.3423	7
6	扬州	0.6797	0.5513	0.0246	0.3166	5
7	镇江	0.6428	0.1089	−0.2818	0.2336	9
8	泰州	0.2316	0.4089	0.3863	0.1566	6
9	南通	−0.0462	0.5317	0.8155	0.1031	4
10	盐城	0.2009	0.7073	0.9196	0.0288	1
11	淮安	−0.5360	0.0664	0.1548	0.0138	14
12	杭州	0.4040	−0.0639	−0.0307	−0.0441	10
13	宁波	−0.0522	0.1975	−0.8150	−0.0993	15
14	绍兴	0.1870	−0.0967	−0.0038	−0.1049	11
15	嘉兴	0.1987	−0.1619	−1.3678	−0.2232	17
16	台州	0.1434	0.3602	−0.4622	−0.2888	12
17	舟山	0.2170	0.5802	−0.9294	−0.4437	13
18	金华	0.1226	−0.0219	0.6000	−0.5648	8
19	衢州	0.0834	−1.4757	−0.3020	−0.6113	18
20	湖州	0.1585	−0.4767	−0.5481	−0.8288	16

从表6的结果来看：盐城、无锡、苏州、南通、扬州5个江苏省内城市的低碳发展综合得分较高，而上海、南京、衢州和嘉兴的评价指标较低。为了使区域比较研究更为清晰，可以将10个江苏地区的城市、9个浙江地区的城市分别作为一个整体区域，和上海进行比较。

附录二 关于低碳治理的调查问卷

各位学员:

　　大家好!气候变化对社会、经济等多方面的影响,正在引起各个国家和地区的关注。气候变化导致的各种自然灾害日益凸显,我国作为发展中的人口大国,受到的灾害威胁尤为严重,干旱、洪水、热浪、台风等极端天气也趋频趋强。在这样的国际和国内背景下,我国中央政府和各地方政府为应对气候变化的影响,提出了节能减排、新能源开发利用、水利基础设施和防汛抗旱体系建设等。

　　本调查研究,拟了解各部门及地方在发展低碳经济、建设低碳城市和"两型社会"进程中面临的问题、发展现状和应对措施。调查的结果将为中央和地方制定有关政策提供咨询依据。希望您给予大力支持。如果您需要,我们会将分析结果反馈给您。

　　谢谢您的支持和协助!

中国浦东干部学院教学研究部

2011 年 9 月

个人基本情况

(1)行政职级:

A. 省部级　　　　　　　B. 地厅级　　　　　　　C. 县处级

(2)性别:

A. 女　　　　　　　　　B. 男

(3)年龄:

A. 50 岁及以上　　　　　B. 40~49 岁　　　　　　C. 30~39 岁

(4)单位:

A. 中央或国家机关　　　B. 地方党政机关　　　　C. 国有企业

D. 事业单位　　　　　　E. 军队或武警　　　　　F. 其他

（5）单位所在省（自治区、直辖市）：_____

（6）您的工作领域：

☐ 环境保护　　　☐ 水利　　　　☐ 国土资源

☐ 交通运输　　　☐ 卫生医疗　　☐ 社会保障

☐ 农业农村建设　☐ 能源　　　　☐ 气象

☐ 扶贫　　　　　☐ 金融　　　　☐ 其他

请根据您对气候变化治理的了解，针对以下描述，填写您的认可程度，请您在下列各小题您认为适当的选项处使用"√"进行选定；若选"其他"选项，请在"_____"上写出具体内容。没有特别指出，每个问题只选择一个答案，敬请留意。

一、政府对"气候减缓"和"气候适应"的认知程度

1. 您认为气候变化这个问题：

A. 非常重要而且急需解决

B. 非常重要但是不属于急需解决的问题

C. 不是很重要但是应该优先解决

D. 不是很重要也不需要马上解决

2. 您认为气候变化与您所在部门的工作相关性有多大？

A. 没有关系　　　　B. 有关系　　　　C. 非常相关

3. 根据您生活和工作的地方情况，您对低碳发展如何认识？

A. 是西方国家限制中国发展的"陷阱"

B. 就业、温饱等问题尚未解决，强调"发展"比"低碳"更实际

C. 低碳发展符合地方发展的实际需要，是经济转型发展的良好契机

D. 不太关心

4. 应对气候变化主要有两种措施：气候减缓，如低碳经济、节能降耗行动等；气候适应，如加强城市基础设施的防洪防涝能力、建立城市灾害预警机制、提高农业种植的抗旱能力等。如果您所在城市的建设资金有限，您认为：

A. 应该先开展低碳经济等气候减缓行动

B. 应该先开展气候适应行动

C. 两者协同发展

D. 两者都没有必要

5. 您认为目前城市发展在哪个方面面临的威胁最大？

A. 人口膨胀过快

B. 能源短缺

C. 气象灾害和极端气候事件增多（洪涝、干旱、台风、高温等的风险增加）

D. 生态环境恶化（污染加剧、疾病传播、生物多样性减少）

6. 您认为未来10年内气候变化对城市产生的重要影响有（可多选，不限）：

A. 洪涝灾害   B. 海平面上升

C. 极端气候事件增加   D. 人体健康的脆弱

E. 山体滑坡   F. 水资源短缺

G. 水质下降   H. 建筑安全性

I. 交通系统脆弱   J. 农业发展风险

K. 冰冻退化   L. 其他

7. 就气候变化对下列领域的影响而言，您最关注哪些领域（可多选，不限）？

A. 农业与农村发展   B. 水与冰川

C. 自然灾害   D. 海平面

E. 能源   F. 社会稳定

G. 公共健康   H. 城市与城乡关系

I. 移民   J. 社会性别

K. 少数民族   L. 其他

二、地方气候变化治理的能力

8. 以下哪些因素驱动您所在城市发展低碳经济（最多不超过3个）？

A. 新能源发展机遇

B. 能源价格的上涨，影响地方企业生产和居民生活成本的增加

C. 城市形象和声誉

D. 中央政府减排压力

E. 避免国际贸易壁垒

F. 碳金融发展机遇

G. 其他＿＿＿＿＿＿＿

9. 您认为限制地方发展低碳经济的主要障碍是（最多不超过 3 个)？

A. 低碳与发展理念互相冲突的观念误区

B. 低碳发展相关政策法规的缺失，如低碳城市、低碳经济立法

C. 低碳发展的激励机制缺失，如节能降耗的补偿机制

D. 企业和公众的低碳意识薄弱

E. 专项资金不足

F. 低碳技术研发和储备不充分

G. 低碳、节能相关专业人才能力建设不足

H. 其他＿＿＿＿＿＿＿

10. 您所在的城市或部门采取了哪些应对气候变化的政策和措施？

编号	举措和计划	已经实施	规划，但未实施	很必要，但尚无规划	没有必要	不清楚
1	制定低碳发展的总体规划或发展战略					
2	建立碳排放核算和评估体系					
3	设立低碳示范点/区（或低碳社区）					
4	设立节能、减碳的专项基金					
5	清洁能源和新能源的开发利用					
6	公共交通系统的优化和完善					
7	建筑节能示范项目					
8	清洁生产普及和推广					
9	建立低碳技术标准和创新体系					
10	重点企业节能减排监管和低碳企业的创建					
11	水资源、固废资源的循环利用或其他节水项目					
12	低碳认证和低碳标识项目					
13	农业灾害预防规划					
14	开展气候变化对人体健康影响的研究					
15	加强水利基础设施和防汛抗旱体系建设					
16	建立巨灾保险基金					
17	开展湿地、林业等碳汇建设					
18	制定基层气象灾害防御方案					

续表

编号	举措和计划	已经实施	规划，但未实施	很必要，但尚无规划	没有必要	不清楚
19	开展气候影响评估和脆弱性、适应性研究					
20	积极宣传，提高公众应对气候变化的意识					
21	其他，请说明：_____					

11. 您所在城市在以上（第 10 题列举的）哪些方面取得了显著的成绩？请在相应的编号上划"√"（可多选，不限）。

三、低碳治理的政策偏好

12. 您认为以下哪种模式最适合您所在城市？

A. 以苏格兰为例，通过立法促进低碳城市发展

B. 以丹麦哥本哈根为例，通过政策创新、经济激励手段促进低碳发展

C. 以德国弗莱堡为例，通过社区示范项目和教育手段促进低碳发展

D. 以日本东京为例，通过倡导"低碳社会"建设促进城市低碳发展

E. 以中国香港为例，通过 NGO 组织倡导的"低碳办公室"认证项目和"低碳制造"认证项目，促进企业自主参与低碳发展

F. 其他 _____

13. 如果由您负责开展城市的低碳治理工作，您最可能采取的措施是（不多于三个）：

A. 加强能源立法和中长期能源规划

B. 淘汰落后产能，限制"两高"行业项目审批

C. 征收碳税

D. 通过能源审计强化高能耗企业节能管理

E. 低碳认证、碳排放权交易制度

F. 通过教育和宣传，提高全社会节能减排意识

G. 通过政府示范项目，推动交通和建筑节能

H. 中央财政安排资金，通过直接投资、补贴、奖励等激励手段，开展节能环保工程

I. 新能源开发利用

G. 其他 _____

14. 如果您获得财政安排的专项资金，用于城市的适应性建设，您将用于：

A. 城市内涝治理

B. 农业防旱抗旱

C. 湿地保护、退耕还林等碳汇增加

D. 生态系统多样性保护

E. 人体健康的医疗保障

F. 城市灾害监测预警机制建设

G. 交通改善

H. 其他 _____

附录三　公众低碳认知与行动能力调查问卷

尊敬的市民：

您好！气候变化的风险已经影响到城市居民的生计，而不同群体对气候风险的认知随着年龄、收入能力、居住区域等特征的不同产生差异。为了解决城市居民出行以及与之相关的能源环境气候变化问题，更好地向市民宣传健康生活、低碳环保的绿色出行理念，了解当前居民出行特征和气候变化对城市居民的影响，上海市气象局决定开展城市碳足迹与气候变化风险认知调查，为上海市应对气候变化、做好节能减排工作提供科学依据，为气候变化政策的制定提供参考。

请您在适当的选项处打"√"，并在表格中填写相应的信息。问卷信息只作为研究资料的收集并适当应用，我们将保证您个人信息的安全性，非常感谢您的积极配合！

个人基本情况

（1）性别：

A. 男　　　　　　　　B. 女

（2）年龄：

A. 20 岁以下　　　　B. 20~29 岁　　　　C.30~39 岁

D. 40~49 岁　　　　　E. 50~59 岁　　　　　F. 60 岁及以上

（3）学历：

A. 初中及以下　　　B. 高中及中专　　　C. 大专

D. 大学本科　　　　E. 研究生及以上

（4）单位：

A. 中央国家机关及事业单位　　　B. 国有企业从业者

C. 高级技术人员　　　　　　　　D. 教师

E. 军人或警察　　　　　　　　　F. 私营企业或外资企业从业者

G. 私营业主或个体户　　　　　　H. 学生

I. 其他人员

（5）您的工作领域：

□ 环境保护　　　□ 水利　　　　□ 国土资源

□ 交通运输　　　□ 卫生医疗　　□ 社会保障

□ 农业农村建设　□ 能源　　　　□ 气象

□ 扶贫　　　　　□ 金融　　　　□ 其他

（6）您家庭居住地所属区县：

□ 市区　　　　　□ 浦东　　　　□ 闵行

□ 松江　　　　　□ 宝山　　　　□ 嘉定

□ 奉贤　　　　　□ 青浦　　　　□ 金山

□ 崇明

请根据您对低碳发展的了解，在下列各小题您认为适当的选项处使用"√"进行选定；若选"其他"选项，请在"＿＿＿＿"上写出具体内容。没有特别指出，每个问题只选择一个答案，敬请留意。

1. 您居住地分类为：

A. 内环　　　　　　　　B. 内环与中环间

C. 中环与外环间　　　　D. 外环外

2. 您家庭成员总人数：

A. 1 人　　　　　B. 2 人　　　　　C. 3 人

D. 4 人　　　　　E. 5 人　　　　　F. 6 人及以上

3. 您的平均月收入大概是：

A. 1000 元及以下　　　　　　　B. 1001~3500 元

C. 3501~7000 元   D. 7001~15000 元

E. 15001~30000 元   F. 30000 元以上

4. 您所居住的房屋类型是：

A. 花园洋房   B. 公寓   C. 普通住宅

D. 别墅   E. 弄堂   F. 自建房屋

G. 其他

5. 您居住的房屋建造年代是：

A. 2000 年以前   B. 2000~2005 年

C. 2006~2010 年   D. 2010 年以后

6. 您居住房屋建筑面积为：

A. 45 平方米以下   B. 45~65 平方米

C. 66~85 平方米   D. 86~105 平方米

E. 106~125 平方米   F. 125 平方米以上

7. 您居住房屋的窗户采用了何种节能措施？

A. 单层普通白玻璃窗   B. 双层中空白玻璃窗

C. 双层中空防辐射玻璃窗   D. 双层真空玻璃窗

8. 您平时上班出行的主要方式是（最多 3 个）：

A. 公交车   B. 地铁   C. 私家车

D. 单位班车   E. 自行车或步行

9. 您家庭现拥有汽车的数量（如您不拥有私家车，请跳至 11 题）为：

A. 0 辆   B. 1 辆   C. 2 辆   D. 3 辆

10. 您每周平均有几天使用私家车前往工作单位或学校？

A. 0 天   B. 1 天   C. 2 天   D. 3 天

E. 4 天   F. 5 天   G. 6 天   H. 7 天

11. 距离您居住地最近的公共交通设施（公交、轨道交通）的距离？

A. <500 米   B.500~1000 米   C.1001~2000 米

D. 2001~3000 米   E. 3000 米以上

12. 您家中是否安装分时电表？

A. 是   B. 否

13. 假设您乘坐飞机外出旅行，您愿意为您出行所产生的碳排放付费吗？

A. 愿意   B. 不太愿意，但可以考虑

C. 完全不愿意   D. 不确定

14. 当您看到有人乱扔垃圾或者有其他环境不友好行为时：

A. 会去劝阻或者干预　　　　　B. 心生反感，但不会干预

C. 事不关己，不予理会　　　　D. 很正常，自己有时也会这样做

15. 在没有垃圾箱的公共场所，您如何处理垃圾？

A. 用袋子装起来，找到垃圾箱

B. 随手扔掉

C. 看情况，如果周围环境整洁就带走，否则就扔掉

16. 您如何看待低碳生活？

A. 已经在实践低碳的生活方式

B. 了解什么是低碳生活，但很难落实到行动

C. 不了解什么是低碳生活

D. 不愿意了解或实践，觉得意义不大

17. 您认为依靠个人的努力能否实现低碳的社会发展方式？

A. 一定能实现　　　　　　　　B. 有可能实现

C. 不可能实现　　　　　　　　D. 不确定

18. 什么因素会促使您改变现有生活习惯，并积极实现低碳生活（如垃圾分类）？

A. 政府的强制要求（如对不进行垃圾分类的人进行罚款）

B. 如果邻居们都这样做

C. 社区的倡议和教育，使得个人对低碳生活有了深入了解

D. 政府免费提供家庭垃圾分类桶和垃圾袋

E. 其他_____

附录四　低碳发展案例 1

——NGO 主导的中国香港低碳办公室计划（LOOP）

一、项目的背景和目的

中国香港商界是最大的能源消耗者。2008 年，中国香港生产总值为

1700 亿港元，能源消费 285430 焦耳，其中，商业领域的能源消耗占 65%，住宅占 25%，工业占 8%，运输占 2%。从 1998 年至 2008 年，中国香港的能源消耗量增加了 16%，其中以商业的能源消耗量增幅最大。2008 年中国香港商业的能源消耗比重为 65%，而该比例在 1998 年为 56%。相比之下，中国香港的运输和工业领域的能源消耗都有明显的降低，住宅的能源消耗保持不变。因此，在对抗气候变化问题方面，中国香港商业界的节能降耗行为将扮演关键角色，其节能意愿和行为可有效减少中国香港整体的碳足迹。

2009 年 10 月，世界自然基金会（WWF）在中国香港启动首个"低碳办公室"计划（Low-carbon Office Operation Programe，LOOP）。该项目提倡通过改变个人的"办公习惯"或者通过调整公司的管理模式来提供低碳型、环保型的企业运营方案，帮助减少办公室的碳排放。下班时随手关掉办公电脑，为打印机设置双面打印程序，充分利用视频会议设备以减少出差次数……小小的改变不仅能让企业降低运营成本，更是对抗全球气候变暖的有效之举。企业采纳使用有能源标签的产品、选择低碳电器等运营方案，不仅可以对减少中国香港整体的"碳足印"产生关键性影响，而且有助于将中国香港打造成为低碳城市。"低碳办公室"计划的目标是：

（1）世界基金会开发和提供的一系列网上工具。企业的办公室负责人通过这些工具，深入了解自身办公室的碳排放情况，帮助企业寻找节能的优化方案。

（2）"低碳办公室"计划设置评级制度。除了记录温室气体的排放情况外，还根据公司的基本设施、办公室设施技术以及管理模式，评估公司在减少碳足迹方面的表现。

（3）企业通过第三方的能源审计和监测程序，可获得 LOOP 标识。自然基金会将参与公司的减碳个案，发布于媒体加以宣传，加强节能企业的品牌形象。

（4）通过鼓励企业选择低碳办公设备，减少商务旅行，将节能降耗的理念融入企业文化，从而影响员工的工作态度、办公习惯和减排行动的参与感。

二、项目的管理和实施

（一）设置三个评估维度

维度 1：燃烧引致的直接排放。包括办公室内的燃烧活动和由公司车辆耗费燃油所排放的温室气体。

维度 2：能源使用引致的间接排放。包括办公室内的照明、电脑以及办公设备、HVAC（暖气、通风系统及空调）等得能源消耗。

维度 3：其他间接排放。包括本地交通、商务旅行所排放的温室气体，复印机等文件打印相关的温室气体排放（该部分的碳排放往往是企业的主要能源消耗之一），食物与废水处理程序耗用电力所产生的温室气体。

（二）提供应用工具

世界自然基金会不仅在其中国香港官方网站提供碳审计工具，而且和多家公司共同设计了一系列"低碳办公室"计划的减排工具，旨在研究办公室的减碳新方法和测试其成效。应用工具主要包括三方面：

工具 1：低碳办公室指引。指引不仅列出建议的低碳办公室活动及运作模式，还提供范本，帮助公司建立环保计划或切合个别办公室需要的低碳办公室指引。

工具 2：自我评估问卷。让企业通过回答 50 个是非题来评估自己的碳排放表现，以及是否准备好接受第三方的正式审核认证程序。

工具 3："GHD-easy"简易计算工具。包括网上试算表，以编制温室气体（GHG）排放记录及计算碳排放量。企业的办公室负责人需要每月在网上录入企业本月的能源消耗情况（如水费、电费等企业运营成本的数据），数据将被存储于程序内，并形成分析报告。企业可以通过该网上报告，监测其减碳表现。

（三）"低碳办公室"计划的实施流程

流程 1：参加 LOOP 计划的企业每年需要缴纳 7500 港元，并可使用由基金会提供的一系列网上工具，搜集数据（至少提供 9 个月以上资料）并计算碳排放的情况。参与企业还将举办不定期研讨会，分享减排措施和成效。

流程 2：当企业认为已经做好准备时，就可以开始预约第三方能源审计服务（在中国香港，能源审计服务需要提前至少 6 个星期预约，费用为

10500 港元）。独立的第三方审计对企业进行现场评估，并形成评估报告。

流程 3：WWF 对第三方的能源审计报告进行复审，并根据公司的整体表现评定公司可获得的标识级别。

流程 4：WWF 授予企业 LOOP 标识，并通过颁奖等仪式授予优秀企业奖励。

三、企业获得 LOOP 的主要减排措施

（一）挑选低碳办公设备

办公室的低碳攻略，最直接的目标是文件复印、打印。有调查显示，办公室里最大的碳排放通常来自复印打印机。给老板的项目报告、费用申请、给客户的邀请函和建议书，统统都要打印出来，复印数份数十份。如何实现减碳呢？企业可以通过使用企业资源管理规划系统（ERP），实现无纸办公——即使报价、开支票和付款也不再需要用纸。

此外，企业在照明、热水供应、空调等方面的设配也可以选择节能产品或者使用可再生能源。如中国香港晶苑集团是毛衫制造的跨国企业，该企业积极履行社会责任，并通过参与 LOOP 计划，寻找有效的能源节约的解决方案。该集团通过选择低碳办公设备，包括使用水帘空调、节能灯管、太阳能热水系统等，能耗节约 40%，极大地降低了碳排放，并节约了企业的运营成本。

（二）减少商务旅行

减少一人开车骑车次数，多搭乘公共交通工具或是骑自行车，不但节省费用，而且能够避免交通堵塞，减少废气污染。但相比之下，减少商务旅行更能有效推动低碳事业；透过视频软件进行网络会议，可避免因出访外地搭乘飞机、火车或渡轮所排放的温室气体，还可节省商旅的时间与费用。

（三）多爬楼梯种花草

企业通过文化建设，鼓励员工参与低碳办公室行动，如鼓励员工形成随手关闭电脑和饮水机电源的习惯、适度调整空调冷气暖气的温度、少用一次性纸杯等。此外，企业在楼顶建设绿色花园，并在员工间开展"田园认领"活动，不仅可以使员工在休息时间增加运动健身，而且楼顶及办公桌上多种植几株绿色植物，既实现办公室绿色美化，又可以增加碳汇。

四、项目效益

参与低碳办公室计划的公司或者机构做出承诺，减少办公室运营产生的温室气体排放，同时亦能获得以下效益：

（一）增加盈利、改善生产力

低碳办公室计划有助于揭示企业各部门的能耗情况和效率欠佳的运营模式，进而提高能源效益。"低碳办公室"计划赞助方——汇丰银行是全球第一家实现"碳中和"的金融机构。汇丰亚太区企业可持续发展总监区佩儿表示，汇丰曾经作过测算，如果其所有员工在午饭时间和下班时关上电脑，每年可减少至少 800 吨二氧化碳的排放。参与该计划的毕马威国际会计公司的代表则表示，仅"双面打印"一项，就使该公司 2008 年的用纸量减少了 27%。

（二）回应利益相关者的关注，履行企业社会责任

参与的公司在提供优质产品和服务的同时，通过保护环境和改进能源的节约系统，可以在客户、供应商等利益相关者中树立环境保护的良好形象，从而提升企业的市场竞争能力。此外，公司通过参与该计划，在面对地方的各类法律、政策规制等要求方面，将做好更佳的准备。

（三）落实公司信念，推动负责任的企业文化

参与的公司通过该计划向各界展示，自己如何落实企业信念。同时，将节能行动作为一种文化进行推动，从而影响员工在工作中的节能态度。

附录五　低碳发展案例 2：
——NGOs 主导的中国香港低碳制造计划（LCMP）

一、项目的背景和目的

2007 年底，一家负责产品出口的企业的负责人来到世界自然基金会寻求帮助。他的外国客户要求企业必须披露碳排放量。"碳排放量"对于他

来说，只是个和环保有关的名词而已。因为知道世界自然基金会是致力于环保工作的组织，所以，带着一线希望，这家企业的负责人来到世界自然基金会中国香港分会。

"保住大客户、降低生产成本，是企业进行减排的原动力。"世界自然基金会中国香港办公室的负责人表示，世界各地愈来愈多的消费者都要求零售商和品牌企业公开他们的碳排放量，以及相应的碳排放监控措施；而国际零售商们也亦积极寻找方法，鼓励供应商一同减排。因此，2008年，世界自然基金会中国会香港分会酝酿并开展了"低碳制造"计划（Low Carbon Manufacture Program，LCMP）这一新项目。该项目旨在肯定制造商就降低其全球供应链的温室气体排放做出的正面行动，并为他们提供工具，找出可降低碳排放的方法，推动工业减排。

由于很多港资企业一般是在中国香港设有总公司，而生产地都在珠三角，珠三角又是全国乃至全球零售制造业的根据地，珠三角地区企业减排空间巨大。因此，"低碳制造"计划首先选择位于珠三角的港资企业，包括制衣、塑胶和电子业企业的公司参与。

二、项目的管理和实施

（一）企业参与计划的步骤

低碳制造计划主要通过评估参与制造商在以下三个方面的变现，并授予标识：

（1）降低碳足迹。

（2）管理温室气体排放。

（3）工序和运营方面的能源效益表现与最佳守则的差距。

企业参与"低碳制造"计划的具体步骤如图1所示。

（二）设定评估范围

"低碳制造"计划的第一个步骤是设定评估范围。即参与公司需要设定若干准则，才能准确评估低碳进度。其中的评估范围包括企业范围和营运范围。所谓企业范围，是指参与者需要清楚列明参加计划的工厂数目，才能订立妥善的温室气体排放资料库架构，进行碳审计。所谓营运范围，是指公司需要根据温室气体的不同排放来源，确定需要核算的减排活动。具体包括三个范围：

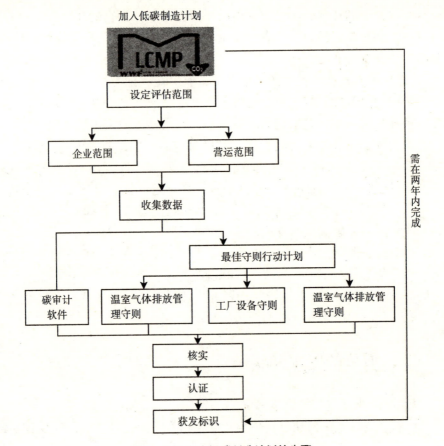

图1　企业实践低碳制造计划的步骤

范围1：直接产生的温室气体排放，出现在公司特有或者控制的排放源，如公司持有或者控制的锅炉、车辆等产生的燃烧排放。

范围2：间接产生的温室气体排放，此范围核算公司消耗的电力、热力所产生的温室气体。

范围3：其他间接排放，如搭乘非公司拥有的车辆出差、参加第三方举办的活动等。

（三）收集数据

"低碳制造"计划与所有的国际碳审计、汇报标准和计划一样，参与公司需要利用项目的评估范围及中国燃料排放基准，通过多种途径搜集有关主要和次要排放源头，输入碳审计系统。世界自然基金会中国香港分会在网上提供了一系列工具，包括碳审计软件和最佳守则行动计划。

最佳守则行动计划包括三个方面的内容：①温室气体管理守则。公司订立符合 ISO14001 的清单，并严格遵守。管理守则包括找出温室气体排放的其他风险和回报，超越传统的能源效益提升，进而涵盖整个企业所有与气候变化相关的表现。②工厂设备守则。守则包括一系列改善措施，以提升工厂设施在设计和维修方面的效能。设施包括 HVAC（暖气、通风系统及空调）、电力系统，以及蒸汽和压缩空气系统。③制造过程守则。守则针对各行业生产过程所涉及的设备，做出改善建议，以减少能源消耗，设施包括生产过程所用的各类型机器和监控设备等。

（四）认证体系

"低碳制造"计划的认证标识分为四种级别：白金级、黄金级、白银级和认证级。如表 7 所示。

表 7　认证的四种标识级别

认证体系的级别	白金级（Platinum）：企业在全公司范围内实施了强力的温室气体排放管理体系并且达到最佳实践的能源绩效水平，获得了极具挑战的温室气体减排效果
	黄金级（Gold）：企业实施了完善的温室气体排放管理体系，大多数能源绩效达到最佳实践标准，获得了显著的温室气体减排效果
	白银级（Silver）：企业实施了有限的温室气体排放管理体系，大多数能源绩效未达到最佳实践标准，但高于一般水平，达到平均的温室气体减排效果
	认证级（Certified）：企业建立了温室气体排放目录，但是尚未实施完善的温室气体排放管理体系，能源绩效低于最佳水平，但能达到平均水平
	企业尚未达到给予低碳制造标识的水平，但是积极准备建立碳排放目录，制定碳排放管理体系并且进行相关的温室气体减排评估和改善活动

三、实施"低碳制造"计划的收益

"低碳制造"计划不同于"低碳办公室"计划，需要地方政府和企业，乃至整合行业的共同参与，而非简单的一个企业的内部能源效率的提高。实施"低碳制造"对政府和企业的潜在收益也存在差异。

（一）政府实施"低碳制造"的收益

对于加入此计划的当地政府，其主要收益可包括：①成为全球范围内低碳制造行动的先驱，具有巨大的示范意义，将吸引全世界的目光。②积极响应中央对节能降耗的要求，完成中央分解到地方的节能降耗指标。③以全球的视野高瞻远瞩，引导当地企业处于世界经济潮流的前沿，从而规避未来各国气候政策风险，增强企业战略竞争力。④提高城市品牌形象，增加招商引资号召力。⑤缓解城市能源紧缺压力，降低城市环境负担。

（二）企业实施"低碳制造"的收益

根据世界自然基金会中国香港分会提供的数据显示，参与这一计划的3家企业，温室气体排放减少了12%~24%，相当于4053吨二氧化碳，占这3家工厂温室气体总排放量的19%。

企业除获得环境效益外，还大大降低了生产成本。以利华成衣集团为例，它们在现有的厂房里实施了相关的措施，进行一些设备上的改装，改动照明系统，优化制造的流程，设定节能目标，总共15个部分，它们的投资大约是300万元，而改进以后每年可以为这家公司节省近280万元人民币，投资回报期少于一年半；金宝有限公司通过20项节能减排措施，预计每年节省262万元人民币，投资回报期也短于一年半；ITEM公司每年可节省近90万元人民币，投资回报期为3年。

"找出可以节省成本的地方，实施节能减排措施是这一计划中最具有针对性的。"世界自然基金会中国香港分会的工作人员介绍，在这一计划的3个部分中，碳排放量的度量工具和温室气体的管理措施是共通的，不同行业、不同企业都可以采用，而针对行业特性的创新科技必须量身定做。以塑胶业为例，厂方采取的"低碳制造"计划措施包括：首选以电动马达驱动的注塑机及吹模机，使用变量泵及变频器等节能机器。而对于成衣制造厂商来说，它们就更应该改动照明系统，优化制造流程等。

此外，参与企业作为全球降低温室气体排放的先驱企业，建立完善的碳资产目录和碳减排战略，在全球具有示范意义。同时，通过获得全球认可的"低碳制造"标识，增加了品牌价值，增加对产业链上、下游企业的认知度、认可度，获得更多市场（目前，世界各大品牌都越来越关注碳排放，加入碳减排企业的国际知名品牌包括耐克、沃尔玛、阿迪达斯、IBM、索尼等）。

四、政府对"低碳制造"计划的促进作用

当地政府可采取以下行动，积极推动和促进企业参与"低碳制造"计划。

（一）定期组织宣讲、培训会议等活动

通过定期组织宣讲、培训会议等活动，增加企业对于未来碳减排的趋势和各国可能的政策，以及因此而带来的贸易壁垒风险的认识。

（二）制定相应的低碳经济措施

可在全市范围内推广低碳制造计划，作为一项重大低碳经济措施推出，并为之设立资金、补助。如中国香港政府为实施低碳制造的企业，提供最高不超过 50%的咨询费用，为在低碳制造计划中提出的改善项目，提供上百万元的项目资助。

（三）低碳制造计划与国家奖励补贴相结合

把低碳制造与国家、省市的节能减排专项资金联系起来。获得低碳制造标示的企业，可以优先获得节能减排专项补助，并且级别越高，获得补助的可能性、比例越高。

（四）设立专门部门开展相关工作

加强碳减排方面的监管工作，适当时设置碳减排、碳披露部门来主导此项工作，与国际各大组织，如世界自然基金（WWF）、碳披露计划（CDP）、气候集团（CG）等机构合作，大力推动全民意识，并因此提升政府形象。

参考文献

Abrahamse W., Rothengatter T., et al., "A Review of Intervention Studies Aimed at Household Energy Conservation", Journal of Environmental Psychology, Vol. 25, 2005, pp. 273-291.

Adam G. and Liverman D., "Accumulation by Decarbonnication and the Governmence of Carbon Offsets", Economic Geography, Vol. 84, No. 2, 2007, pp. 127-155.

Anja Kollmuss and Julian Agyeman, "Mind the Gap: Why Do People Act Environmentally and What are the Barriers to Pro-environmental Behavior?", Environmental Education Research, Vol. 8, No.3, 2002, pp. 239-260.

Anne Gouyon, "Rewarding the Upland Poor for Environmental Services: A Review of Initiatives from Developed Countries", World Agro -forestry Centre (ICRAF), Southeast Asia Regional Office, Bogor: Indonesia, 2003.

Armin Mayer, "Energy Performance Contracting in the European Union: Introduction, Barriers and Prospects", Institute for Building Efficiency, Washington D.C., 2010.

Ashish Tewari and Pushkin Phartiyal, "The Carbon Market as an Emerging Livelihood Opportunity for Communities of the Himalayas", ICIMOD Mountain Development, Vol.49, 2006, pp. 26-27.

Bernard Dubois and Patrick Duquesne, "The Market for Luxury Goods: Income Versus Culture", European Journal of Marketing, Vol. 27, No.1, 1993, pp. 35-44.

Carlsson F., et al., "Paying for Mitigation: A Multiple Country Study", Land Economics, Vol. 88, No.2, 2012, pp. 326-340.

CSE, "Mobilising Individual Behavioural Change Through Community Initiatives for Climate Change", London, 2007.

Dilek Cetindamar and Kristoffer Husoy, "Corporate Social Responsibility Practices and Environmentally Responsible Behavior: The Case of the United Nations Global Compact", Journal of Business Ethics, Vol. 76, 2007, pp. 163–176.

Donald E. Vinson, Jerome E. Scott and Lawrence M. Lamont, "The Role of Personal Values in Marketing and Customer Behavior", Journal of Marketing, Vol. 41, No.2, 1977, pp. 44–50.

E.J. Johnson, S. Bellman and G.L. Lohse, "Cognitive Lock–in and the Power Law of Practice", Journal of Marketing, Vol. 67, No.2, 2003, pp. 62–75.

Erwin H. Bulte, Leslie Lipper, Randy Stringer, et al., "Payments for Ecosystem Services and Poverty Reduction: Concepts, Issues, and Empirical Perspectives", Environment and Development Economics, Vol. 13, No.12, 2008, pp.245–254.

Galeotti Marzio and Lanza Alessandro, "Richer and Cleaner? A Study on Carbon Dioxide Emissions in Developing Countries", Energy Policy, Vol. 27, No.10, 1999, pp. 565–573.

Granberg Mikael and Elander Ingemar, "Local Governance and Climate Change: Reflections on the Swedish Experience", Local Environment, Vol. 12, No.5, 2007, pp. 537–548.

Green Alliance, "Unlocking a Low–carbon Europe Perspectives on EU Budget Reform", February, 2010.

Harriet Bulkeley and Kristine Kern, "Local Government and the Governing of Climate Change in Germany and the UK", Urban Studies, Vol.43, No. 12, 2006, pp: 2237–2259.

Harshon Saarikoski, "When Frames Conflict: Policy Dialogue on Waste", Environment and Planning, Vol. 24, 2006, pp. 615–630.

Heiskanen E., et al., "Low–carbon Communities as a Context for Individual Behavioural Change", Energy Policy, Vol. 38, 2010, pp. 7586–7595.

Intergovernmental Panel on Climate Change, "Climate change 2001: Impacts, Adaptation, and Vulnerability: Contribution of Working Group II to the Third Assessment Report", Cambridge University Press, 2001.

Intergovernmental Panel on Climate Change, "Climate Change 2007: Impacts, Adaptation and Vulnerability", Working Group Ⅱ Contribution to the Fourth Assessment Report, Cambridge University Press, Vol. 4, 2007.

Intergovernmental Panel on Climate Change, "Climate Change 2007: Polices, Instruments and Cooperative Arrangements", Working Group Ⅲ Contribution to the Fourth Assessment Report of Mitigation of Climate Change, Cambridge University Press, 2007.

International Energy Agency, "Energy Technology Perspectives 2010: Scenarios and Strategies to 2050", Organization for Economic Co-operation and Development, 2010.

Jack B.Kelsey, Carolyn Kousky and Katharine R.E. Sims, "Designing Payments for Ecosystem Services: Lessons from Previous Experience with Incentive-based Mechanisms", Proceedings of the National Academy of Sciences, Vol. 105, No.28, 2008, pp. 9465-9470.

Janet Peace and Timothy Juliani, "The Coming Carbon Market and Its Impact on the American Economy", Policy and Society, Vol. 27, 2009, pp. 305-316.

Kelly J. Wendland, Miroslav Honzak, Benjamin Vitale, et al., "Targeting and Implementing Payments for Ecosystem Services: Opportunities for Bundling Biodiversity Conservation with Carbon and Water Services in Madagascar", Ecological Economics, Vol. 69, No.11, 2010, pp. 2093-2107.

Koji Shimada, et al., "Developing a Long-term Local Society Design Methodology towards a Low-carbon Economy: An Application to Shiga Prefecture in Japan", Energy Policy, Vol.35, 2007, pp. 4688-4703.

Kollmuss A., Zink H. and Polycarp C., "Making Sense of the Voluntary Carbon Market: A Comparison of Carbon Offset Standards", World Wild Fund: Germany, 2008.

Kristine Kern, Gotelind Alber, "Governing Climate Change in Cities: Modes of Urban Climate Governance in Multi-level Systems", Conference on Competitive Cities and Climate Change, 2008.

Kumar Saurabh, "India's Own Emissions Trading Scheme", The Hindu Bussiness Line, Vol.12, 2011, http://www.thehindubusinessline.com/

opinion/arti cle2726531.ece.

Lee C. F., et al., "Analysis of the Impacts of Combining Carbon Taxation and Emission Trading on Different Industry Sectors", Energy Policy, Vol. 36, 2008, pp. 722-729.

Lingxuan Liu, et al., "Local Governance on Climate Mitigation: A Comparative Study of China and Japan", Environment and Planning C: Government and Policy, Vol. 31, 2013, pp. 475-489.

Lynn Price G., et al., "Tax and Fiscal Policies for Promotion of Industrial Energy Efficiency: A Survey of International Experience", 2005, http://escholarship.org/uc/item/4rh396ct.

New Zealand Ministry for the Environment, "New Zealand Emissions Trading Scheme: Draft Fishing Allocation Plan Consultation Document", Wellingto: http://www.climatechange.govt.nz/consultation/fishing-allocation/draft-fishing-allocation-plan/draft-fishing-allocation-plan-consultation.pdf, 2010.

Nakata Toshihiko, "Analysis of the Impact of Carbon Taxation on Italian Households", Energy Policy, Vol. 29, 2001, pp. 159-166.

Nicholas Linacre, Alexandre Kossoy and Philippe Ambrosil, "State and Trends of the Carbon Market 2011", The World Bank, Washington D.C., June, 2011.

Nikoleta Jones, Julian Clark and Georgia Tripidaki, "Social Risk Assessment and Social Capital: A Significant Parameter for the Formation of Climate Change Policies", The Social Science Journal, Vol. 49, No.1, 2012, pp. 33-41.

Oscar J. Cacho, Robyn L. Hean and Russell M. Wise, "Carbon Accounting Methods and Reforestation Incentives", Australian Journal of Agricultural and Resource Economics, Vol. 47, No.2, 2003 pp. 153-179.

Packenz Podsakoff, et al., "Common Method Biases in Behavioral Research: A Critical Review of the Literature and Recommended Remedies", Journal of applied Psychology, Vol. 88, No.5, 2003, pp. 879.

Paul C. Stern, Thomas Dietz, et al., "A Value-belief-norm Theory of Support for Social Movements: The Case for Environmentalism", Human Ecology Review, Vol. 6, No.2, 1999, pp. 407-424.

Pearce D., "The United Kingdom Climate Change Levy: A Study in Political Economy", OECD Papers, Vol.5, 2005, http://web.ebscohost.com/ehost/pdfviewer.

Presidential Committee on Green Growth, "Framework Aaction on Low Carbon and Green Growth", Act on Emission Trading Scheme, Korea, 2011.

Robert J. Chaskin, "Building Community Capacity a Definitional Framework and Case Studies from a Comprehensive Community Initiative", Urban Affairs Review, Vol. 36, No.3, 2001, pp. 291–323.

Romco Hoogma, et al., "Experimenting for Sustainable Transport: The Approach of Strategic Niche Management", London: Spon Press, 2002, p.169.

S. J. Secherr and M. T. Bennett, "Developing Future Ecosystem Service Payments in China", 2006.

Saddey Wunder, "Payments for Environmental Services and Poor: Concepts and Preliminary Evidence", Environment and Development Economics, Vol. 13, No.3, 2008, pp. 216–223.

Scrimgeour F. and Fatai K., "Reducing Carbon Emissions? The Relative Effectiveness of Different Types of Environmental Tax: The Case of New Zealand", Environmental Modelling and Software, Vol. 20, 2005, pp. 1439–1448.

Siong Ho Chin and Kean Fong Wee, "Planning for Low Carbon Cities –The Case of Iskandar Development Region, Malaysia", Toward Establishing Sustainable Planning and Governance Ⅱ, Seoul, Korea: Sustainable Urban Development Institute, 2007, p.32.

Siong Ho Chin and Kean Fong Wee, "Planning for Low Carbon Cities—The Case of Iskandar Development Region, Malaysia", Toward Establishing Sustainable Planning and Governance Ⅱ, Seoul, Korea: Sustainable Urban Development Institute, 2007, p.41.

Siriwardena K., et al., "Economy Wide Emission Impacts of Carbon and Energy Tax in Electricity Supply Industry: A Case Study on Sri Lanka", Energy Conversion and Management, Vol. 48, No.7, 2007, pp. 1975–1982.

Skea Jim and Nishioka Shuzo, "Policies and Practices for a Low –carbon Society", Climate Policy, Vol.8, No.1, 2008, pp. 5–16.

Stephen Seres, Erik Haites and Kevin Murphy, "Analysis of Technology Transfer in CDM Projects: An Update", Energy Policy, Vol. 37, 2009, pp. 4919-4926.

Tetsuo Tezuka and Takamitsu Sawa, "Carbon Tax for Subsidizing Photovoltaic Power Generation Systems Audits Effect on Carbon Dioxide Emission", Applied Energy, Vol.27, 2002, pp. 677-688.

The World Bank, "State and Trends of the Carbon Market 2009", Washington, D.C., 2009.

Thomson Reuters Point Carbon, "South Korea Approves Carbon-trading Scheme", http://www.pointcarbon.com/new/1.1852663.

Tim Jackson, "Motivating Sustainable Consumption: A Review of Evidence on Consumer Behaviour and Behavioural Change", Energy Environment, Vol. 15, 2005.

Toshi Arimura, Aakira Hibiki and Hajime Katayama, "Is a Voluntary Approach an Effective Environmental Policy Instrument? A Case for Environmental Management Systems", Journal of Environmental Economics and Management, Vol. 55, No.3, pp. 281-295, 2008.

W. Brian Arthur, "Competing Technologies, Increasing Returns, and Lock-in by Historical Events", The Economic Journal, Vol. 99, No.3, 1989 pp. 116-131.

Walker G.P. and Cass N., "Carbon Reduction: The Public and Renewable Energy: Engaging with Socio-technical Configurations", Area, Vol. 39, No.4, 2007, pp. 458-469.

Wee Kean Fong, Matsumoto Hiroshi, Ho, Chin Siong, et al., "Energy Consumption and Carbon Dioxide Emission Considerations in the Urban Planning Process in Malaysia", Journal of the Malaysian Institute of Planners, Vol.6, 2008, pp.101-130.

Wissema W. and Dellink R., "Analysis of the Impact of A Carbon Energy Tax on the Irish Economy", Ecological Economics, Vol. 61, No.4, 2007, pp. 671-683.

Wokje Abrahamse, et al., "A Review of Intervention Studies Aimed at Household Energy Conservation," Journal of Environmental Psychology,

Vol. 25, No.3, 2005 pp. 273-291.

World Energy Council, "Energy Efficiency: A Worldwide Review –indicator, Evaluation", World Energy Council, London: United Kingdom, 2004.

World Energy Council, "Energy Efficiency Policies and Indicators", World Energy Council, London: United Kingdom, 2001.

Yiping Fang and Yong Zong, "Balancing Energy and Environment: The Effect and Perspective of Management Instruments in China", Energy, Vol. 32, 2007, pp. 2247-2261.

Yonghong Bao, Wenliang Wu, Mingxin Wang, et al., "Disadvantages and Future Research Directions in Valuation of Ecosystem Services in China", International Journal for Sustainable Development & World Ecology, Vol. 14, No.4, 2007, pp. 372-381.

Zhongxiang Zhang, "Who Should Bear the Cost of China's Carbon Emissions Embodied in Goods for Exports?", Center for Climate Economics & Policy Working Paper 1114, September, 2011.

鲍健强、苗阳、陈锋:《人类经济发展方式新变革》,《中国工业经济》2008 年第 4 期。

操小娟、李和中:《我国城市低碳发展激励政策的决策模型及案例分析》,《科技进步与对策》2010 年第 11 期。

陈安国:《论能源新形势下的我国节能认证活动》,《当代经济管理》2010 第 7 期。

陈飞、诸大建:《低碳城市研究的内涵、模型与目标策略确定》,《城市规划学刊》2009 年第 4 期。

陈柳钦:《低碳城市发展的国外实践》,《环境经济》2011 年第 1 期。

陈挺:《生态补偿中市场环境主义与非市场环境主义的争论——基于斯科定理的质疑》,《财政研究》2013 年第 11 期。

陈蔚镇:《陕西省的低碳经济发展》,社会科学文献出版社 2011 年版。

陈文剑、黄栋:《我国低碳技术创新的动力和障碍分析》,《科技管理研究》2011 年第 20 期。

陈晓春、张存达:《低碳发展的失灵现象与对策研究》,《西南民族大学学报》(人文社会科学版) 2011 年第 4 期。

陈晓春、张喜辉:《浅谈低碳经济下的消费引导》,《消费经济》2009 年第

2 期。

陈振千:《加大节能政策扶持的力度,推进上海市节能减排工作》,《上海电力》2010 年第 2 期。

陈志恒:《日本构建低碳社会行动及其主要进展》,《现代日本经济》2009 年第 6 期。

陈卓淳、姚遂:《中国电力系统低碳转型的路径探析》,《中国人口·资源与环境》2012 第 2 期。

崔大鹏:《发展低碳经济大有可为》,《人民日报 (海外版)》2008 年 7 月 5 日第 3 版。

崔金星:《中国碳交易法律促导机制研究》,《中国人口·资源与环境》2012 年第 8 期。

崔晓静:《欧盟能源税指令及其对我国的借鉴》,《武大国际法评论》2007 年第 2 期。

戴星翼:《论低碳城市的推进架构》,《探索与争鸣》2009 年第 12 期。

戴亦欣:《低碳城市发展的概念沿革与测度初探》,《现代城市研究》2009 年第 11 期。

戴亦欣:《中国低碳城市发展的必要性和治理模式分析》,《中国人口·资源与环境》2009 年第 3 期。

董岩:《美国和欧盟碳交易价格的法律规制及其借鉴》,《管理现代化》2011 年第 4 期。

董战峰、王金南、葛察忠等:《环境自愿协议机制建设中的激励政策创新》,《中国人口·资源与环境》2010 年第 6 期。

杜创:《激励机制设计与碳减排》,《能源技术经济》2011 年第 4 期。

杜群、王兆平:《国外碳标识制度及其对我国的启示》,《中国政法大学学报》2011 年第 5 期。

杜群:《生态补偿的法律关系及其发展现状和问题》,《现代法学》2005 年第 3 期。

[芬兰] 蒂莫·J.海迈莱伊宁、里斯托·海斯卡拉:《社会创新、制度变迁与经济绩效:产业、区域和社会的结构调整过程探索》,清华大学启迪创新研究院译,知识产权出版社 2011 年版。

冯霞:《城市居民低碳生活意识教育研究》,湖南师范大学博士学位论文,2013 年。

冯之浚、金涌等:《关于推行低碳经济促进科学发展的若干思考》,《新华文摘》2009 年第 8 期。

冯周卓、袁宝龙:《城市生活方式低碳化的困境与政策引导》,《上海城市管理》2010 年第 4 期。

凤振华、魏一鸣:《欧盟碳市场系统风险和预期收益的实证研究》,《管理学报》2011 年第 3 期。

付允、马永欢、刘怡君等:《低碳经济的发展模式研究》,《中国人口·资源与环境》2008 年第 3 期。

顾朝林、谭纵波等:《气候变化、碳排放与低碳城市规划研究进展》,《城市规划学刊》2009 年第 3 期。

郭琪:《公众节能行为的经济学分析及政策引导研究》,经济科学出版社 2011 年版。

郭琪:《中国节能政策演变及能源效应评价》,《经济前沿》2009 年第 9 期。

郭万达、刘艺娉:《政府在低碳城市发展中的作用》,《开放导报》2009 年第 6 期。

郭印、王敏洁:《国际低碳经济发展现状及趋势》,《生态经济》2009 年第 11 期。

国家发展和改革委员会能源研究所课题组:《"十一五"节能潜力分析与"十二五"展望》,内部报告,2011 年。

国家发展和改革委员会能源研究所课题组:《中国 2050 年低碳发展之路能源需求暨碳排放情景分析》,科学出版社 2009 年版。

国务院发展研究课题组:《中国城镇化:前景、战略与政府》,中国发展出版社 2010 年版。

何建坤:《发展低碳经济,关键在于低碳技术创新》,《绿叶》2009 年第 1 期。

何晶晶:《构建中国碳排放权交易法初探》,《中国软科学》2013 年第 9 期。

何小钢、尹硕:《低碳规制、能源政策调整与节约增长转型——基于发达国家经验的比较研究》,《现代经济探讨》2014 年第 3 期。

胡剑峰、颜扬:《碳税政策效应理论研究评述》,《经济理论与经济管理》2011 年第 2 期。

胡卫:《论技术创新的市场失灵及其政策含义》,《自然辩证法》2006 年第 10 期。

胡宗义、刘静、刘亦文:《中国省际能源效率差异及其影响因素分析》,

《中国人口·资源与环境》2011 年第 7 期。

嵇欣:《国外碳排放交易体系的价格控制及其借鉴》,《社会科学》2013 年第
　　12 期。

贾峻博:《我国碳排放轨迹呈现库兹涅茨倒 U 型吗——基于区域的碳排放
　　分析》,南京财经大学出版社 2011 年版。

贾志科:《社会资本与社区发展》,社会网暨社会资本论坛,http://www.
　　hnshx.com/Article_Show.asp?ArticleID=4651,2008 年 7 月 25 日。

蒋长流:《多维视角下中国低碳经济发展的激励机制与治理模式研究》,
　　《经济学家》2012 年第 12 期。

靳志勇:《英国实行低碳经济能源政策》,《全球科技经济瞭望》2003 年第
　　10 期。

雷红鹏、庄贵阳、张楚:《把脉中国低碳城市发展策略与方法》,中国环境
　　科学出版社 2011 年版。

李胜、陈晓春:《低碳经济:内涵体系与政策创新》,《科技管理研究》2009
　　年第 10 期。

李寿德、黄桐城:《初始排污权分配的一个多目标决策模型》,《中国管理科
　　学》2003 年第 6 期。

连玉明:《低碳城市的战略选择与模式探索》,《城市观察》2010 年第 2 期。

联合国开发计划署:《中国人类发展报告 (2009/2010):迈向低碳经济和社
　　会的可持续未来》,2010 年 4 月。

梁鹤年:《政策规划与评估方法》,中国人民大学出版社 2009 年版。

林伯强、蒋竺均:《中国二氧化碳的环境库兹涅茨曲线预测及影响因素分
　　析》,《管理世界》2009 年第 4 期。

林健:《碳市场发展》,上海交通大学出版社 2013 年版。

刘朝、赵涛:《2020 年中国低碳经济发展前景研究》,《中国人口·资源与环
　　境》2011 年第 7 期。

刘承智等:《推进我国碳排放交易市场发展的对策》,《经济纵横》2013 年第
　　12 期。

刘画洁:《个人碳中和法律制度的环境正义问题探究》,《山东社会科学》
　　2012 年第 9 期。

刘洁、李文:《征收碳税对中国经济增长的实证》,《中国人口·资源与环境》
　　2011 年第 9 期。

刘婧:《我国节能与低碳的交易市场机制研究》,复旦大学出版社 2010 年版,第 79 页。

刘晓佳、安海忠、丛琳等:《东盟国家新能源政策及启示》,《资源与产业》2013 年第 6 期。

卢笛声:《中国低碳治理的制约因素和相应对策》,《地理科学》2014 年第 3 期。

吕忠梅:《超越与保守——可持续发展视野下的环境法创新》,法律出版社 2002 年版。

[美] 莱斯特·R.布朗:《B 模式 4.0:起来,拯救文明》,林自新等译,上海科技教育出版社 2010 年版。

[美] 曼瑟尔·奥尔森:《集体行动的逻辑》,陈郁等译,上海人民出版社 1995 年版。

毛显强、钟瑜、张胜:《生态补偿的理论探讨》,《中国人口·资源与环境》2002 年第 12 期。

牛桂敏:《低碳城市发展路径思考》,《城市环境与城市生态》2010 年第 4 期。

潘家华、郑艳、王建武等:《气候容量:适应气候变化的测度指标》,《中国人口·资源与环境》2014 年第 2 期。

潘家华、郑艳:《适应气候变化的分析框架及政策涵义》,《中国人口·资源与环境》2010 年第 10 期。

潘家华:《怎样发展中国的低碳经济》,《绿叶》2009 年第 5 期。

潘家华等:《低碳经济的概念辨识及核心要素分析》,《国际经济评论》2010 年第 4 期。

潘岳:《“低碳经济”是建设“生态文明”的有力突破口》,新华网,http://news.xinhuanet.com/newscenter/2008-11/05/content,2008 年 11 月 5 日。

彭本利、李爱年:《气候变化生态补偿的路径选择及制度构建》,《时代法学》2013 年第 11 期。

彭丽娟:《生态补偿范围及其利益相关者辨析》,《时代法学》2013 年第 11 期。

齐晔、李惠民:《“十一五”中国经济的低碳转型》,《中国人口·资源与环境》,2011 年第 4 期。

齐晔等:《中国低碳发展报告（2013）:政策执行与制度创新》,社会科学文献出版社 2013 年版。

钱龙、廉同辉:《美国奥巴马政府新能源政策及对我国的启示》,《价格理论与实践》2013 年第 9 期。

邱立成、韦颜秋：《白色证书制度的发展现状及对我国的启示》，《能源研究与利用》2009 年第 6 期。

任力：《低碳经济与中国经济可持续发展》，《社会科学家》2009 年第 2 期。

任卫峰：《低碳经济与环境金融创新》，《上海经济研究》2008 年第 3 期。

史东明：《中国低碳经济的现实问题与运行机制》，《经济学家》2011 年第 1 期。

史亚东、钟茂初：《中国在当前国际碳排放交易中最优出口规模研究》，《世界经济研究》2010 年第 9 期。

世界自然基金会"上海低碳发展路线图"课题组：《2050 上海低碳发展路线图》，科学出版社 2011 年版。

宋德勇、卢忠宝：《我国发展低碳经济的政策工具创新》，《华中科技大学学报》(社会科学版) 2009 年第 3 期。

宋蕾、华斌：《各国发展低碳经济的财政政策体系比较分析》，《云南财经大学学报》2011 年第 1 期。

宋蕾：《矿产资源开发的生态补偿研究》，中国经济出版社 2012 年版。

宋英杰：《基于成本收益分析的环境规制工具选择》，《广东工业大学学报》(社会科学版) 2006 年第 3 期。

苏明：《中国节能减排的财税政策研究》，中国财政经济出版社 2008 年版。

孙启贵：《社会—技术系统的构成及其演化》，《技术经济与管理研究》2010 年第 6 期。

孙曰瑶、沙楠：《品牌信用度降低碳强度的作用机制分析》，《山东经济》2011 年第 3 期。

田文宠：《现行财税制度对发展低碳经济影响分析》，《现代商贸工业》2010 年第 17 期。

王爱国、王一川：《碳减排政策国际比较及其对中国的启示》，《江西财经大学学报》2012 年第 5 期。

王爱兰：《我国低碳城市建设水平及潜能比较》，《城市环境与城市生态》2010 年第 5 期。

王班班、郑若娟：《成熟的碳排放交易市场呼唤政策"推手"》，《经济导刊》2009 年第 8 期。

王灿、陈吉宁、邹骥：《碳税对我国的影响极其政策响应》，《生态经济》

2005 年第 10 期。

王灿等:《基于 CGE 模型的 CO_2 减排对中国经济的影响》,《清华大学学报》(自然科学版) 2006 年第 12 期。

王芳等:《环境社会学新视野:行动者、公共空间与城市环境问题》,上海人民出版社 2007 年版。

王光荣:《城市居民低碳出行研究》,《城市观察》2011 年第 2 期。

王光伟、郑国光等:《应对气候变化报告 (2012)——气候融资与低碳发展》,社会科学文献出版社 2012 年版。

王建明:《消费资源节约与环境保护行为及其影响机理——理论模型、实证检验和管制政策》,中国社会科学出版社 2010 年版。

王金南:《生态补偿机制与政策设计》,中国环境科学出版社 2006 年版。

王志峰:《城市治理的经济学分析》,北京大学出版社 2010 年版。

魏巍贤:《基于 CGE 模型的中国能源环境政策分析》,《统计研究》2009 年第 7 期。

魏旭、邓敏贞:《节能减排自愿协议制度研究——以"低碳广州"为依归》,《江苏大学学报》(社会科学版) 2014 年第 4 期。

魏一鸣、刘兰翠、范英等:《中国能源发展报告》,科学出版社 2008 年版。

魏一鸣等:《关于我国碳排放问题的若干对策与建议》,《气候变化研究进展》2006 年第 2 期。

吴金平、肖建明:《推进福建低碳经济发展的机制激励研究》,《经济视角》2011 年第 4 期。

吴文盛、吕建珍:《低碳消费的路径选择与实现机制》,《当代经济管理》2011 年第 2 期。

吴育文、张骏立、陈静等:《"碳补偿"机制在构建低碳城市进程中的意义——以北京零碳车贴为例》,《价值工程》2011 年第 25 期。

肖国兴:《中国节能的法律途径》,《郑州大学学报》(哲学社会科学版) 2010 年第 6 期。

谢剑斌、何承耕、钟全林:《对生态补偿概念及两个研究层面的反思》,《亚热带资源与环境学报》2008 年第 3 期。

徐建闽:《我国低碳交通分析及推进措施》,《城市观察》2010 年第 4 期。

宣晓伟、张浩:《碳排放权配额分配的国际经验及对国内碳交易试点的启示》,《中国人口·资源与环境》2013 年第 3 期。

薛进军、赵忠秀：《中国低碳经济发展报告》，社会科学文献出版社 2012 年版。

杨志、陈波：《中国建立区域碳交易市场势在必行》，《学术月刊》2010 年第 7 期。

姚亮、刘晶茹：《中国八大区域间碳排放转移研究》，《中国人口·资源与环境》2010 年第 12 期。

叶祖达：《低碳城市建设的社会成本研究》，《现代城市研究》2010 年第 8 期。

尹敬东、周兵：《碳交易机制与中国碳交易模式建设的思考》，《南京财经大学学报》2010 年第 2 期。

于杨曜、潘高翔：《中国开展碳交易亟须解决的基本问题》，《东方法学》2009 年第 6 期。

袁晓玲、仲云云：《中国低碳城市的实践和体系构建》，《城市发展研究》2010 年第 5 期。

曾刚、万志宏：《国际碳交易市场：机制、现状与前景》，《中国金融》2009 年第 2 期。

曾贤刚：《我国城镇居民对碳排放的支付意愿调查研究》，《中国环境科学》2011 年第 31 期。

张爱阳：《公共政策执行缘何失真》，《探索与争鸣》2006 年第 2 期。

张辉：《合同能源管理：模式创新与法律应对》，《生态经济》2010 年第 9 期。

张懋麒、陆根法：《碳交易市场机制分析》，《环境保护》2009 年第 12 期。

张瑞等：《建立区域碳交易市场的路径与对策设计：基于重庆市"碳票"交易模式》，《中国科技论坛》2012 年第 5 期。

张世秋：《中国低碳化转型的政策选择》，《绿叶》2009 年第 5 期。

张书琴：《印度碳交易市场机制的解读及启示》，《现代商业》2012 年第 19 期。

张颖、王勇：《我国排污权初始分配的研究》，《生态经济》2005 年第 8 期。

张勇、李炜：《应对气候变化的碳交易法律对策研究》，《甘肃社会科学》2010 年第 3 期。

张兆国、靳小翠、李庚秦：《低碳经济与制度环境实证研究——来自我国高能耗行业上市公司的经验证据》，《中国软科学》2013 年第 3 期。

张仲礼、周冯琦：《上海资源环境发展报告（2010）：低碳城市》，社会科学文献出版社 2010 年版。

赵荣钦等：《中国不同产业空间的碳排放强度与碳足迹分析》，《地理学报》

2010 年第 9 期。

赵晓丽、洪东悦:《中国节能政策演变与展望》,《软科学》2010 年第 4 期。

赵中:《影响居民低碳消费的心理因素探究》,《人民论坛》2013 年第 26 期。

中国城市燃气协会分布式能源专业委员会:《碳排放交易之"中国式定制"——浅析试点三地碳排放交易情况》,http://www.shjn.cn/index.php?mode=descr&id=1397705998page,2014 年 4 月 7 日。

中国—欧盟清洁发展机制促进项目执行委员会:《中国 CDM 项目中的技术转让》,http://www.euchina-cdm.org/cn/media/docs/EU-China,2011 年。

中山大学法学院课题组:《论中国碳交易市场的构建》,《江苏大学学报》(社会科学版)2012 年第 1 期。

钟锦文、张晓盈:《美国碳排放交易体系的实践与启示》,《经济研究参考》2012 年第 28 期。

钟静婧:《国际典型低碳城市实践模式及其对中国的启示》,《城市发展研究》2010 年第 9 期。

周冯琦:《上海资源环境发展报告:低碳城市建设》,社会科学文献出版社2010 年版。

周宏春:《世界碳交易市场的发展与启示》,《中国软科学》2009 年第 12 期。

周宏春:《中国低碳经济的发展重心》,《中国产业经济动态》2009 年第 21 期。

周英男、王晓杰、刘环环:《中国工业企业节能政策工具研究》,《企业经济》2010 年第 4 期。

周元春、邹骥:《中国发展低碳经济的影响因素与对策思考》,《统计与决策》2009 年第 23 期。

周元春等:《低碳技术如何迈过知识产权门槛?》,《环境保护》2010 年第 2 期。

朱守先:《城市低碳发展水平及潜力比较分析》,《开放导报》2009 年第 4 期。

朱杏珍:《人文环境对低碳消费的影响分析》,《技术经济与管理研究》2013年第 1 期。

庄贵阳:《欧盟温室气体排放贸易机制及其对中国的启示》,《欧洲研究》2006 年第 3 期。

庄贵阳:《中国经济低碳发展的途径与潜力分析》,《国际技术经济研究》2005 年第 8 期。

邹亚生、孙佳:《论我国的碳排放权交易市场机制选择》,《国际贸易问题》2011 年第 7 期。

索　引

后 记

　　本书是我在中国社会科学院城市发展与环境研究所从事博士后研究的主要成果之一。研究获得国家社会科学基金和博士后科学基金的资助。尽管本书仍然存在很多值得深入探讨的问题和研究方面的不足，但它凝聚了我博士后在站期间对学术研究的不倦求索。在书稿完成之际，回首这段博士后研究经历：一边在上海坚持教学工作，一边在北京从事博士后研究，京沪两地间飞行的 48000 公里记录下的是一种坚持和热情。我热爱我的教学工作，也深深地热爱着我所从事的研究工作。所以这一路走来，不觉辛苦，有的只是收获的喜悦。

　　我能够潜心于气候减缓与适应问题的研究，首先要感谢我的导师潘家华教授。潘家华教授严谨的治学态度、渊博的学术知识、忘我的工作精神、敏锐的学术洞察力，对我的学术发展产生了重大的影响。潘教授多次和我讨论研究框架，帮助我解析难点。从研究的开题直至定稿成文，每一个环节都凝聚着潘教授的无私投入。我还要感谢中国社会科学院城市发展与环境研究所的庄贵阳教授，在我的多个课题申请、课题研究过程甚至是教学工作中都给予了大量的指导和帮助。他细致的观点推敲让我受益匪浅。我还要感谢我的博士生导师付梅臣教授。尽管博士毕业已近 6 年，但付教授依旧关心着我的研究工作，并在我每一次遇到困难时给予无私的帮助和鼓励。非常感谢三位恩师，能够师从你们的门下，是我一生最大的幸运。

　　研究进行了大量的问卷调查和案例分析。在研究期间，我就研究内容与世界自然基金会、中国国家发改委气候司、复旦大学、上海气候中心以及澳大利亚堪培拉大学、澳大利亚国立大学的相关领域学者开展了学术交流。在此一并向任文伟博士、王倩女士、胡以志博士、Hitomi Nakanishi 博士以及其他相关学者和支持单位致以诚挚的谢意。

　　感谢中国社会科学院的郑艳博士、谢欣露博士、周亚敏博士等，她们对调查问卷的设计和取样都提出了宝贵的意见。和她们一起探讨课题研究和数据分析的日子，让我觉得女博士的生活也格外精彩和别有情调。

本书最终能够同读者见面，还离不开中国浦东干部学院的领导和同事的大力支持。没有你们的理解和工作上的援助，我无法分身开展博士后研究，也不会获得今天学术上的收获。你们的支持为本书的研究提供了重要的时间保障。

感谢所有参考文献的作者，感谢世界自然基金会（上海）等提供的案例素材，你们的研究成果为本书的研究提供了重要的基础保障。

最后，我要感谢我的家人。在本书的撰写过程中，我幸运地迎来了自己的小宝贝李昊宸。忍受着全身的浮肿，我一直坚持写作。我的父母给予了我充分的理解和支持，并给予了我精心的照顾，才使我能够克服重重困难完成本书的写作。爱人李峰博士从繁忙的工作中抽出宝贵时间，参与了本书的部分研究，出色地完成了"研究助理"的任务。小宝同志在母亲的肚子里也给予了最大程度的配合，茁壮成长并顺利出生。感谢你们，有你们相伴左右，我会继续勇敢前行。

宋 蕾

2015 年 7 月